HISTOIRE
DE
NADER CHAH,
CONNU SOUS LE NOM DE
THAHMAS KULI KHAN,
EMPEREUR DE PERSE.

TRADUITE D'UN MANUSCRIT PERSAN,
PAR ORDRE DE SA MAJESTÉ
LE ROI DE DANNEMARK.
AVEC
DES NOTES CHRONOLOGIQUES, HISTORIQUES,
GÉOGRAPHIQUES.
ET
UN TRAITÉ SUR LA POÉSIE ORIENTALE.

PAR MR. JONES,
MEMBRE DU COLLEGE DE L'*UNIVERSITÉ* A OXFORD.

SECONDE PARTIE.

A LONDRES.
CHEZ P. ELMSLY, LIBRAIRE DANS LE STRAND.
M.DCC.LXX.

HISTOIRE DE NADER CHAH.

SECONDE PARTIE.

LIVRE IV.

Depuis l'élévation de Nader au trône de Perse, jusqu'à la prise de Kandehar.

CHAPITRE I.

L'armée arrive à Mogan, & les fondemens de la souveraineté de Nader sont posés dans ces plaines fortunées.

AU tems où le délicieux pavillon du jardin de Perse avoit perdû sa fleur par l'air empésté de la calamité; que les fertiles branches de la rébéllion s'étoient étenduës de tous côtés; que les ronces, croissant dans les berceaux de roses, avoient flêtri l'émail de leurs vives couleurs, & infecté la senteur odoriférante des fleurs; le jardinier peu soigneux & inattentif au devoir de sa charge, avoit oisivement prêté l'oreille au cris bruïans

A.D. 1734.
Nad. 47.

des

A.D. 1734.
Nad. 47.

des Milans & des Corneilles: en ce tems le noble deſſein de notre grand conquérant, apres avoir recouvré les dominations perdûës, fût de confier ces agréables berceaux à un jardinier habile & vigilant, & de donner le roïaume de Perſe à un glorieux & vertueux roi; tandis que lui-même, ſe retirant dans ſon païs natal de Kelat & d'Abiverd, paſſeroit ſa vie dans une retraite illuſtre & ſplendide.

Alors, ce héros, avec l'aide de la Providence, & par la force de ſon bras tout-puiſſant, avoit enlevé des mains de ſes ennemis les clefs de la victoire, & avoit heureuſement retiré les Perſans de deſſous le poid péſant & oppreſſif de la honte, & de l'eſclavage. Il avoit avec ſon ſabre éclatant, joint à ſon courage magnanime, coupé la main de la diſgrace, & du reproche qui étoit poſée ſur eûx.

Comme, preſque aucun lieu n'auroit été aſſez vaſte pour contenir le concours infini de peuple qu'il vouloit aſſembler afin de diſcuter les importantes affaires de l'empire, il ſe détermina à faire camper ſa nombreuſe armée dans les agréables plaines de Mogan; leſquelles abondoient en eaux, & en pâturages, & qui n'étoient pas moins célébres par leur prodigieuſe étendûë, que par leur délectable ſituation. Enſuite, il fit proclamer dans toutes les parties de l'auguſte empire, que tous les gouverneurs, les chefs des gens de loi, & de ceux de lettres, les nobles, & les miniſtres de chaque province, euſſent à ſe rendre à la diéte générale, pour ſe raſſembler au pied du trône dans les plaines de Mogan.

Le grand général donna auſſi des ordres abſolûs, pour qu'on envoiât douze mille ouvriers près du pont Giovad, à la jonction des deux riviéres Ker, & Arous; afin de conſtruire des cours,

des

des portiques, & des palais charmans, avec du bois de charpente,   A.D. 1734.
& des cannes, pour la réception des nobles, & des chefs de l'ar-   Nad. 47.
mée. Il voulût encore avoir des bains délicieux, des mosquées
agréables, des écuries, des hippodromes élégantes, & des longues
filés de belles boutiques. Ces ouvriers devoient aussi élever un
ferail, & un magnifique palais orné de colonnes, & d'autres em-
bélissemens dignes du resplendissant conquérant, qui devoit les
habiter.

L'armée s'étoit reposée des fatigues qu'elle avoit essuïé en ré-
duisant les rebelles, & remettant l'ordre dans le Daghestan. Elle
marcha donc du côté d'Hassan Kalassi, où elle rencontra plusieurs
des nobles & des ministres de la cour. De là, pendant six stations,
les chemins furent presque impracticables, mais ensuite dans un
jour, & une nuit, on atteignit le fort Aksou; & le neufieme du   12 Janvier
mois prospére de Ramazan, on vit dans les plaines de Mogan les   1735.
banniéres victorieuses déploïées.

Ali Pacha, gouverneur de Moussel, qui avoit été envoïé par la
Porte pour négotier la paix, étoit alors à Cangia avec Abdul Baki
Khan, lesquels en apprenant la supréme proclamation, se rendi-
rent aussi à la roïale assemblée.

Chaque jour le concours augmentoit, la foule des peuples fut
si grande, que, rangés en forme d'amphitéatre, leurs têtes sembloient toucher au firmament.

Au jour marqué il se trouva cent mille hommes assemblés devant le palais du général, qui voulût bien leur parler ainsi:
" Chah Thahmasp & Chah Abbas fûrent rois, & les princes de
" leur sang sont héritiers du trône. Choisissez donc quelqu'un

A 2   d'entre

A.D. 1735.
Nad. 48.

" d'entre eux, où tout autre que vous connoissiez être grand, &
" vertueux, pour votre souverain. Ce sera pour moi une récom-
" pense suffisante que d'avoir recouvré leur siége roïal, & délivré
" leur empire des mains des Afgans, des Russes, & des Turcs.

* " C'est ici la saison de la tranquillité;
" Emportons nos effets, & changeons de demeure :
" La maison du banquet me presente à toute heure
" Des jours que remplira l'aimable volupté."

Après qu'il eût fini ce discours, Hagi Mohammed Mâssoum, homme d'un rang très élévé en Chiraz, & qui dans ce tems empruntoit des rais de la cour impériale une lumiére semblable à celle du soleil, saisit la balle de la précédence sur tous les autres, & hazarda de répondre ainsi au général :

* " Lorsqu'on peut obtenir le renom & l'honneur,
" De la salle aux banquets, & d'un vin enchanteur;
" Du maître de Mogan, souverain de nos fêtes
" La poussiére des pieds exaltera nos têtes."

Sur ceci tous ceux qui composoient l'assemblée convaincûs de leur propre foiblesse sans le support de leur libérateur, s'écriérent;
" Notre légitime roi est sa Hautesse, qui avec son éclatant &
" flamboïant ciméterre a chassé nos vils ennemis, & a consumé
" leur existence avec les éclairs raïonnans de son épée; & si sa
" Hautesse ne veut pas jetter un regard sur ses humbles sujets,
" nous sommes au moins résolus de ne pas détourner nos yeux
" de la poussiére de sa cour;

* " Pourquoi nous éloigner du maître tout-puissant,
" Qui nous rend possesseurs d'un séjour si charmant,
" Où la fortune fait sa demeure assurée,
" A la paix, aux plaisirs à jamais consacrée."

Sa

Sa Hauteſſe repliqua, " Le déſir du trône & du diadéme n'en- A.D. 1735.
" tra jamais dans mon cœur." Nad. 48.

Cependant, ils continuérent leurs inſtances, ne s'attendant
point à être refuſés. Cette affaire fût débattûë pendant un mois
entier ; & quand ils eurent fini leur conſultation, ſa Hauteſſe leur
parla ainſi : " Depuis le tems du départ de notre prophéte (ſur
" lequel & ſur ſa famille ſoit la paix du très haut !) pour une
" meilleure vie, quatre Califes gouvernérent cet *Empire* ; & les
" roïaumes des Indes, de Natolie, & du Turqueſtan, recon-
" nûrent leur légitime droit à la ſouveraineté. Cette ſecte fût
" diſperſée dans toute la Perſe, juſqu'au tems où le grand mo-
" narque Iſmaïl Sefevi la deſerta, & ſuivant l'héréſie des Schiis,
" fit éclater les étincelles de la diſſenſion, & de la confuſion
" parmi ſes ſujets ; & infecta le païs de l'Iran par des diſputes,
" & des controverſes. Auſſi long tems donc que cette réproch-
" able ſecte ſera ſuivie, la corruption continuera parmi le peuple
" de Mahomet. Puiſque les Perſans ont réſolû que je regne ſur
" êux, & déſirent leur propre tranquillité ; c'eſt ma volonté, que
" la ſecte des Sunnis ſoit reçûe dans toutes les parties de ma do-
" mination, au lieu de celle des Schiis. Et comme Giafar, fils de Mo-
" hammed Baker (auquel Dieu donne paix) fût de la famille du
" prophéte, & que le peuple d'Iran eſt de ſa perſuaſion ; il eſt
" convénable qu'il ſoit le chef de cette ſecte."

L'aſſemblée entiére ſe ſoumit à cette déciſion, & un édit ſcellé
du ſceau roïal fût proclamé pour la conformité de la religion.

Sa Hauteſſe, de ſon coté, accorda les requêtes du peuple, & fit
porter au jardin de leurs déſirs les fruits du ſuccès. Après quoi,
elle s'addreſſa à êux dans ces mots : " Comme le grand Empéreur
" des

A.D. 1735.
Nad. 48.

" des Turcs est, aussi-bien que nous, le serviteur des deux cités
" sacrées, Medine & la Mecque, nous lui ferons savoir par un
" ambassadeur le changement que nous avons fait dans notre re-
" ligion, & nous conclûrons avec lui une paix ferme & stable sous
" cinq conditions, afin que pour l'avenir toute inimitié & toute
" haine soit bannie d'entre les Turcs, & le peuple de l'Iran. La
" première de ces conditions est : qu'en conséquence de ce que
" nous avons rejetté nos précédentes opinions, & embrassé celles
" des Sunnis, réconnoissant la haute dignité de Giafar le Vrai (sur
" lequel soit la paix du seigneur) les hommes de léttres, & doc-
" teurs Turcs confirment notre agrément, & nous considérent
" comme la cinquiéme secte : la seconde, que, comme il-y-a
" quatre colonnes dans le sacré temple de la Mecque en honneur
" des quatre sectes, on en érige une autre pour celle de Giafar :
" la troisiéme, que, comme toutes les années, un Emir Hagé
" (où, chef des pélerins) est envoié de Perse en compagnie des
" Emirs d'Egypte, & de Syrie pour defendre les pélerins Persans ;
" un autre Emir, de la part de la porte, se joigne à eux dans la
" même intention : par la quatriéme, les prisonniers de chaque
" empire seront relachés; & le commerce sera libre entre les
" deux nations : cinquiémement, les souverains de Perse & de
" Turquie, tiendront respectivement un envoïé à la cour l'un de
" l'autre, afin de déterminer les affaires des deux empires, &
" cimenter la paix entre eux."

Les Persans acquiescérent à ces propositions, & aïant orné le jardin de leur soumission des roses, & des herbes odoriferantes de la satisfaction, & du contentement, ils joignirent unanimement & hautement leurs vœux pour l'eternelle durée de la race, & de la souveraineté de leur nouveau monarque.

CHA-

CHAPITRE II.

Du couronnement de sa Majesté, joint à l'agréable odeur de plusieurs récits que trace la plume fertile, & embaumée de l'auteur.

    GARÇON, verse du vin, car l'objet de ma flâme   A. D. 1735.
       Enfin m'a dévoilé ses celestes appas ;   Nad. 48.
Le flambeau du plaisir vient d'éclairer mon âme,
Dans un réduit charmant je vole sur ses pas.
La fortune à mes vœux se rendant favorable,
Et pour me délivrer du poid de la douleur,
A mon secours envoië une nimphe adorable
Dont la beauté sera le charme de mon cœur.

Les habiles observateurs des cieux, & les astronomes, héritiers de la science de Ptolomée, fixérent, pour le jour du couronnement, le Jeudi vingt-quatriéme du mois Chewal de l'année 1148, répondant à celle du Liévre, douze jours avant la fête fortunée du Neurouz.   Fevrier 26, 1735.

    Le printems étendoit alors sur la salle du banquet des jardins l'émeraude de ses plantes reverdies, & couvroit les berceaux de roses du manteau de mille couleurs variées. Les hauts arbustes étoient ornés de tiares, & de couronnes composées de boutons, & de fleur de roses, & entourés de robes de feüilles fraiches. Les peupliers, pins, planes, & saules formoient une agréable mélodie avec le mouvement de leur branches ; tandis que les roses brillant sur les bords de ruisseaux, rendoient complet cet aimable assem-

blage

A.D. 1735.
Nad. 48.

blage des charmes de la nature. Les nuages, ainſi que de jeunes échanſons arroſoient les bordures de fleurs, de leur rafraichiſſantes ondées, & les zéphirs du printems chaſſoient de la ſurface du jardin les mauvaiſes herbes, & les ronces de l'hyver.

Dans ce tems les ingénieux artiſtes fûrent emploïés à éléver un pavillon qui brilloit comme la voïe lactée, & à orner une ſalle de feſtin auſſi reſplendiſſante que le ſoleil. Le trône du nouveau Sultan étincelloit de pierreries, & ſon ſommet ſembloit toucher aux conſtellations. Autour de ce trône s'étoient rangés les miniſtres, princes, & officiers d'état comme les étoiles qui encerclent la lune.

Le même jour vingt minutes après la huitiéme heure, ſon illuſtre Majeſté fût parée du précieux diadéme, & plaça ſon pied ſur le trône fortuné de Perſe avec la gloire de Feridoun, & le pouvoir de Soliman.

Alors, la ſaiſon riante ſembla prononcer ces mots : " Que les ſons
" de congratulation ſoient entendûs ; que toute eſpéce de muſique
" rempliſſe l'air de ſon harmonie ; car à préſent par la faveur de
" la providence, les troubles de Perſe ſont finis, & les mains de
" la mauvaiſe fortune enchainées.

   * " On voit dans les jardins la banniére ondoïée
     " De la roſe, brillant comme reine des fleurs ;
     " Qu'au milieu des ciprès, des jaſmins déploïée
     " Elle puiſſe jouïr des celeſtes faveurs !
     " La joie alors regna dans l'auguſte aſſemblée ;
     " Chacun reprit ſon rang, & célébra ce jour,

" Où

HISTOIRE DE NADER CHAH.

" Où la fortune avoit (si long-tems exilée)
" Ranimés tous les cœurs par son heureux retour."

A.D. 1735.
Nad. 48.

Immédiatement les chaires des mosquées, & les différentes especes de monnoïe fûrent ornées de l'illustre nom, & des titres de ce glorieux monarque; les brillans raïons du soleil de sa gloire étincelerent dans toutes les parties du monde habitable.

Mirza Kovameddin Mohammed Kazvini marqua la date de son élévation au trône par ces mots :

Al kheir fimà vakà.
" Ce qui est arrivé est le mieux."

Ce que les critiques retournèrent ainsi :

La kheir fimà vakà.
" Ce qui est arrivé n'est pas le mieux."

Bientôt Aziz Kuli Beg porta ses plaintes contre l'Afchar Alimerdan Khan, gouverneur d'Endkhoud, dans le district de Balkh, sur ce qu'il avoit refusé d'obéir au mandement roïal qui lui ordonnoit de se rendre dans le Khoraffan pour régler quelques affaires de cette province.

Sa Majesté se determina de reduire Alimerdan à l'obéïssance, tandis que l'empire étoit uni, & agréable comme un lit d'hyacinthes ; & que le roïaume entier semblable à un charmant jardin de roses étoit affranchi de tout tumulte, & de toute confusion. Elle confia le gouvernement du Khoraffan au prince Reza Kuli Mirza, & les plus embarrassantes affaires de la province à Thahmafp Kuli Khan Gelaïr, qui avoit été un fidéle ministre de la cour. Elle fit marcher un détachement de son armée victorieuse

PART II.   B   dans

A.D. 1735.
Nad. 48.

dans le Khoraffan, pour de là par le chemin de Badghis, & de Maroutchak, fe rendre à Endkhoud ; afin d'en chatier le défobéïffant gouverneur. Elle donna le gouvernement de l'Azarbigian, ainfi que le commandement de l'armée, à fon frére Zoheireddoula Ibrahim Khan, & ordonna à tous les Beglerbegs, & commandants de cette province, depuis Filan Couh jufqu'à Arpetchaï, & jufqu'aux extremités du Dagheftan, & de Georgie de fe foumettre à fon autorité.

La province d'Hérat fût affignée à Baba Khan Tchaouchelou, à la place de Pir Mohammed Khan. Celle de Fars fût deftinée à Mohammed Taki de Chiraz, & celle du Chirvan à Mehdi Beg de Khoraffan, qui eût auffi le titre de Khan, & fût fait Emirelomra.

Peu après Ali Pacha gouverneur de Mouffel, qui étoit venû pour traiter de la paix, eût fon audience de congé ; Abdelbaki Khan, Emir très vertueux, & très eftimé, partit avec lui ainfi que Mirza Aboulcaffem de Cachan, le Sedr, ou chef de la loi, & fût envoïé à la porte avec une lettre, une chaine d'éléphants, & plufieurs préfens confidérables, afin d'anoncer à fa majefté l'Empéreur des Turcs, l'élévation de Nader au trône de Perfe, & de conclûre une paix fous les conditions mentionées dans le chapitre précédent. Un autre ambaffadeur fût envoïé à l'Empereur de Ruffie pour lui donner la même information.

Cependant Reza Kûli Mirza, & Ibrahim Khan partirent pour leurs departemens refpectifs, & tous les gouverneurs, juges, nobles, & hommes illuftres, apres avoir baifé le pied de l'augufte trône, reçû de magnifiques robes & autres marques de diftinction, s'en retournérent chacun chez foi.

CHA-

CHAPITRE III.

La plume qui trace ces caractéres fortunés, semblable au printems, produit les fleurs & les plantes odoriferantes des événemens de cette année du cheval, qui répond à celle de l'Hegire, 1148.

LE monde encore un coup est prospére, & renaît
Comme le jour nouveau. Du printems l'allégresse
Se répand en tous lieux, nous ranime, nous plait,
Semblable aux tems heureux de l'aimable jeunesse.

A.D. 1735.
Nad. 48.

Ce fût un Mardi le sept du mois Zulkadé après la septiéme heure que le soleil, ce puissant monarque du monde, quittant le séjour des poissons, vint avec impétuosité se placer dans le Belier sur le siége qui orne l'univers; & afin d'assûrer les traces de sa gloire, il parsema autour de lui les roses de la saison nouvelle.

Mars 10.

Le bruit des tambours & des clairons, qui ranimoient le monde, joints aux cris de victoire & de prospérité, s'élévoit jusqu'au firmament. Quand le conseil par les ordres de sa Majesté s'assembla, les colonnes du ciel fûrent émûës d'admiration à cet accroissement de la gloire de l'Empereur, dont le siége fût les Pleïades, & dont la téte perça la celeste region, & de la splendeur de laquelle étoient révetûs tant de héros, de rois illustres, de princes, de chefs d'armée, & d'autres qui approchoient du trône.

La majesté de cette auguste assemblée étoit tempérée & embellie par des files de jeunes gens, semblables aux roses nouvelles, parés de vestes variées de mille couleurs, & de robes richement tissûës d'or.

Après que, chacun aïant pris son rang, on eût formé ce conseil, l'Avril fleuri de l'empire, & l'ornement du jardin de ce grand roïaume, on traita des affaires présentes, & de la maniére de s'emparer de Kandehar. Sa Majesté s'informa de quelques Afgans qu'elle avoit dans son armée, qu'elles étoient les habitations de ce païs, les riviéres, les ponts, les chemins de traverse. Elle avertit enfin les chefs de l'armée de se préparer en hâte pour cette glorieuse expédition. Mais dès que l'illustre héros crût pouvoir se délasser du soin de diriger l'univers, il donna ordre qu'on élevât la tente roïale, qui fût remplie des merveilles de la nature, & qui par ses couleurs éclatantes ressembloit à un nouveau firmament. Les azurés créneaux du ciel s'ouvrirent pour recevoir cette tente admirable, dont les cordages ressembloient à la voïe lactée, & dont l'adroite texture surprenoit les yeux, & faisoit apparoître un nombre infini de nouvelles étoiles.

Sous ce firmament ingénieux les banquets fûrent dressés pendant plusieurs jours, & les coupes remplie d'un vin exquis ; comme dit le poéte.]

   *   " Le vieillard vînt dans le lieu du banquet,
        " Remplit sa coupe, & puis de son caquet
        " Il amusa vieux & jeune convive :
        " Car le dévot loin d'en être au qui vive
        " Envelopé d'un manteau révérend,
        " Souvent en l'air fait sauter son turban,

" Lorsque la nuit sur la prophane terre,
" Un vin exquis pétillant dans un verre,
" A de la lune effacé les doux rais ;
" Quand la jeunesse au teint vermeil & frais
" Vole au soleil sa couleur éclatante,
" Et sur le front des deux sexes enchante."

Les plaines de Mogan, semblables à une salle de banquet, s'étendoient au loin autour d'eux, & la beauté d'une jeunesse florissante fixoit avec délices leurs regards. Cependant, le second du mois Zulheggia, de cet an fortuné, les étandards victorieux fûrent deploïés, & s'avancérent en flottant dans les airs pour faire le siége de Kandehar. Les troupes marchérent de Mogan vers Kazvin, par la voïe de Kehroud & Hechteroud, districts d'Ardebil, qui étoient fameux par l'abondance de leurs eaux, & de leurs pâturages.

4 Avril.

Sa Majesté destina Ibrahim Khan à les suivre avec les troupes prospéres de l'Azarbigian, dans le poste de Karatchemen, qui est une des plus agréables places de Kercheroud.

Après que l'armée fortunée fût parvenüé à Karatchemen, Zoheireddoulah vint aussi offrir ses services. La nombreuse tribu de Bilbas, qui occupoit un païs près de l'Asie Mineure, aïant beaucoup contribüé à quelques commotions derniérement arrivées dans Zechet, un corps de troupes fût envoié pour la châtier sous le commandement de Nasralla Mirza & de Zoheireddoula. Ils prirent le chemin de Saöukhbelag Mekri, & aïant conjointement avancé quarante parasanges, ils marchérent contre la tribu coupable, & passérent au fil de l'epée mille chefs de famille qui ne pûrent s'échaper.

A.D. 1735.
Nad. 148.

chaper. La reste se retira dans une place nommée Terkeche, & ils dressèrent leurs tentes sur le sommet de la montagne.

Nos victorieuses troupes commencèrent aussi-tôt un assaut général des deux cotés de la montagne, & prirent leur camp. Mille de plus d'entre eux furent mis à mort, & le petit nombre de ceux qui pûrent fuïr gagna les lieux les plus inacceffibles. Après cette expedition Nasralla s'en retourna avec la gloire d'un conquérant. Ibrahim Khan marcha vers Tauris avec les troupes de l'Azarbigian, & le prince arriva à la cour impériale le jour que l'armée entra dans Kazvin.

Dans les nombre des joïeuses nouvelles, qui parvinrent à la cour pendant ces transactions, fût la prise de Bahrein, qui avoit été pendant plusieurs années au pouvoir du Cheikh Gebareh; & que sa Majesté avoit formé le dessein de prendre dès le tems que Mohammed Takikhan quitta Mogan pour son gouvernement de Fars.

Ce gouverneur n'avoit pas plutôt été arrivé à Chiraz, qu'il avoit envoïé un corps de troupes pour attaquer Bahrein, & s'étoit avancé lui-même pour le soutenir: mais avant son arrivée le Cheikh aïant fuï, s'étoit refugié dans le sanctuaire de la Mecque, après avoir laissé la citadelle dans les mains d'un député. Celui-ci après plusieurs escarmouches aïant aussi pris la fuite, le gouverneur de Fars s'empara de la place, & en envoïa les clefs au palais roïal. En récompense de cette action Mohammed fût honoré d'une veste précieuse, installé dans le gouvernement de Bahrein, & confirmé dans ses autres possessions.

Dans

Dans ce même tems on vit arriver à la cour un méssager de Dilaver le Taïmnite, demandant merci pour son maître, & protestant de son repentir. Voici ce dont il étoit question.

A.D. 1735.
Nad. 48.

Dilaver avoit autrefois demeuré en Tchaktcherak dans le district de Zemindaöur avec la tribu de Taimni. Pendant l'usurpation des Afgans, il agit comme un prince indépendant, & refusa de se soumettre à eux. Lorsque l'armée de Nader vint à Hérat, Dilaver la joignit, & fût recompensé de ce service par le gouvernement d'Oubé & de Chafilan. Mais, après la prise d'Hérat, il refusa de se soumettre aux ordres qui étoient donnés à tous les chefs. Sur ce refus, Thahmasp Kuli Khan, alors général, & Pir Mohammed Khan gouverneur de la province, aïant trouvé qu'il ne pourroit jamais être gagné par la bonté, & qu'il ne rentreroit dans le devoir que par la force, & par un châtiment merité, le firent prisonnier, ainsi que huit cent de ses partisans. Quand ses autres soldats qui étoient en Oubé & Chafilan, apprirent sa détention, ils décampèrent, & aïant emporté ses effets & les leurs, s'enfuirent vers le Kergéstan.

Au tems où sa Majesté étoit emploïée au siége de Bagdad, elle ordonna que Dilaver fût amené au camp roïal, & envoïa sa tribu consistant en plus de mille *familles* à Khabouchan. Dilaver étant arrivé à la cour, Nader considerant l'important service qu'il lui avoit rendû dans son expédition contre Hérat, fit rejaillir sur lui la rosée de sa munificence, lui rendit des honneurs extraordinaires, lui fit présent d'un cheval dompté avec des caparaçons d'or; & ensuite lui donna la liberté de se retirer. En reconnoissance de ces marques de bonté, Dilaver promit de transferer sa tribu à Hérat, & d'habiter dans ce lieu. En effet il y fût envoïé avec des ordres au général, & au gouverneur ci-dessus mentionés,

pour

A.D 1735.
Nad. 48.

pour lui restituer toutes ses possessions, & sa tribu. Ces ordres fûrent obéis ; mais bientôt après, Dilaver, s'étant rendû dans le Kergestan, éleva sa main sortant de la manche de l'audace, & sa tête du collier de l'insolence. Il tomba premiérement sur le commandant d'Oubé, & profitant de sa négligence le tua, ainsi que soixante & dix hommes qui étoient en garnison dans la citadelle. En ce même tems un général avoit été envoïé à Fars, lequel dépécha le gouverneur d'Hérat avec des troupes à la poursuite de Dilaver ; mais celui-ci s'étant enfuï vers les montagnes de Balkhe, le gouverneur, après avoir dévasté les champs & les terres cultivées de sa tribu, s'en retourna ; sur quoi Dilaver revint dans ses quartiers. Quand le susdit général eût conclû ses affaires dans Fars, il marcha à Hérat par la voïe de Kerman ; il envoïa un détachement sous le commandement de deux officiers à Sakher, afin d'aider le gouverneur de cette place à defendre les territoires adjacens. Dilaver, instruit de leur marche, & de leur dessein, se mit en ambuscade près de Sakher ; & quand les troupes, & le gouverneur sortirent inconsidérement du chateau, & éloignérent leur têtes des remparts de la forteresse, Dilaver, fondant sur eux à l'improviste, tua les trois officiers ci-dessus mentionés, & plusieurs soldats de la garnison, & s'enfuit encore vers le Kergestan. Le général le poursuivit, mais voïant qu'il avoit continué dans sa suite jusqu'en Balouge & Hazaré, il se desista d'une vaine poursuite, & revint sur ses pas. A son retour il chatia les tribus de Kergestan, qui avoient élevé leurs cols en rebellion ; après quoi il se rendit à Tchetchektoui de Balkhe, qu'il ravagea, & en transporta mille familles à Hérat.

Dilaver étant en Hazaré, les Afgans lui offrirent de le supporter, & lui donnérent une habitation dans Karagenkel à huit parasanges de Zemindaour. Hussein le Galgien, desirant aussi de contracter amitié avec lui, & selon le compliment d'usage, & seulement cérémonial,

rémonial, il lui fit offrir fa fille en mariage; laquelle offre contre A.D. 1735. fon attente, Dilaver aïant acceptée, Huſſein fût ſi fort outré de Nad. 48. dépit qu'il ſe réſolût de rompre avec lui, & envoïa des troupes pour le dépoſſeder de ſon habitation. Dilaver voïant qu'il ne lui étoit pas poſſible de demeurer dans ce lieu, ſe retira de nouveau dans le Kergeſtan. Le prince Riza Kuli Mirza avoit déja intercedé auprès de ſon pére, pour le pardon des tribus revoltées; mais les banniéres conquérantes du monde étant alors déploiées dans le chemin de Kandehar, ſa Majeſté remit cette affaire à un tems moins occupé, & ne fit aucune réponſe à la requéte du prince.

CHAPITRE IV.

Les étendarts rōiaux ſupportés par la faveur du Tout-puiſſant avancent vers le païs montagneux des Bakhtiari.

DANS une des précédentes mentions des Bakhtiaris, il a été dit qu'après de fréquentes révoltes, & d'auſſi fréquents chatimens, ils avoient fixé leur habitation dans les diſtricts de Giam, & de Lenker; mais à la fin ils raſſemblérent toutes leurs troupes, ainſi que leurs chefs, qui avoient demeuré long-tems cachés dans les endroits les plus écartés, & les plus forts des montagnes, & ſe choiſirent un nommé Alimorad de Memivend pour chef général de leurs mauvais deſſeins, & pour guide de leurs inſolentes intentions.

PART II.   C   La

A.D. 1735.
Nad. 48.

La cour roïale envoïa d'abord un corps de troupes pour les chatier; mais il fût défait par les rebelles. Un autre lui succeda sous le commandement de Baba Khan Tchaöuchelou, auquel se joignirent plusieurs seigneurs & gouverneurs. Ceux-ci conquirent les révoltés, & forcérent Alimorad & ses associés à fuïr.

Baba Khan aïant été rappellé à la cour exaltée comme les cieux, Alimorad saisit cette opportunité pour rassembler ses forces dispersées, & commença à piller & à ravager le voisinage du Couhestan. Soltan Vali Beg & Negef Ali Beg eûrent ordre de les réduire à l'obéïssance, & il leur fût donné de nombreuses troupes soutenües par les gouverneurs de Chouster & du Mont Keilouié.

Ces forces firent halte au pied de la montagne, sur le sommet de laquelle on avoit appris qu'Alimorad avoit fixé son camp, & s'y fortifiérent. En conséquence les commandans, après avoir planté les artilleries de Chouster & de Keilouié au bas de la montagne, y montérent avec un courage intrépide; mais après en avoir gagné la moitié, & passé sur des rocages escarpés, ils fûrent attaqués par les rebelles, qui du haut des rochers, après avoir fait plusieurs décharges des mousquetrie, firent rouler sur eux d'énormes pierres, par lesquelles les deux commandans & plusieurs soldats fûrent tués, & ceux qui étoient restés au pied de la montagne s'enfuirent chacun dans leurs païs. Alors les troupes subjugantes du monde étoient emploïées au siége d'Erivan, & le chatiment de ces rebelles fût differé.

Quand l'armée quitta Kazvin, & marcha vers les districts de Giablik & de Berderoud, Alimorad allarmé & reduit aux derniéres extrémités fit changer de quartier à ses troupes, consistant en

quatre

quatre ou cinq mille dæmons, avec des têtes d'éléphans, & s'étant A.D. 1735.
emparé d'une place nommé Leirouk, qui étoit la meilleure forte- Nad. 48.
reſſe de Bakhtiari, il s'y établit, & demeura dans ſes retranchemens.

Bientôt après ſa Majeſté ſe détermina à réduire ces rebelles ef-
farés dans le deſert de la déſobéïſſance. A cet effet elle envoïa une
compagnie de cavalerie avec les artilleries de Fili, d'Ardelan,
d'Hamadan, & des diſtricts adjacens au païs montagneux de Fili ;
une compagnie de mouſquetaires, avec les armées de Chouſter &
du Kerman, par la voïe du deſert du Kercan, & Benataré ; un
corps nombreux des bords de Marout, avec des ſoldats du Mont
Keiloué & une grande armée, s'avança d'Iſfahan vers Hezartchem
Bakhtiari. Toutes ces forces eûrent ordre d'attaquer les montagnes, & cavernes de tous côtés ; & d'exterminer entiérement les révoltés, s'il reſtoit la moindre étincelle de déſobéïſſance
parmi eux.

Nader Chah laiſſa les bagages à la garde du prince Naſralla Mirza
dans la poſte de Tcherias ; tandis que le huit du mois Rabiuſiani 6 d'Aout
en l'année 1149, il marcha, ſuivi de la proſperité & de la victoire, 1735.
du côté de Bakhtiari. Le même jour il parvint aux montagnes
où la tribu rebelle s'étoit fortifiée. Il envoïa immediatement une
compagnie de Kiurdes & d'Afgans pour les chaſſer de leurs forts ;
mais les rebelles, trompés par la force de leur ſituation, hazardérent
une bataille, dans laquelle ils fûrent totalement défaits. Ceux
d'entre eux qui reſtérent, s'enfuirent pendant la nuit, & gagnérent
la forterefſe de Leirouk. De là s'étant ralliés ils paſſérent
la riviére de Leirouk, qui coule par Dezfoul, & démolirent
enſuite le pont ; auſſi-tôt un corps de troupes fût envoïé pour le
C 2 reparer,

réparer, & s'étant engagé avec les rebelles prit, ou tua six cent d'entre eux.

Le jour d'après l'armée roïale atteignit le pont, qui par le commandement de sa Majesté fût incontinent rebati. Alors le roi aïant passé la riviére posa son camp sur le sommet d'un haute montagne, où aïant assemblé ses troupes victorieuses, il en envoïa une bande après l'autre pour decouvrir les secrets repaires des rebelles dans les descentes, & sur les cimes des rocs. Il en fût trouvé plusieurs dans les recoins, les antres, les cavernes, & les creux, lesquels fûrent à l'instant détruits; & l'on fit prisonniers environ trois mille *familles*.

De ce lieu les troupes roïales passérent à une place nommée Daroura, & delà à Belat, un detachement aïant été dépeché au Mont Mali.

Sa Majesté envoïa un autre corps avec l'artillerie d'Elvar aux montagnes de Zez & de Memivend, aussi-loin que les bornes du Loristan; & marcha elle-même vers le Mont Salem; d'où après trois journées elle parvint à Kerdpieché: alors elle ordonna que les étendarts semblables à la lune fûssent déploïés sur les plaines de Benovar; & elle séjourna en ce lieu pour régler quelques affaires de ces quartiers; enfin, elle en partit; & après deux stations elle atteignit Lelor.

Cependant, par un accident fortuné, il arriva qu' Alimorad, qui s'étoit tenû caché dans les cavités d'une montagne située dans le district de Kourkeche, joignant Lecaï Fili, suivit quelques uns de ses compagnons en quête d'eau; & allant de tous côtés, passa au pied de la dite montagne, où il rencontra les troupes roïales, qui

le

HISTOIRE DE NADER CHAH.

le pourfuivoient : elles tombérent auffi-tôt fur lui, & l'aïant faifi, avec fes affociés, le menerent devant la prefence de fa Majefté, qui donna fes ordres fuprémes pour lui couper la main, & le pied, & l'aveugler. Il demeura deux jours en cet état dans le défert de fon exiftance; à l'expiration defquels il refigna fon âme à l'ange de la mort. Un petit nombre de ceux qui s'étoient cachés dans les montagnes fûrent pardonnés aux inftances & interceffions de quelques chefs des Bakhtiaris, qui ténoient des poftes eminents dans l'augufte armée, & ils fûrent envoïés avec quelques autres tribus pour habiter Giam.

A.D. 1735.
Nad. 48.

Le courfier de fa Majefté, dont les pas étoient femblables à ceux du foleil, & dont les traces s'étendoient dans tout l'univers, foula pendant un mois entier les parties montagneufes de Bakhtiaris; d'où les troupes roïales s'avancerent vers la fource de la riviére Zenderoud; & aïant joint le camp à jamais fortuné les victorieux etendarts fûrent déploïés dans le chemin d'Isfahan. Enfin, le neuf de Giomadi'lakhri, le fol de cette cité étant foulé par les pieds de fa Majefté devint propre pour le *furmé* ou collyre du foleil & de la lune.

5 Octobre.

Nader aïant refolû de punir les rebelles du Balougeftan, donna le commandement de cette province à Pir Mohammed Khan, dernier gouverneur d'Hérat, & à Affelmis Khan, dernier gouverneur de Teflis; il les y envoïa avec des forces complettes, & un artillerie fuffifante.

Le dix-feptiéme du mois Regeb, les invincibles banniéres avancérent vers Kandehar par la voïe d'Abercouh, & du Kerman, & par le défert de Kerk.

12 Novembre.

A.D. 1735.
Nad. 48.

Près de Seiftan, Morad Sultan Eftagelou gouverneur de Derbend fût conduit, chargé de chaines, devant la haute cour pour rendre compte du meurtre de Mahadikhan gouverneur du Chirvan; dont voici le détail.

Dans le tems que les troupes impériales, laiffant les parties montagneufes de Bakhtiari, avoient tourné vers la fource du Zenderond, Mahadikhan fût obligé d'aller du coté de Derbend pour régler quelques affaires importantes. Morad Sultan Eftagelou venoit alors pour gouverner ce païs; & comme il avoit une ancienne inimitié contre Mahadikhan, il fit de cette marche irréguliére, & non attendûë dans fon diftrict, le prétexte de fes mauvais deffeins. Il fouleva donc les habitans de ces quartiers, qui par leur voifinage avec les Lekzies étoient toûjours inclinés aux commotions; & à fon inftigation ils mirent à mort Mahadikhan.

Cette action du peuple de Derbend enflâma la colére de fa Majefté, elle nomma Serdar Beg Kirkhelou, maître de l'artillerie, gouverneur du Chirvan; elle l'envoïa avec Negef Sultan Keragelou, & une compagnie de moufquetaires remplis de la fureur de Beheram, pour punir les coupables avec févérité, & ordonna que Negef Sultan feroit établi dans le gouvernement de Derbend.

Dans cet intervalle quelques uns des chefs de Derbend vinrent à la cour impériale, & informérent fa Majefté que, lorfque la coupe de la vie de Mahadi avoit éte remplie par les Derbendiens, ceux qui avoient étés les échanfons de ce banquet fanguinaire, étant revenû de leur yvreffe, & craignant que les coupes ne fûffent caffeés fur leur têtes, & leurs mains liées derriére leur dos par l'empereur irrité, s'étoient refugiés chez Ahmedkhan Ofmeï ou chef de Keitaf, avec lequel ils s'étoient joints, & que le refte des coupables

HISTOIRE DE NADER CHAH.

coupables s'étoient fortifiés dans le chateau de Derbend; mais, que quelques habitans qui s'étoient retirés de toute affociation avec eux dans cette affaire les avoient chaffés de ce chateau, & privés de leur exiftance; qu'enfin ils avoient auffi faifi Morad Sultan, auteur de tous ces maux, & l'avoit chargé de chaines. A.D. 1736.
Nad. 49.

Sur ces avis Nader Chah envoïa ordre à l'Ofmeï de furrendre les fugitifs qui l'avoient joint, & de les faire remettre entre les mains de Serdar Khan. L'Ofmeï aïant obeï, plufieurs de ces féditieux firent mis à mort, ainfi que d'autres perturbateurs du repos public, & leurs corps fûrent donnés en proïe aux chiens. Cependant quelques uns d'entre eux fûrent tranfplantés dans le nouveau chateau de Chirvan, tandis que la tribu de Sour fût transferée à Derbend en leur place. Ainfi Negef Sultan fût confirmé dans fon gouvernement, & envoïa Morad Sultan enchainé à la cour étendûë jufqu'aux cieux; où le jour de fon arrivée il refigna fa tête à l'epée du chatiment.

Après ces événemens les troupes conquérantes arrivérent en Seiftan; fa Majefté laiffa dans ce lieu le férail & les bagages fous la garde d'Imam Virdi Beg Kirklou, qui étoit alors chargé de l'infpection du palais & des appartemens roïaux.

Le fecond du mois Chewal, les enfeignes d'heureux préfage quittant Seiftan s'avancérent avec profperité & fuccès dans le chemin de Dilkhec, & de Dilaram. Le dix-huitiéme du même mois, les tentes, nombreufes comme les étoiles du firmament, fûrent dreffées au dehors du chateau de Kerchec. 24 Janvier
1736.

9 Fevrier.

Les Afgans de cette place, qui gardoient le chateau, firent feu des murailles; mais fa Majefté ordonnant aux cannons enflamés

(cette

A.D. 1736.
Nad. 49.

(cette mortelle invention des Européens) de jouër, leur tonnerre ébranla la fortereffe jufques dans fes fondemens; la garnifon furmontée par la crainte démanda merci, & furrendit le fort.

Kelbalikhan l'Afchar, fils de Baba Ali Beg, fût nommé commandant des Hezarés, & fût envoïé avec un détachement pour prendre le chateau de Zemindaöur. Un autre corps de troupes avec de l'artillerie, & une force fuffifante fût deftiné à s'emparer de la fortéreffe de Beft.

22 Fevrier.

Le vingt-un du même mois l'armée roïale traverfa le Hirmend, mais à caufe de la faifon les plaines étoient dénuées; d'ailleurs Huffein avoient auparavant mis le feu à tous les fourages d'alentour. Pour toutes ces raifons on fût obligé de marcher de Kerchec Nekhoud, à Chah Maffaoûd, & d'envoïer les fourageurs aux Hezarés. L'armée demeura en ce lieu dix ou douze jours; enfuite les tentes des héros fûrent dréffées fur les rives de l'Arghendab.

La même nuit Huffein, avec une troupe d'hommes hardis, entreprit de faire une incurfion dans le camp, & fe répandant alentour comme un torrent d'Avril fufcita le tumulte de la bataille tout auprès des foldats roïaux. Les gardes, qui avec leur lances & leur javelines protégeoient les tentes impériales, & dont les yeux comme ceux des étoiles, étoient fans ceffe éveillés, attaquérent les Afgans, & en mirent la plus grande partie fur la terre de la deftruction: le refte fe retira à Kandehar.

Quoique pendant la nuit le défordre & le fracas eûffent étés fi près du glorieux camp, néanmoins, quand au matin la main du foleil eût écarté le voile de l'obfcurité, qui couvroit la face des cieux, on découvrit qu' Huffein avoit été en perfonne à l'attaque,

&

& qu'il s'étoit échapé. Sur cela il fût ordonné d'avancer les glorieux étendarts; & quoique la fin de l'année rendit les eaux très hautes, cependant, le héros fortuné sur son courfier, qui se mouvoit comme une fphére roulante, traversa la riviére en sureté, & conduisit ses instrumens de guérre, & ses forces nombreuses comme les étoiles, au village de Koukran à deux parasanges de Kandehar.

Il commença à passer le Mont Leki, qui forme un des côtés de la citadelle, & nonobstant que ses troupes fussent à la portée des piéces d'ordonances des murailles, il ne laissa pas d'avancer, ne faisant pas plus d'attention au tonnerre du canon, qu'au bourdonnement des mouches d'été. Il marcha en si bon ordre qu'on ne vit pas une seule ride sur le front sanguinaire de son armée ; ni une seule vague sur l'océan qui confond le monde de ses nombreuses forces. Il s'avança donc avec puissance & majestique dignité jusqu'à ce qu'il atteignit le côté oriental de la citadelle de Kandehar, où il ordonna une superbe cour, & fit faire des batimens qui sembloient s'élever au dessus des nûës.

CHAPITRE V.

Narration des evénemens de l'année du serpent, répondant à celle de l'Hégire 1149.

A.D.1736.
Nad. 49.
10 Mars.

Decembre &
Janvier.

Mars.

LA nuit du Mardi dix-neuf du mois sacré de Zoulkadé, le souverain de l'Orient, le soleil, lumière du monde, s'assit sur le trône d'azur du firmament. Il dépécha l'armée du printems pour assiéger les forteresses des bocages, & environner le chateau du jardin de roses. Les froides heures de Deï & de Bahman fûrent bannies, & les troupes legéres des Zéphirs de Ferverdin ouvrirent les boutons de rose, & découvrirent les beautés de leur première fleur. Les plaines du monde devinrent éclatantes par la splendeur, qui sortoit des tulipes entr'ouvertes, & par celle des arbustes odoriférans.

Sa Majesté donna ses ordres pour la célébration de la fête de Neurouz; & voulût que l'assemblée fût convoquée avec toute la dignité & la magnificence possibles. La salle des banquets ressemblant à la lune nouvelle resplendissoit d'or & d'argent; & le jardin des roses déploïoit ses plus brillantes nuances. Les chefs & commandans dépouïllerent leurs garderobes de leurs richesses, de leur splendides & prétieuses robes pour s'orner, & s'embéllir.

Le second jour sa Majesté établit Fathalikhan l'Afchar, maître d'ordonnance de sa prosperée armée, & l'envoïa avec une vaillante compagnie de cavalerie pour attaquer le poste de Kallat.

La

La troisiéme nuit un prisonnier s'étant échapé de la citadelle, rapporta qu' Huſſein, aïant appris le deſſein contre Kallat, avoit envoïé Seidal ſon général avec quatre mille jeunes Afgans pour couper le chemin aux Perſans à leur retour.

A.D. 1736.
Nad. 49.

Sur cet avis ſa Majeſté plaça dans l'étrier ſon pied capable de percer le firmament, monta ſon courſier, ſuivi d'une troupe de Héros, & partant pour une excurſion paſſa par la ville de Sefa.

Il arriva, que Fathalikhan aïant pillé les environs de la place contre laquelle il avoit été envoïé, fit halte ſur le pan d'une montagne ſans gardes, ni vedettes.

Seidal arrivant, & trouvant les Perſans aſſoupis du ſommeil de la négligence, ſongea à les ſurprendre dans cet état, ſe flattant de délier le bracelet de leur puiſſance. A cet effet il ſe mit en embuſcade pour attendre une occaſion favorable de les attaquer.

Cependant, les victorieuſes enſeignes de Nader approchérent, & les Afgans, ſaiſis de crainte, eſſaïérent de fuïr; mais les Perſans firent dévancer le vent aux pieds étincelans de leur chevaux, & atteignant les fugitifs en tuérent la plûpart avec leur réluiſans ciméterres. Pluſieurs toutefois s'échapérent autour de la montagne, & le reſte retournant avec Seidal ſe rendirent à Kallat, & s'y renfermérent à l'abri de ſes fortifications.

Le fameux conquérant revint à ſon camp, & récompenſa ſplendidement le priſonnier ci-deſſus mentionné; il lui donna le titre de Raſſoul ou Meſſager, & remplit d'or & d'argent le giron de ſon eſpoir.

D 2

Le

A.D. 1736.
Nad. 49.
30 Mars.

Le huitiéme du mois sacré de Zoul Heggia, sa Majesté voulût que les étendarts quittant cette place fûssent plantés dans un lieu nommé Serkhe Chir, qui à cette occasion prit le nom de Nader Abád, & qu'on y éleva un magnifique palais qui parvint jusqu'aux cieux.

Les ingénieux architectes & les habiles géométres eûrent ordre de bâtir, dans ce lieu charmant, une large cité contenant de hauts édifices, des marchés, des places, des conduits, des bains, des écuries, des caffés, & des mosquées. Ils firent couler à travers de la citadelle la riviére Tourpouk, dont les eaux surpassent en clarté celles de Coussêr, & de Tasnim, qui roulent leurs flots argentés dans la céleste demeure des vrais croïans. Les agiles ouvriers, venûs des extrémités de l'auguste empire jusqu'à l'armée victorieuse, mirent la main à l'ouvrage, & travaillérent avec tant d'ardeur, qu'en peu de jours ils eûrent sur de solides fondemens fini cette citadelle immense. Les superbes batimens, qui ressembloient à ceux du paradis, brilloient comme la lune nouvelle.

10 Avril.

Le dix-huit du mois Echeref Sultan le Galgien, dont les aïeux pendant les régnes des précédens rois de Perse avoient possedé le gouvernement de Galgé, s'enfuit du chateau de Kandehar, & étant venû toucher de son front le parquet de la cour semblable aux cieux, fût reçu en faveur.

On apporta ensuite la nouvelle que quelques Galgiens étoient allés faire une excursion sur les bords de l'Arghendab. Une troupe de Héros Persans aïant été envoïée pour les repousser, ces invincibles guérriers humectérent le manteau de la vie des rebelles avec l'eau resplendissante de leurs sabres.

On avoit, cependant, laissé la plaine ouverte aux ennemis dans l'éspérance de les inciter à quitter leurs murailles, & à faire une sortie ; mais après leur derniére défaite ils n'oférent hazarder d'élever leurs têtes hors du collier de la sûreté ; & se tinrent sur la défensive dans l'enceinte de leur fortifications.

A. D. 1736.
Nad. 49.

Nader alors se détermina à ferrer la ville de près ; il l'entoura de fortes tours, qui avoient sept parasanges de circonférence, & étoient à un quart de parasange de distance l'une de l'autre. Dans chaque tour il plaça un corps de troupes, & à chaque cent pas il érigea une tourrette gardée par une compagnie de mousquetaires. Malgré ces soins, sa Majesté s'étant apperçûë que quelques Afgans sortoient pendant la nuit de Kandehar pour piller le païs, & passoient dans les intervalles des tours, fit bâtir deux autres tourrettes entre chacune des larges tours, & par ce moïen renferma entiérement la garnison. Plusieurs d'entre eux aïant, néantmoins, hazardé leurs vies pour se pourvoir de bled & d'herbes, furent comme le bled coupés avec la faux des sabres tranchans des gardes.

Le treize du mois Moharrem un méssager arriva à la cour de la part des officiers, qui avoient étés envoïés pour faire le siége de Best, & rapporta que, commes les canons & les mortiers avoient commencé à joüer contre le chateau, les habitans avoient demandé à capituler.

4 Mai.

Sa Majesté envoïa aussi-tôt un gouverneur dans cette place, & ordonna de faire prisonniers les Afgans du chateau, & de les conduire au camp roïal.

Les troupes impériales, qui avoient poursuivi Seidal jusqu'auprès de la ville de Sefa, n'aïant pas leur canon avec eux s'étoient

2   desistées

30 HISTOIRE DE NADER CHAH.

A.D. 1736.
Nad. 49.

desistées de leur poursuite ; mais, quand leur artillerie arriva, ils la tournérent contre Sefa ; alors faisant rouler les éclairs de leurs canons semblables à une montagne contre les murailles, & leurs mortiers enflamés vomissant des étincelles de tous côtés, la ville fût prise dans un seul jour, & la garnison, composée d'Afgans, faite prisonniére.

5 Mai.

A ces heureuses nouvelles sa Majesté le quatorziéme du même mois envoïa des troupes pour garder la place, & celles qui l'avoient conquise furent rappellées.

A la fin du mois Nader ordonna que le sacré Harem, & les bagages, lesquels dans le mois de Chewal avoient étés separés de l'armée victorieuse, & avoient séjournés d'abord en Seistan, ensuite à Fera, réjoignissent le camp.

Seidal, après sa sortie de la ville de Kandehar, & le mauvais succés qui l'avoit suivi, avoit fuï à l'approche des troupes conquérantes, & s'étoit fortifié dans ce fort de Kallat, avec Mohammed fils d'Hussein, & plusieurs chefs & soldats Afgans. Un détachement de héros semblables à des lions furieux fût envoïé contre ce fort, sous le commandement d'Imam Virdi Beg Kirklou surintendant des palais. Ce commandant, après un assaut qui dura plusieurs jours, prit une tour du côté de l'orient du chateau, & les Afgans se retirérent dans l'interieur de leurs fortifications ; où ils tinrent pendant deux mois. Voiant, enfin, que le torrent de l'infortune les avoient submergés, & qu'ils ne pouvoient empêcher les Persans de prendre le chateau & la montagne forte comme le Mont Alborz, ils capitulérent, & surrendirent la place ; dans laquelle Imam Virdi, par l'ordre de sa Majesté, aïant mis pour garnison une compagnie de mousquetaires, envoïa ensuite Mohammed

med fils d'Huſſein, avec Seidal, & les chefs des Afgans, au camp roïal.

A.D. 1736.
Nad. 49.

Comme Seidal, ainſi qu'il a été dit dans la rélation des affaires d'Iſfahan & d'Hérat, étoit un homme qui avoit toûjours taché d'allumer le feu de la diſſention, & de fuſciter des deſordres, ſa Majeſté ordonna qu'on lui arrachât les yeux ; mais le fils d'Huſſein fût gardé & traité avec reſpect.

CHAPITRE VI.

Affaires du Balougeſtan. Succès des généraux, & des officiers, qui y fûrent envoïés.

IL a été dit auparavant que Pir Mohammed Khan, & Effelmiſ-khan, avoient étés envoïé d'Iſfahan, & inveſtis du commandement du Balougeſtan, avec une artillerie & des forces ſuffiſantes pour chatier les rebelles de Kharran.

Lorſque les plaines de Kandehar étoient le ſiége du camp tout-puiſſant, Mohammed Ali Beg Sarivlilou, gouverneur d'Ichek & chef des Agas, fût envoïé le neuf du mois de Zoul Heggia contre la tribu de Chirkhan & les Balougiens de Chourabec, qui avoient commis les plus énormes outrages. Ce commandant étant arrivé avec ſes troupes à deux paraſanges de Chourabec, les Balougiens raſſem-

1 Août.

A.D. 1736. rassemblérent leurs forces, & donnérent bataille aux Persans, qui
Nad. 49. tuérent sept cent d'entre eux, & se saisirent de leurs mules, & de
leurs chameaux.

D'un autre côté, le détachement envoïé contre les troupes de Chirkhan campées entre Giaki & Nicheki, aïant fait une incursion, à la pointe du jour tomba sur eux, en tua la plûpart, ainsi que Chirkhan leur chef, & saccagea entiérement leur habitations & leur places fortes.

Après ces succès sa Majesté envoïa ordre à Mohammed Ali Beg de joindre les deux généraux en Balougestan entre Gialik & Kharran, & lorsque cette expedition seroit finie, d'assiéger tous les forts de Chourabec.

24 Avril 1736. Le troisiéme du mois Moharrem en l'année 1150, Emir Mohammed Khan, & Emi Iltaz, tous deux fils d'Abdalla Khan, & (comme il a été dit ci-dessus) alliés de la famille roïale, avoient été mandés à la sublime cour, où chacun d'eux fût gratifié d'une riche veste, d'un cheval, d'un ciméterre, & d'autre marques de distinction.

Dans le même tems Emir Mohebbet Khan fût nommé gouverneur du Balougestan ; le gouvernement de Chourabec fût donné à Mehrab Sultan Papi, qui fût envoïé avec quelques troupes pour garder le chateau de Fouchenk, & les provisions qu'il contenoit ; mais deux ou trois mille hommes, tant de la tribu de Kakeri, que de celle de Terini, s'étant rassemblés, mirent le siége devant ce chateau.

Dès que cette entreprise fût sûë de Nader, il fit partir un autre détachement pour secourir Mehrab Sultan, & pour réprimer les rebelles ; qui s'enfuïrent à l'approche des soldats Persans.

Cependant, quoique les généraux, qui avoient étés envoïés en Balougeſtan, eûſſent fait leur devoir, & pris poſſeſſion du chateau de Gialik, ſi fameux par ſon aſſiéte & ſes fortifications ; Pir Mohammed Khan, leur généraliſſime, étant un homme dont le méchant naturel, & la mauvaiſe volonté égaloient la capacité, fût la cauſe d'un revers facheux pour les glorieuſes troupes. Il s'étoit querellé avec Eſſelmiſkhan, & s'en étant ſéparé, il ne vint point à ſon ſecours à Kharran : & par là fit perdre la vie à pluſieurs ſoldats, qui par manque de proviſions périrent de ſoif, & de faim dans les deſerts, & dans les montagnes ; & perdirent leurs bêtes de charge, & leurs chevaux.

A.D.1736.
Nad. 49.

Sa Majeſté, pour punir le crime d'une telle conduite, dépêcha Fathalikhan, & Mahommed Ali Beg Kirklou, gouverneur d'Ichek, qui aïant coupé la tête à Pir Mohammed l'envoïa, ainſi que les troupes qu'il avoit commandées, à la très-haute cour.

HISTOIRE DE NADER CHAH.

CHAPITRE VII.

Prise de Balkhe. Défaite des rebelles.

A.D. 1736.
Nad. 49.

NOUS avons dit auparavant que l'illustre Prince Rizakuli Mirza avoit été envoïé par sa Majesté pour chatier Alimerdan, gouverneur d'Endekhoud, qui avoit défendû & empêché le départ d'Azizkuli Beg, & des autres Afchars de ces quartiers.

Lorsque les victorieux étendarts étoient fixés dans les plaines de Kandehar, le Prince, qui étoit en Khorassan, aïant préparé son artillerie & rassemblé ses forces, marcha par la voïe de Badghis à Endekhoud, le plus large territoire de Balkhe, & approprié pour l'habitation des Afchars.

Quand l'armée fortunée du prince arriva à deux parasanges de ce lieu, les Afchars de la place se saisirent de leur gouverneur Alimerdan, & demandérent merci, après avoir surrendû la ville, & le chateau. Les habitans de Chiourgan, & la tribu de Gélair suivirent leur exemple, & se soumirent. Quand le prince eût fini de régler les affaires de ces districts, il envoïa Alimerdan à la cour étendûë jusqu'aux étoiles; & marcha à Aghgé.

8 Juin.

Les habitans de cette place se soumirent aussi-tôt à ses ordres, & entrérent à son service. Dès le commencement du mois Rabi-ulavel, Rizakuli Mirza, aïant laissé les bagages avec une compagnie de mousquetaires à six parasanges de Balkhe, vint camper à trois parasanges seulement de cette ville. Le matin du troisiéme

jour,

jour, dans le tems où le soleil roi du monde siégeoit sur son trône dans le quatriéme ciel, le prince fit avancer ses étendarts avec son armée complette vers les murs de Balkhe. La vedette de l'armée de Sied Aboul Hassan, gouverneur de Balkhe, fût découverte à deux parasanges de la ville dans le milieu des bois.

Commes les troupes d'Aboul Hassan étoient nombreuses, & comme les riviéres qu'elles avoient à traverser étoient profondes, leur passage fût arrêté pendant quelque tems; mais le prince faisant mettre pied à terre à ses troupes victorieuses, les envoia bande par bande à travers des riviéres, & des bois les plus épais. Les ennemis les voïant, vinrent sur le haut des tours, & des fortifications, & tachérent de les repousser. Les braves champions couvrant leurs faces avec le bouclier du courage montérent graduéllement sur les rétranchemens, & brandissant dans les airs leurs perçans ciméterres, bannirent plusieurs des Ousbegs de la cité de leur existance; tandis qu' Aboul Hassan, & les chefs de Balkhe se ténoient à l'abri du chateau: alors par le suprême commandement du prince, les déstructifs canons, & les mortiers étant pointés aux murailles du chateau, y dardérent des flames irresistibles; & l'éclat de leur tonnérre se fit entendre pendant trois jours & trois nuits. Enfin, la garnison étant totalement découragée capitula. Le gouverneur, les chefs, les kadis, & tous les habitans de la ville, se prosternérent devant la cour du prince, & sa clémence, sa générosité fût la recompense de leur soumission.

Les commandans des Ousbegs, & les tribus de Balkhe avec leurs dépendans, vinrent aussi troupe par troupe, & se joignirent à l'armée conquérante: sur quoi ils fûrent innondés de la rosée de la liberalité. Les Khans, qui après la défaite du gouverneur avoient été envoïés pour ravager le païs, avoient pillé tous les environs, & pris tous les forts. D'un autre côté, les peuples du

A.D. 1736. Konder, qui étoit à vingt parafanges de Balkhe, & s'étendoit auffi
Nad. 49. loin que les bords du Badakhchian, entendant le bruit des conquêtes de l'armée roïale, s'affemblérent, & livrérent leurs territoires pour être annexés à l'empire que le ciel protégeoit.

24 Juillet. Le feptiéme du mois Rabiuffani de cette année profpére, le
Prince dépécha un courier à fa Majefté pour l'informer de fa victoire. A ces heureufes nouvelles Nader envoïa les plus magnifiques
préfens à fon fils, comme une récompenfe de fes fuccès, & de fa
valeur; il ajouta aux tréfors dignes de lui que le prince poffédoit
deja, quarante deux mille *naderis*, ou piéces d'or qui faifoient
douze mille tomans; trois cent riches veftes, un grand nombre de
beaux chevaux ornés de felles, & de caparaçons d'or, afin qu'il
pût faire des préfens convénables aux officiers de fon armée. Le
Prince n'aïant point d'ordre pour paffer la riviére d'Amiveï, s'ar-
réta pendant quelque tems à arranger les affaires de Balkhe, à fe
procurer des provifions, & à établir la regularité dans la province;
mais comme ces ordres n'arrivoient point, fans attendre davantage
il paffa outre, & marcha par la voïe de Kerchi à Bokhara.

Aboul Feiz Khan roi de Bokhara, affifté par Ilbars Khan,
gouverneur du Kharezm, aïant affemblé une armée de quarante
ou cinquante mille Oufbegs, ou habitans du Turqueftan, s'avança
avec toutes fes forces vers Kerchi. Quoique l'armée du Prince ne
fût compofée que de douze mille hommes; cependant (felon le
proverbe Arabe qui dit, que le lionceau reffemble au lion) il ne fit
pas plus d'attention au nombre des ennemis, que n'en fait l'aigle
aux ferres perçantes, à une volée de corneilles: & il fe prépara à
leur donner bataille.

Le roi de Bokhara fût vaincû, & la plûpart de fes foldats tués;
mais il mit fa perfonne à l'abri des fortifications de Kerchi. Quand
à l'armée

HISTOIRE DE NADER CHAH.

à l'armée du Kharezm, elle prit la fuite fans en être venüë à une action. Le Prince aïant avancé fes étendarts pour prendre le chateau de Cheldouc, qui étoit près de Kerchi, & fur le chemin où fes troupes devoient paffer ; il le bombarda de tous les côtés, mit la garnifon au fil de l'epée, & annexa tous les diftricts adjacens à l'empire.

A.D. 1736.
Nad. 49.

Le Prince perdit Baba Khan Tchaöuchelou un de fes commandans, qui fût tué d'un coup de canon pendant le fiége. Un autre de fes principaux officiers périt d'une maniére encore plus fatale ; un miférable Oufbeg aïant trouvé le moïen de parvenir jufqu'à lui le frappa fubitement d'un coup de poignard, dont il fût puni par les affiftans, qui fur le champ le hachérent en piéces.

Quand le rapport des nouvelles victoires du Prince fût fait à fa Majefté, très-haute adminiftratrice de la juftice, elle envoïa fes lettres de falut au roi de Bokhara, doüé du pouvoir d'Afrafiab, & aux feigneurs du Turqueftan ; dans lefquelles Elle leur mandoit, que comme ces dominations appartenoient de droit aux defcendans, & à la famille de Genghiz Khan, & à la race des Turcmans, elle vouloit que le Prince fon fils ceffât de faire la guérre en Bokhara, & fe contentât de fes legitimes & heréditaires poffeffions ; qu'en conféquence ils n'avoient qu'à envoïer leurs députés à la cour impériale pour régler les affaires des deux roïaumes. Les ordres adreffés au Prince Rizakuli portoient, qu'il donnât toutes fortes de marques d'amitié au roi de Bokhara ; qu'il retournât à Balkhe pour fixer fur des fûres bafes les affaires de cette province, mais que, fi les habitans du Touran refufoient de fe foumettre à fes ordres, ils reçûffent un chatiment merité.

Le

A.D. 1736. Le Prince obéïssant auſſi-tôt, envoïa le meſſage roïal au roi de
Nad. 49. Bokhara, leva le ſiége de Kerchi, & repaſſant la riviére d'Amiveï,
fit des plaines de Balkhe le ſiége de ſes troupes victorieuſes.

Voici, cependant, qu'elle étoit la ſituation des choſes en
Zemindaöur. Il a été raconté plus haut, que le commandement de Zemindaöur & des Hezarés avoit été donné à Kelbali
Khan Kiouſſé Ahmedlou, qui avoit été envoïé dans ce païs avec
de l'artillerie, & un gros corps de troupes. Ce commandant aïant
mis le ſiége devant Zemindaöur n'eût aucun ſuccès pendant l'eſ-
pace de neuf mois. Outré d'une telle reſiſtance, il réſolût enfin
de donner un aſſaut général à la place. Quelques perfides Afgans
qui étoit à ſa païe, fûrent lui perſuader de les laiſſer aller trouver
la garniſon, lui promettant, qu'au tems de l'aſſaut ils lui délivre-
roient les tours, & la ville. Sous ce pretexte, ils quittérent le
camp, mais au lieu de remplir leurs promeſſes, ils informérent la
dite garniſon de la ſituation des aſſiégeans, & l'encouragérent à
tenir bon. Les ſoldats Perſans, ne ſoupçonnant point cette trahiſon,
ceignirent leurs reins de la ceinture de l'intrepidité, & s'avancérent
pendant la nuit pour eſcalader les murailles défendûës avec le
bouclier du courage; mais ils fûrent expoſés aux balles perçantes
de l'ennemi, & virent que le deſtin l'emportoit ſur eûx. Une
compagnie de Lekzies de Ferah fût taillée en piéces dans cette
tentative précipitée.

Un pas ſi inconſideré fût la ruine du commandant, qui aïant été
rappellé à la cour roïale y reçut la punition de ſon imprudence. A
ſa place fût envoïé Divan Kuli Beg l'Afchar, intendant de la maiſon roïale; on lui donna pour collégue Yar Beg Sultan, maître de
l'artillerie.

Ces

Ces deux officiers étant arrivés avec tous les inſtrumens de guerre propres à preſſer le ſiége, bombardérent le chateau avec une telle violence, que le dix de Chewàl de cette heureuſe année, Nedi Khan Afgan, qui avoit été établi gouverneur de Zemin-daoür par Huſſein, fit parvenir la voix de la ſupplication aux oreilles des aſſiégeans, & envoïa ſon fils unique pour négocier les articles de la capitulation. En conſéquence le chateau fût rendû, & les généraux par l'ordre de ſa Majeſté retournérent à la cour, où ils conduiſirent les Afgans de la garniſon de Zemindaoür.

A. D. 1737.
Nad. 56.
13 Janvier.

Cependant, les Afgans, qui avoient emploïés pluſieurs an-nées à remplir leurs magazins, & à ſe pourvoir de munitions, comptoient ſur l'abondance de leurs proviſions, ſur la force de leur place, & appuïoient leur dos contre la muraille de la ſûreté. Le ſiége de Kandehar avoit duré dix mois entiers, lorſqu'enfin Nader ſe prepara à donner un aſſaut général.

Un détachement de braves ſoldats fût d'abord envoïé pour s'em-parer des tours du dehors de la citadelle poſſédées par les Afgans; ils les prirent ſucceſſivement, & entre autres une large tour ſituée ſur un mont élevé, & défendûë par pluſieurs piéces de canons, dont avec l'aide de Dieu ils ſe ſaiſirent, & firent la garniſon priſonnière. Enſuite ils attaquérent une tour de piérre au nord du chateau, du côté de Tchehelzibé ſur une haute montagne, dont la vûë s'é-tendoit ſur toute la cité de Kandehar.

Les héros ſe ceignant du ceinturon du courage, & de la gran-deur d'âme, s'emparérent de cette formidable tour, & de quatorze autres qui s'élevoient juſqu'aux nûës, & qui perçoient de leurs ai-guilles l'azur du firmament. Ils liérent auſſi du nœud du pouvoir trois cent fiers Afgans, qui gardoient ces poſtes, & tuérent, ou firent

A.D. 1737.
Nad. 50.

fîrent prifonniére la garnifon qu'ils y trouvérent. Ils prirent leurs mortiers à bouche de dragon, & leurs canons femblables à des montagnes, dont les boullets étoient du poid de fept ou huit *mens*; ils les trainérent fur un terrain fi rude qu'à peine les pieds des foldats pouvoient s'y tenir; & les élevant les fixérent contre une tour nommée Berge Dehdeh, dans la partie occidentale du chateau.

L'entendement humain ne concevra que difficilement un fait fi extraordinaire, & fe perdra dans l'immenfe vallée de l'étonnement; car qui verroit cet efpace étroit plein des morceaux délabrés de cette inacceffible montagne, diroit que le feul pouvoir de ce grand Empéreur, foutenû des decrets de la Providence, pouvoit faire parvenir à charrier ces enormes canons fur un fommet prefque inacceffible, & où le Griffon faifoit fa retraite, le prenant pour le mont Kaf.

Pour en revenir à notre narration, ces canons & ces mortiers fûrent fixés fur le rampart de piérre contre la tour, & l'effroi qu'ils cauférent fit trembler fes fondemens.

18 Mars.

Une troupe de Bakhtiaris qui avoient étés envoïés dans ces quartiers demandérent la permiffion de commencer l'affaut; il fe joignit à eux quelques Kiurdes & les Afgans d'Abdali, compofant en tout trois cent hommes. La nuit du Jeudi vingt-deux de Zoul Kádè, fa Majefté ordonna de fe preparer pour un bombardement, & à la pointe du jour de commencer l'affaut.

Les Afgans aïant appris ce deffein s'apprétérent à repouffer les Perfans; environ deux cent de ces derniers fûrent tués, ou bleffés, & virent qu'ils ne pouvoient atteindre au pinacle de leurs intentions; néantmoins ils fe preparérent bien-tôt à faire une feconde attaque.

FIN DU QUATRIEME LIVRE.

LIVRE V.

EXPEDITION des INDES.

CHAPITRE I.

Rélation des événemens arrivés dans l'année du cheval répondant à celle de l'Hégire 1150.

LORSQUE les jours brillans, & les fombres nuits de Zulkadé en venoient à la conclufion de leur différent, l'an nouveau apparût dans toute fa fplendeur. Le Vendredi à la fin de ce mois le monarque couronné d'or entra dans le figne du Bélier, & prit poffeffion de l'exaltée demeure du monde. L'aure, & les zéphirs, comme troupes légéres avancérent fous les banniéres des pins branchûs, & des planes ondoïans vers le palais du jardin de rofes. Le martagon monta fur les créneaux des tiges fleuries, & le jafmin déploïa fon odoriférante enfeigne fur la cime des berceaux. Les notes des roffignols & des colombes, qui fuccédoient à celles des oifeaux odieux, formoient un concert rempli de mélodie. Les perroquets, qui s'étoient long-tems nourris des alimens amers de la froide faifon, faifoient alors réjaillir le plus doux fucre de leurs becs. Les bois retentiffoient du chant des autres oifeaux, qui formoient des chœurs harmonieux. Ce même Vendredi le foleil fubjugua les ténébres, & éclaira le palais de l'univers; il prit poffeffion de la

A.D. 1737.
Nad. 50.

10 Mars.

PART II. F fortereffe

forteresse des jardins, & exigea des roses, & des hyacinthes le tribut de leurs agréables senteurs.

Dans ce même tems, les mains de tous les artistes étoient employées à construire la demeure de la cour impériale, & à élever le trône qui surveille le monde du haut des cieux. Ils rendirent la salle des banquets aussi belle & aussi riante que les jardins d'Irem, & la fête de la nouvelle année y fût célébrée. Les chefs des armées, & les commandans des troupes, les Princes fameux, & les gouverneurs fortunés, ainsi que des étoiles resplendissantes & des planétes lumineuses, étoient vêtus de manteaux tissus d'or, & prirent chacun leurs places assignées dans cette heureuse assemblée, brillant comme la lune en son plein, & ces rangs majestueux ressembloient à ceux du huitiéme ciel.

Alors les roses du jardin aïant ouverts leurs charmans boutons, il étoit tems que les assiégés ouvrissent leurs portes à l'invincible conquérant.

En effet, ce même jour tout fût préparé pour un autre assaut général. Les soldats Bakhtiaris, qui avoient échoûés dans leur derniére entreprise contre le chateau fûrent encore envoïés dans le même dessein.

Cependant, quatre mille champions, alterés de sang, héros rédoutables, fûrent choisis; & le second jour de Zoul Heggia reçûrent ordre de demeurer cachés dans les cavernes, les enfoncemens des rochers, & dans les lieux les plus secréts des retranchemens.

D'un autre côté Nader Chah se mit la même nuit sous l'abri de la montagne près de la tour de Tchelziebé, où sans être observé

par

par la garnifon, il attendit l'aube de cet heureux matin, qui devoit éffacer le jour du nouvel an, ou celui dans lequel deux amans féparés fe rejoignent.

A.D. 1737.
Nad. 50.

Après la priére du midi, & une fervante invocation au ciel pour obtenir un favorable fuccès, l'affaut commença du côté de Berge Dehdeh. Ce quartier étoit celui des Bakhtiaris, qui alors protegés par la fortune, montérent l'échelle du courage invincible, & prirent poffeffion de la fortereffe ; d'où ils marchérent contre les tours nommées Tcharberge, & aïant furpris leurs garnifons plantérent le drapeau du pouvoir fur les murailles. Les Afgans s'attroupans dans ces tours tâchérent de les défendre, mais les ardens moufquetaires fous l'influence de la planette Mars, fe répandant fur eux comme une torrent de feu les accablérent, les forcérent à réfigner leurs forts, & à tourner leur faces du côté de la fuite. Les héros victorieux, qui s'étoient cachés dans les antres de la montagne, en fortirent alors, montérent les hardies échelles pofées contre les murs, & s'emparant des portes, & des tours, prirent poffeffion du chateau.

Quand Huffein vit que la voïe du fecours étoit fermée, & que la main d'un confeil prudent étoit rompûë, il prit avec lui un petit nombre de fes plus fidéles Afgans, & quelques unes de fes femmes, & épiant un moment opportun fe rétira à Keitoul, fort affis fur une haute colline dans la partie feptentrionale du chateau. Le refte des Afgans, tant hommes que femmes, fûrent, ou mis au fil de l'epée, ou accablés fous les poids des chaines du pouvoir.

Auffi-tôt fa Majefté ordonna que les canons qui étoient fur les montagnes, & dans les tours, fûffent pointés contre Keitoul. Leur bruit menaçant détruifant les fondemens de la profpérité d'Huffein,

A.D. 1737. Nad. 50.

d'Huſſein, & demoliſſant le palais de ſa puiſſance, l'arracha malgré lui au ſommeil de l'inattention.

Le jour d'après, quand le ſoleil, maître du monde, tirant le voile de l'obſcurité, ſortit de la chambre de la nuit, Huſſein envoïa Zeïneb ſa ſœur ainée, princeſſe d'une rare prudence, ſuivie de pluſieurs officiers Galgiens, pour ſe préſenter devant le trèshaut conquérant, en maniére de Nenvat, qui ſignifie dans la dialecte des Afgans, ſoumiſſion, & ſa Majeſté promit merci & clémence.

Le lendemain Huſſein avec les fils de Mahmoud, les gens de ſa ſuite, & tous les généraux des Afgans, vinrent en toute humilité & ſans ornement ſe proſterner devant la cour éclatante d'or, qui avoit été élevée auſſi haut que Böotés, en dehors de la porte Babeveli, pour la reception du vainqueur. Là, Huſſein baiſa le parquet ſublime, & étant relevé par ſa Majeſté il reçût, ainſi que ceux qui l'accompagnoient le don précieux de la vie.

Le Monarque de qui le cœur étoit en généroſité, ſemblable à la mer, dedaigna de s'approprier les immenſes tréſors, & le butin de la citadelle; & le diſtribua à ſes brave ſoldats. Il envoïa Huſſein, ſes enfans, ſes femmes, & ſes parens avec toutes leurs richeſſes, au Mazenderan, & leur donna une habitation dans cette province.

Comme Huſſein avoit gardé en priſon à Kandehar Zoul Fikar Khan Abdali, & ſon frére Ahmed Khan, qui s'étoient enfuïs d'Hérat; le jour que la citadelle fût priſe, Nader les mit en liberté, les reçût dans ſa faveur, & les envoïa dans le Mazenderan,

deran, en leur aſſûrant ſur ſon tréſor dequoi ſe maintenir hono- rablement.

A. D. 1737.
Nad. 50.

La tribu de Galgé étoit diviſée en deux compagnies, l'une deſquelles, nommée Houteki, appartenoit à Huſſein ; l'autre portant le nom de Toukhi étoit de l'appanage d'Echeref Sultan, dont nous avons fait mention. Comme Echeref à l'arrivée des troupes roïales en Kandehar, avoit ſaiſi la balle de la proſperité, & étoit entré au ſervice du grand conquérant, il fût nommé chef de la tribu de Toukhi, & établi gouverneur de Kallat.

Le chateau de Kandehar dont le côté occidental étoit ſur le Mont Leki, & qui, au vrai, étoit un fort très dangereux, une tâche ſur les joües des demeures, & des provinces de l'Iran, fût, par l'ordre de ſa Majeſté ſaccagé, & raſé juſqu'aux fondemens ; & Naderabad devint le ſiége de la réſidence des gouverneurs du païs.

Selon la promeſſe qui avoit été faite que les Muſſulmans ne ſeroient plus eſclaves, Nader ordonna que leurs chaines ſeroient briſées, & qu'ils ſeroient renvoïés à leurs amis reſpectifs. Il donna le gouvernement de cette province à Abdalgani Khan dont la fidélité avoit été autrefois ſoupçonnée, mais qui étoit rentré en faveur.

Sa Majeſté établit quelque chefs des Abdalis, gouverneurs de Kerchec, de Beſt, & de Zemindaöur. Enſuite elle choiſit pluſieurs robuſtes jeunes gens de Galgé, qu'elle fit entrer dans ſa cavalerie. Elle deſtina Naderabad, & les diſtricts adjacens pour la demeure de la tribu d'Abdali, qui habitoit Nichapour, & les autres territoires du Khoraſſan ; ordonnant que ces Abdalis ſe-

roient

A.D. 1737. roient transplantés dans ce lieu, & qu'en leur place les Galgiens
Nad. 50. d'Houteki iroient à Nichapour. En conséquence de ces ordres le
3 Avril. vingt-quatre du même mois ces tribus aïant respectivement passé
la riviére Arghendab, se rendirent aux habitations qui leur étoient
destinée.

CHAPITRE II.

L'empéreur Turc, doüé de la puissance d'Alexandre envoïe des ambassadeurs à Nader, qui arrivent lorsque la cour est dans ces quartiers.

27 Avril. IL a été dit qu'après le grand événement arrivé dans les plaines de Mogan, Abdulbaki Khan Zenketé, en compagnie de Mirza Aboul Caffem, chef des gens de loi, & d'Alipacha, partirent de la cour qui touche aux cieux, pour se rendre à la sublime Porte.

Ils y furent reçûs par le très-glorieux Empéreur des Turcs avec de grandes marques de respect & de munificence. Ensuite Mustafa Pacha, gouverneur de Mouffel, un des plus habiles, & des plus fidéles ministres de la Porte, fût nommé ambassadeur auprès de Nader Chah, & on lui donna pour collégues Abdalla Effendi le Sedr de Natolie, & Khalil Effendi Cadi d'Adrinople.

Ces

Ces ambaſſadeurs firent le voïage avec ceux de Perſe, qui s'en retournoient, & paſſant par la voïe de Bagdad arrivérent à Isfahan. La cour n'étant point alors dans cette ville, ils prirent le chemin du Kerman, & ſe rendîrent à Naderabad le dix-neuviéme du mois Moharrem de l'année 1151. Après s'être repoſés deux jours ils fûrent admis en la preſence de ſa Majeſté ; ils lui préſentérent des chevaux Arabes, forts comme des montagnes, & richement caparaçonnés, avec d'autres prétieux dons que le puiſſant empereur Turc avoit envoïés ſous la garde de Muſtafa Pacha, comme un compliment de congratulation à Nader Chah ſur ſon avénement à la couronne.

A.D. 1737.
Nad. 50.

Après que les ambaſſadeurs eûrent délivré leur meſſage avec éloquence, chacun d'eux reçût le préſent d'une robe de *martre zibéline*, & d'un cheval avec le harnois & l'equipage d'or : & ils fûrent arroſés abondamment par les gouttes de la bonté, & de la liberalité roïale.

Dans la lettre que l'empereur Ottoman écrivoit, il étoit dit, ' Qu'il ne pouvoit s'accorder à la propoſition rélative à la nouvelle ' ſecte de l'Imam Giafer (à qui ſoit la paix !) parce que les quatre ' pilliers du temple aïant chacun de tems immémorial apparteñû à un des prêtres des quatre ſectes, l'innovation d'en ériger ' un autre auroit de mauvaiſes conſéquences. Qu'il y auroit ' d'ailleurs de grands inconvénients pour les chefs des pélérins ' Perſans de paſſer par la voïe de Syrie. Qu'ainſi il déſiroit que ' ces deux articles ne fûſſent pas exigés, & qu'il pût être arrangé ' que les pélérins de l'Iran paſſâſſent par Negef Echeref, ſous condition que les habitans de Bagdad rendiſſent ces chemins commodes, & tinſſent prêt chaque année tout ce qui pourroit être ' nécéſſaire aux dits pélérins.'

Quand

A. D. 1737.
Nad. 51.

Quand sa Majesté eût lû cette lettre, il donna aux ambassadeurs toutes sortes de marques de bonté; il s'entretint en public avec eux sur les deux articles en dispute, & sur les raisons de leur difficulté; & enfin il les combla de dons plus précieux que n'en avoit jamais reçû aucun ambassadeur Turc auparavant.

Cependant, comme l'établissement d'une cinquiéme secte, & l'érection du pillier dans le temple, que la Porte sembloit ne vouloir pas accorder, étoient le fondement du traité de paix de la part de Nader; pour négocier ce point, sa Majesté donna la qualité de son ambassadeur à la Porte à Alimerdan gouverneur de Fili, qui partit pour s'y rendre avec Mustafa Pacha, & les deux Effendis dans le commencement du mois Sefer.

CHAPITRE III.

Motifs qui engagérent sa Majesté de marcher contre l'Indostan. Siéges de Gaznin, & de Cabul.

IL a été dit qu'Alimerdan Khan Chamlou avoit été envoïé en Indostan, pour informer le puissant empereur des Indes que Nader avoit résolû de réduire les Afgans de Kandehar; & pour le prier de donner ordres aux soubadars (gouverneurs) de Cabul, & des environs de fermer les passages aux rebelles. Cet empereur promit non seulement de faire notifier cet ordre, mais aussi d'envoïer

HISTOIRE DE NADER CHAH.

d'envoïer aux foubadars de l'argent, & des troupes pour le mettre en état de s'oppofer à la fuite des revoltés. Après le retour d'Alimerdan Khan, Mohammed Khan le Koullar Aga, un des princes de Perfe, en qui on pouvoit le plus fe confier, fût dépêché pour faire reffouvenir l'empereur de l'engagement qu'il avoit pris, & il fût renvoïé avec la même réponfe.

A.D. 1737.
Nad. 50.

Au commencement du fiége de Kandehar, les Afgans aïant éffaïé de s'enfuïr vers Cabul, quelques troupes Perfannes fûrent détachées pour leur fermer les voïes de Kulat, & de Gaznin, & pour le faire entrer dans leur devoir; mais, en confidération de l'amitié qui avoit long-tems fubfifté entre l'empire des Indes & celui de l'Iran, ces troupes eûrent ordre de ne pas outrepaffer les frontiéres, & de ne porter aucun préjudice aux habitans de ces quartiers. Ce détachement aïant fait halte dans la ftation de Kematak, à quatre parafanges de Kulat, les foldats Perfans pillérent tout le païs jufqu'aux extremités montagneufes de ces diftricts; de là faifant une excurfion en Olnekmerghé ils tuérent près de mille Afgans & Galgiens qui réfidoient dans ce lieu, firent un nombre confiderable de prifonniers, & un grand butin.

Cependant, les fugitifs fe retiroient journellement vers Gaznin & Cabul: & l'on apprit que la cour impériale de Gourgan (des Indes) n'avoit donné aucun ordre pour fermer les paffages, felon la promeffe qu'elle avoit deux fois faite.

Comme il n'étoit pas permis aux troupes Perfannes de quitter leur ftation, & d'aller en avant à la pourfuite des rebelles, elles firent favoir leur fituation aux miniftres de la cour.

PART II.   G   Quand

HISTOIRE DE NADER CHAH.

A.D. 1737.
Nad. 50.

2 Mai 1736.

Quand ces nouvelles arrivérent, Mohammed Khan Turcman fût dépeché pour s'informer des raifons de ce manquement de parole, & l'onziéme de Moharrem de la même année, aïant pris le chemin de Sind, il arriva dans les Indes.

Il lui avoit été expréffement ordonné de ne demeurer que quarante jours dans ce païs, & de rapporter au bout de ce tems une réponfe pofitive au feigneur de la terre & de la mer, au maître des fept climats. Mohammed aïant délivré fon meffage, l'empereur des Indes non feulement negligea d'envoïer une replique, mais encore retarda d'un tems à l'autre audience de congé de l'ambaffadeur.

Avril 1737.

Quand un an fût écoulé depuis le départ de Mohammed Khan, dans le commencement de Moharrem 1150, après le fiége de Kandehar, fa Majefté envoïa par trois hommes illuftres des ordres pofitifs à fon ambaffadeur de quitter la cour de Gourgan, & d'en rapporter une réponfe quelle qu'elle fût.

Enfuite Nader fe détermina à s'avancer vers les parties montagneufes de Gaznin & de Cabul; & dans le mois de Sefer, après avoir congédié les ambaffadeurs Turcs, il ordonna que les tréffes ondoïées de fes victorieufes banniéres flottâffent dans les airs fur le chemin de Gaznin. Il paffa par la fontaine de Mekhor, qui fert de limite aux deux empires, & dréffa fes tentes dans la ftation de Karabag, à fix parafanges de Gaznin; de là il envoïa le Prince Nafralla Mirza pour chatier les Afgans de Gourbend, & ceux de Bamian.

Baker Khan, gouverneur de Gaznin allarmé au fon de l'arrivée des troupes impériales, fe joignit aux Kadis & aux chefs de la ville,

&

& marchant tous enfemble avec la contenance de la foibleffe, & de la foumiffion, accompagnés des préfens en abondance, ils tournérent la face de l'efpérance du côté de la clémente cour; où ils fûrent reçûs avec faveur, & exaltés avec bonté.

A.D. 1737.
Nad. 50.

Les troupes roïales continuérent leurs routes vers Gaznin, & le vingt-deux du mois, les banniéres triomphantes du monde, defquelles le foleil même emprunte fa clarté, illuminérent de leur fplendeur les plaines de ce païs.

3 Mai.

Lorfque l'armée victorieufe eût conquis Kandehar, un détachement fût envoïé pour châtier les tribus de Dai Kendi & de Dai Renki, ainfi que les autres tribus des Hezárés, qui toutes avoient marché dans la voïe de la défobéïffance, & refufé de faire le fervice qu'elles devoient. Ces troupes firent fouler par les pieds de leurs courfiers les habitations, les villes, & les champs des revoltés; elles en tuérent un grand nombre, & prirent leurs femmes captives.

Quand fa Majefté apprit ce fuccès, elle ordonna que ces captives feroient mifes en liberté, & qu'on choifiroit dans ces tribus une compagnie pour fon corps de cavalerie. Avec la même force de fon bras, & fon irréfiftable valeur, Nader reduifit les Afgans, qui vivoient dans les montagnes de Gaznin, & tous ceux qui avoient élevé le col de la rebellion; mais à tous ceux qui ploïoient le genou de la foumiffion, il tendoit la main de la clémence. De ce lieu, fa Majefté tourna ces étendarts vers Cabul, ville capitale de la province. Les nobles, & les habitans de cette cité s'avancérent à fa rencontre, & baiférent le plancher fortuné; ils fûrent bien reçûs, & après avoir étés honorés de plufieurs marques de diftinction, congediés.

A.D. 1737.
Nad. 50.

A leur retour, quelques Afgans & quelques officiers de Cabul s'écartérent du sentier de l'obéïssance; Cherzé Khan & Rahimdad Khan, commandans de la citadelle, se retirérent dans le retranchement de la folie, & se couvrirent de leurs fortifications.

13 Mai.

Le Samedi troisiéme de Rabiulavel, quand les ouvriers de l'armée se préparoient à dresser les tentes roïales dans les environs du chateau, quelques soldats de la garnison, s'appuïant sur les pieds de l'audace, firent une sortie sur eûx.

Ces ouvriers n'aïant pas reçû ordre de se battre, méprisérent la vaine attaque de l'ennemi, & continuérent de fixer le camp tout-puissant, & d'élever les tentes aussi nombreuses que les étoiles en Olenk, à une demi-parasange du côté oriental de la ville. Le lendemain, l'armée conquérante arriva dans ce lieu, & le jour d'après, Lundi cinquiéme du même mois, on s'avança pour examiner la force de la citadelle du côté d'une montagne noire & escarpée.

15 Mai.

Alors la garnison, sortant en foule, recommença l'attaque avec fureur, & fit feu de sa mousqueterie, & de ses canons. Sa Majesté, outrée de leur insolence, envoïa pour les chatier un détachement de cavaliers, qui poussant leurs chevaux en avant, & tirant leurs cimeterres, tombérent sur les ennemis, & jonchérent de leurs têtes le pied des murailles.

Le même jour, le grand souverain des sept climats, ceignant ses reins du désir de faire le siége du chateau, entoura la ville de ses vaillantes troupes. D'un côté, par le commandement auguste les canons destructeurs fûrent plantés sur une haute montagne contre une tour nommée Akabein, où les deux aigles, laquelle
sembloit

HISTOIRE DE NADER CHAH.

sembloit être compagne de la constellation de ce nom, & avoir le même nid avec le vautour, aux serres d'or, du firmament. Contre cette tour les boulets de canons voloient comme des éclairs, tandis que d'un autre côté les nuages des mortiers, tonnant sur la garnison, ébranloient les plus forts boulevards jusqu'en leurs fondemens.

A.D. 1737. Nad. 50.

Pendant plusieurs jours les habitans de la ville furent entourés des flâmes d'une confuse détresse ; mais quand ils s'apperçûrent qu'ils étoient dépouïllés de pouvoir & de force, ils recourûrent aux gémissemens de la foiblesse, & de l'impotence ; & le Lundi, douze du mois, ils se rendirent, à la cour qui s'éléve jusqu'aux cieux, & avec des voix presqu'éteintes s'écrièrent, " Veux-tu nous détruire pour ce que les insensés d'entre " nous ont fait ?" Ils confessèrent la folie de leur désobéïssance, surrendîrent la cité, firent des présens considérables au vainqueur, & le mîrent en possession de leurs trésors, de leurs meubles précieux, & de leurs étables d'éléphans roïaux, qui étoient dans la citadelle haute comme les nûës.

22 Mai.

Dans cette intervalle Nasralla Mirza, qui avoit été envoïé pour chatier les rebelles de Zohak, Bamian, & Gourbend, les réduisit, & prit possession de leurs forteresses, & revenant de cette expédition par le voïe de Tcharik, le vingt-quatre du même mois il baisa les dégrés du trône impérial.

3 Juin.

Cependant, sa Majesté, considérant que la cour des Indes de la race de Gourgan, ne lui avoit ni envoïé de réponse, ni permis à Mohammed Khan de s'en retourner, dépecha vers cette cour un des principaux officiers de la sienne, chargé de remettre au puissant Empereur une lettre contenant les mots suivans : " Alimerdan " Khan,

" Khan, & enſuite Mohammed Ali Khan, aïant été envoïés à
" la cour reſſemblant aux cieux, pour informer l'Empereur très-
" puiſſant de la ſituation des Afgans fugitifs, & pour le prier de
" s'oppoſer à leur fuite dans ſes domaines, ſa Majeſté fit réponſe
" qu'elle accordoit cette demande.

" En conféquence de cette promeſſe nos puiſſantes armées en-
" trérent dans le Kandehar. Mais enſuite, trouvant qu'on
" avoit rompû la parole donnée, nous envoïames un autre am-
" baſſadeur pour renouveller nôtre requête. Un an s'eſt écoulé
" depuis ſon départ, pendant lequel on l'a détenû ſans ré-
" ponſe.

" Premiérement, comme promettre & fauſſer ſa promeſſe, &
" ſécondement contre le droit des gens détenir un ambaſſadeur
" ſans lui donner de réponſe, ſont des marques d'un intolérable
" mépris, nous regardons cette conduite comme capable d'éf-
" facer toutes les traces de notre ancienne amitié.

" Maintenant, comme depuis le ſiége & la priſe de Kande-
" har, les Afgans étoient devenûs encore plus incommodes au
" roïaume de l'Indoſtan qu'aux Perſans, nous penſions que ſa
" Majeſté ſeroit bien aiſe à tous événemens de chatier ces re-
" belles. Mais les habitans de Cabul, au lieu de penſer que
" l'arrivée de nos forces leur étoit avantageuſe, & de s'empréſſer
" à nous aſſiſter en conſidération de l'amitié entre les deux em-
" pires, ſe fermérent à eux mêmes les portes de la proſperité,
" en ſe joignant aux Afgans, & donnérent toutes ſortes de
" marques de perverſité & d'arrogance. Cette conduite étant
" contre toutes les régles établies, & d'un grand empéchement à
" nos troupes victorieuſes, nous nous avançâmes pour punir les
                                                    " coupables.

" coupables. Enfin, conduits par leur misérable état, ils A.D. 1737.
" vinrent à notre équitable cour, où ils fûrent par nous récom- Nad. 50.
" pensés de leur soumission avec clémence & liberalité, &
" nous donnâmes ordres, qu'aucun de leurs biens & effets ne
" fûssent touchés.

" Sur le tout nous n'avons eû d'autre vûë que celle de chatier
" les Afgans, & nous désirons la continuation de l'amitié qui a
" si long-tems subsisté entre nous."

Le Persan chargé de cette lettre fût accompagné par plusieurs
chefs de Cabul, & partit le vingt-six du mois pour Chahgehana- 5 Juin.
abad afin de s'expliquer avec l'empéreur doüé des qualités de Soliman ; les Cabuliens devant confirmer ce qu'avançoit son message.
Quand ils arrivérent à Gelalabad, le gouverneur de ce païs
obligea les Cabuliens de retourner à Peichaver, & Veled Abbas
Afgan tua l'envoïé en chemin.

Cependant, sa Majesté trouvant que le païs n'avoit pas des provisions suffisantes pour son armée, envoïa un détachement en garnison à Cabul, & le douziéme jour de Rabiussani elle s'avança 21 Juin.
avec l'aide de la Providence du côté de la montagne Tcharikcar,
Bakhrad, & Safi, lieux fertiles, pleins d'eau & de fourage ; &
qui de plus étoient l'habitation d'une tribu d'Afgans : ainsi
pouvant en même tems & punir les rebelles de ce quartier, &
procurer l'abondance à ses troupes.

Les Afgans, toutefois, se tenant à l'abri dans leurs retranchemens sur les montagnes, une vaillante troupe fût envoïée par le
très-haut Conquérant pour traverser ces montagnes & ces déserts, pour fouler les terres & les habitations à l'aide de leur

courage

courage indompté, & enfin pour détruire totalement les rebelles.

Quand les revoltés se vîrent surpris par la mer sans rivage de leurs braves assaillans, & leurs demeures submergées dans cet océan, aux vagues de fer, ils s'arrêtérent sur la montagne de la clémence de l'Empéreur, qui est le souverain de la mer & de la terre, & la place de répos de tous ceux dont les vaisseaux ont fait naufrage dans le golfe de la calamité; & par sa merci ils gagnérent le port de la sûreté, & la rive de la tranquillité. Tous les chefs de la tribu Saadalla, & Mela Mohammed, fils de Meiagiou, avec tous leurs dépendans, se hâtérent de se rendre à la haute cour, se soumîrent au puissant vainqueur, enrolérent leurs fils dans son service, comme si ç'avoit été un joyau d'honneur attaché à leurs oreilles, & formérent un corps de troupes pour servir dans l'armée roïale.

Le glorieux trône de Manoutcheher (ancien roi de Perse) qui touche la salle des banquets des cieux, & dont la hauteur égale celle des palais du soleil & de la lune, fût fixé pendant vingt-deux jours dans cette place, & le vingt de Giumadi'lavali, les étendarts s'avancérent vers Kendemac, lieu qui pour la netteté de ses eaux, la sérénité de son air, & les charmes de sa situation, excélle les jardins du paradis.

Les Afgans de ces quartiers s'étant aussi fortifiés sur le sommet des montagnes, quelques compagnies fûrent détachées de l'armée victorieuse pour les en chasser. Ces misérables, voïant leurs deserts & leurs montagnes foulées par les chevaux de leurs furieux adversaires, démandérent merci, & envoïérent leurs chefs à la cour magnanime, où ils fûrent reçûs gracieusement par le souverain de l'univers.

HISTOIRE DE NADER CHAH.

Dans ce tems les troupes reſſemblantes aux vagues de la mer, qui avoient été envoïées pour chatier les rebelles des Hezarés revinrent à la très-noble cour le vingt-ſix du mois, amenant pluſieurs jeunes hommes de la tribu conquiſe, leſquels fûrent enrolés dans l'armée, & demeurérent ferme dans le bracelet des ſuivans de ſa Majeſté.

A.D. 1737.
Nad. 50.

3 Août.

De ce lieu, une compagnie de mouſquetaires fût envoïée pour s'emparer de la forterreſſe de Gelalabad, & pour punir Veled Mir Abbas, auteur du meurtre de l'envoïé de ſa Majeſté. Le gouverneur de Gelalabad, qui s'étoit oppoſé au paſſage des chefs de Cabul, s'enfuit auſſi-tôt, & les habitans du païs entrant dans la voïe de la ſubmiſſion, s'avancérent & délivrérent leur cité le Mardi troiſiéme de Giumadi'lakhri.

10 d'Août.

Cependant, Veled Mir Abbas, s'étant fortifié ſur une haute montagne, où il avoit raſſemblé un nombre conſiderable d'hardis & intrepides ſoldats, ainſi qu'une grande abondance de munitions, les Perſans fûrent envoïés troupes par troupes pour les attaquer dans leurs retranchemens, qu'à l'aide du bras de la force & de la violence ils détruiſirent. Les vainqueurs paſſérent tous les hommes au fil de l'épée, firent priſonniéres les femmes, & amenérent au camp roïal la ſœur & les femmes de Veled chargées de chaines. Après que tout fût reglé & mis en ſûreté dans ces quartiers, l'armée impériale alla camper à Beharſiſli, à une demi paraſange de Gelalabad.

A l'approche du glorieux monarque, brillant comme le mois d'Avril, cette place reſſembla à un jardin du printems, & toute la contrée fût comme une perle dans la couronne du ſiécle.

PART II.   H   CHA-

CHAPITRE IV.

De l'arrivée du Prince Riza Kuli Mirza à la cour semblable aux cieux, & de son exaltation à la vice-roïauté du roïaume d'Iran.

A.D. 1737.
Nad. 50.

DES le tems que les banniéres conquérantes s'avançoient vers l'Indostan, & que le vainqueur du monde se déterminoit à la longue entreprise de pénétrer dans ce roïaume, il résolût d'établir l'excellent Prince Riza Ḳuli Mirza vice-roy & régent de l'Iran. En conséquence il envoïa de Cabul ses ordres à ce Prince, l'ainé & le plus brave de ses fils, lui mandant de résigner le gouvernement de Balkhe à Bader Khan l'Afchar, gouverneur d'Hérat, & à Hussein Khan Beiat, gouverneur de Nichapour, & de se rendre à la cour par la voïe de Zohak & de Bamian, après avoir reglé les affaires du païs, & laissé des forces suffisantes pour le garder.

Sa Majesté avoit auparavant (& en apprenant la nouvelle de la prise de Balkhe, lorsque l'armée étoit en Naderabad) ordonné au Prince de venir en Kandehar, après avoir laissé reposer ses troupes, afin d'assûrer le bon ordre dans cette contrée pendant son absence.

Le Prince avoit obéï; mais à son arrivée en Kandehar, Youssef Katagan & les autres rebelles du païs, se trouvant hors d'état de lui resister, avoient pris la fuite, de manière qu'aïant chassé tous les revoltés, aïant arrêté le cours de toutes commotions, & desordres

HISTOIRE DE NADER CHAH. 59

ordres, il avoit établi dans la province une domination inébran- A.D. 1737. Nad. 50.
lable.

Quand donc ce jeune héros reçût les ordres augustes qui l'appelloient immédiatement à la cour, il se hâta de s'y rendre; aïant atteint Cabul, il y laissa ses bagages, & le vingt-quatre de Regeb il arriva devant la présence roïale. Le jour d'après sa 29 Septembre.
Majesté commença la revûë des troupes Balkhiennes, qui étoient dans l'armée du Prince plusieurs jours fûrent emploïés à les faire défiler sous les yeux de ce grand conquérant, semblables à ceux du ciel.

Dans cet examen attentif, sa Majesté, s'étant apperçûe que plusieurs chevaux avoient été blessés dans l'expedition de Balkhe, fit donner à ces troupes des coursiers Arabes & des armes neuves.

Ensuite, ce Héros avec la sagesse de Soliman, confia le régence de l'Iran, & le pouvoir de déposer & de nommer des gouverneurs à l'excellent Prince; & dans le commencement du mois Cha- 6 Octobre.
aban, lui posa de sa main sacrée le diadéme sur la tête, ordonnant qu'au lieu de porter le plumet du côté gauche, le Prince le porteroit à l'avenir du côté droit, ainsi que le portent les rois.

Le troisiéme du mois, Riza Kuli Mirza fût congédié, & dans 8 Octobre.
la plus grande pompe & magnificence reprit le chemin de la Perse. Le lendemain les banniéres destinées à subjuguer le monde s'avancérent vers Gelalabad. Le dix, l'armée campa à une demi- 15 Octobre.
parasange de cette ville du côté de l'orient. Là, les tentes victorieuses fûrent élevées au dessus du soleil & de la lune; &

H 2 douze

douze mille courageux soldats, capables de detruire des légions d'éléphans, fûrent admis dans le fervice roïal.

Peu après les étendarts fûrent transférés à deux ftations plus loin, & fix mille hommes envoïés pour y dreffer les tentes de l'armée imperiale.

CHAPITRE V.

L'armée augufte marche contre Naffer Khan, & prend Peichaver.

LA cour des Indes aïant établi Naffer Khan, foubadar de Cabul & de Peichaver, ce gouverneur, après les fiéges de Cabul & de Gaznin, leva une armée dans les environs de Peichaver pour s'oppofer aux troupes victorieufes.

Au tems où les chefs de Cabul alloient par l'ordre roïal à Chahgehanabad, un paffeport leur fût accordé au nom de Naffer Khan. Mais peu après l'infidéle foubadar, imitant le manque de promeffe de fa cour, ferma les ports de l'obéïffance au commandement augufte, & tâcha avec le foufflet de la violence d'allumer le feu de la guerre dans le cœur de l'empereur des Indes. Il avoit de plus pofté un corps de huit mille Afgans de Kheiber & de Peichaver fur les bords du Gemroud, afin de défendre le paffage de Kheiber.

Le

Le douziéme jour de Chaaban, les tentes étoilées quittérent la station de Rikab, & sa Majesté y laissant les bagages & les troupes du Prince Nasralla Mirza, s'avança avec un corps de lanciers & d'autres guerriers pour chatier Nasser Khan. Elle passa par un lieu nommé Seh Tchoubé, dont le chemin étoit raboteux, difficile, & plein de rocs escarpés. Le second jour à deux heures du matin l'invincible Héros, aïant pris un détour, s'avança trois parasanges, & les Persans tombérent sur l'ennemi. Nasser Khan, aïant reçû avis de l'arrivée du détachement roïal, se prépara pour la bataille, & commençoit à mettre ses soldats en ordre, quand l'avant-garde des glorieuses troupes fondant sur eux rompit dans un clin d'œil le bracelet de leurs rangs, les remplit de carnage, & fît prisonnier Nasser Khan, ainsi que plusieurs chefs. Le reste se sauva par la fuite, tandis que le camp, & tout ce qui apartenoit au soubadar & aux soldats, devint la proïe de l'armée conquérante.

A.D. 1737.
Nad. 50.
17 Octobre.

Après que le Héros fortuné eût demeuré trois jours en ce lieu, il marcha à Peichaver. Les lumineux croissans qui brilloient sur les etendarts victorieux, éclairant alors ces plaines séduisantes & ces délicieuses regions, les rendirent semblables à la lune en son plein.

Sa Majesté reçût à Peichaver une facheuse nouvelle. Une tribu de Leczies de Giar & de Tellé, qui habitoient le Mont Alborz, se voïant entourés de montagnes & d'épaisses forêts d'un très difficile accès, s'étoient depuis long-tems reposés sur la force de leur situation, & faisoient de frequentes sorties par la porte de la désobéïssance. Zoheireddoulé Ibrahim Khan, commandant des forces de l'Azarbigian, fût envoïé pour les chatier.

D'abord

A.D. 1737.
Nad. 50.

D'abord les fabres refplendiffans des Perfans jettérent un ombre fur l'exiftance des rebelles; leurs tentes, leurs habitations fûrent confumées par le feu vangeur de l'ennemi victorieux; mais ces prémiers fuccès fûrent enfin fuivis d'un revers. Plufieurs des revoltés, aïant fait mine de fuir, fe mirent en ambufcade dans une haute montagne, faifant cacher des arquebufiers dans l'épaiffeur des bois de diftance en diftance, ils en fortirent tout à l'improvifte, & tombérent fur les Perfans engagés dans ces défilés par la chaleur de la pourfuite. Ibrahim Khan, ainfi que l'ordonna le deftin, fût tué par un boulet: la terreur & la confufion fe mîrent parmi les troupes roïales.

Sa Majefté, aïant reçû cette nouvelle, donna le gouvernement de l'Azarbigian à Emir Aflan Khan Kirklou, & nomma Sefi Khan Begairi, qui avoit été général en Georgie, pour commander les troupes dans cette province, leur ordonnant à tous deux d'affembler une puiffante armée, de réduire entiérement les rebelles, & d'établir fur de folides fondemens la fûreté de ces quartiers, leur enjoignant néanmoins de ne faire ces entreprifes qu'après le départ de l'armée impériale pour la capitale des Indes.

18 Novembre.

Enfin, le quinze du mois facré de Ramazan, les tréffes ondoïantes des victorieufes banniéres flottérent dans les airs fur le chemin de Chahgehanabad, & le commandement augufte fût proclamé pour conftruire folidement un pont fur la riviére Atok. Cet ordre aïant été exécuté fur le champ, plufieurs jours fûrent emploïés pour faire paffer les troupes femblables aux étoiles, fur cette riviére paréille à la voïe lactée; jufqu'à ce qu'enfin toute l'armée parvint heureufement à l'autre bord.

Quoiqu'on n'eût jamais & dans aucune faifon pû traverfer fans vaiffeaux les riviéres de Pengeab, guidé par le génie profpére de fa Majefté, un paffage fût trouvé pour les troupes, béftiaux, bagages, & munitions, à travers ces riviéres auffi furieufes que l'océan ou que le bras d'une mer deftructive.

A.D. 1737.
Nad. 50.

Après ce paffage merveilleux on trouva en Vizirabad cinq ou fix mille hommes de l'armée de Lahor, fous le commandement de Kalendar Khan, qui fe croïant en fûreté dans le chateau de Catché, élevérent le drapeau de l'oppofition. L'avant-garde de l'armée augufte fe prépara à les reduire, & fe répandit comme un torrent dans leurs retranchemens.

Cependant, quand les tentes roïales fûrent entiérement fixées de l'autre côté des riviéres de Pengeab, plufieurs Indiens fe ralliérent, & s'étant unis par la chaine de l'affociation, formérent un corps confidérable fous le commandement du Zemindar d'Aditéker; ils s'avancérent enfuite foutenûs de Zekaria Khan foubadar de Lahor, & fûrent joint par fix de leurs compagnies à la vûe de l'armée invincible, au cercle puiffant de laquelle toutes ces troupes avoient fans doute échapé.

Mais quand les forces du grand conquérant eûrent atteint le voifinage de Lahor, & fe fûrent campées dans les jardins de Châlémah, Zekaria Khan confidera que de s'oppofer aux efcadrons toûjours victorieux feroit comme mettre les ténébres en oppofition à la lumiére. Il envoïa donc Kefeiat Khan, fon chef miniftre, pour demander merci au pied du glorieux trône, & le jour d'après il vint en perfonne toucher de fon front le parquet auffi durable que le firmament. En même tems il préfenta à l'éclairé monarque un Peichekeche ou prefent le vingt lacs d'or
monnoïé,

monnoïé, & de plufieurs files d'élephans, grands comme des montagnes, ainfi que d'autres dons confiderables.

Sa Majefté reçût en fa faveur Zakaria Khan, fes préfens, & fes promeffes de fervice & de fidelité ; elle l'honnora d'une vefte, d'un cheval Arabe caparaçonné d'or ; d'un baudrier pour un khangiar, d'un cimeterre orné de joiaux, & de plufieurs autres marques de diftinction, le confirmant dans fon gouvernement de Lahor.

Dans ce tems Fakhreddoulah Khan, gouverneur de Cachemire, contre lequel les Cachemiriens s'étoient revoltés, avoit ordre de réfider à Lahor ; il fût rétabli dans fon gouvernement, & renvoïé fiéger dans fa capitale. Naffer Khan, en dernier lieu fait captif, fût remis dans fa dignité de foubadar de Cabul & de Peichaver. Un détachement fût envoïé pour garder les gués, & les ponts des riviéres de Pengeab, avec ordre d'envoïer prifonniers à l'armée roïale tous ceux qui s'oppoferoient à lui.

CHAPITRE

HISTOIRE DE NADER CHAH.

CHAPITRE VI.

Rélation de la bataille entre sa Majesté conquérante du monde, & Mohammed Chah, Empéreur de l'Indostan. Prise de Chahgehanabad. Evénemens de ces tems heureux.

APRES la prise de la capitale de Lahor, ceux qui entouroient le trône surveillant du monde apprirent que Mohammed Chah, le puissant empéreur de l'Indostan, étoit venû vers les limites de sa domination pour assembler des troupes, & préparer ses forces afin de donner bataille à l'armée victorieuse. {A.D. 1737. Nad. 50.}

Sur cet avis, un Vendredi vingt-six du mois Chewal, les Persans quittérent Lahor, & après avoir traversé de profondes riviéres, arrivérent le Lundi septiéme de Zoulkadé à Serhind. {29 Decembre. 8 Janvier 1738.}

Dans ce lieu on assûroit que Mohammed Chah étoit dans la plaine de Karnal, à vingt-cinq parasanges de Chahgehanabad, avec trente mille hommes, deux mille files d'élephans, trois mille canons aux bouches de dragons, & aux feux des éclairs; des munitions, & des machines de guérre à proportion.

Comme Alimerdan Khan avoit fait couler une large riviére par un des côtés de Karnal, & qu'une forêt de l'autre rendoit cette place d'un accès très difficile, l'armée Indienne campée dans de si forts rétranchemens, & entourée de ses canons, n'attendoit disoit-on que l'occasion opportune de commencer l'attaque.

PART II.   I   A cette

HISTOIRE DE NADER CHAH.

A.D. 1738.
Nad. 51.

A cette nouvelle fa Majefté ordonna que fix mille foldats alterés de fang fuffent détachés pour reconnoître le camp, pour favoir la verité de ces recits, & pour en venir rendre compte au corps d'armée.

9 Janvier.
10. Janvier.

Après qu'ils fûrent partis, les troupes quittant Serhind le huit du même mois, s'avancérent vers la ftation de Ragé Seraï, & le neuf atteignirent Anbalé à trente *krohis* (foixante miles) de Karnal, où laiffant le facré Harem & les bagages fous la garde de Fathali Khan l'Afchar, maître de l'artillerie, & de plufieurs autres officiers, elles allérent en avant environ quinze krohis, & campérent à Chahabad.

Cette même nuit le détachement parvint aux bords du camp de Mohammed Chah, & tendant l'arc de la valeur, décochant les flêches de l'intrepidité fur les gardes de l'artillerie des ennemis, ils en tuérent plufieurs, & fîrent un grand nombre de prifonniers. Enfuite fe retirant dans le féjour d'Azimabad à huit krohis de Tanifer, ils y campérent.

12 Janvier.

De là le Vendredi à trois heures du foir, ils firent conduire plufieurs prifonniers devant la préfence roïale, afin qu'ils puffent donner intelligence de la véritable fituation des Indiens. Alors Nader Chah dépécha un officier de confiance à Azimabad pour ordonner au détachement de demeurer en ce lieu, & il envoïa quelques uns de fes plus braves pour reconnoître le païs d'alentour.

Comme cette place étoit à fix krohis de Karnal, quatre defquels confiftoient en bois & en étroits paffages, & les deux autres en un chemin aifé & uni, le puiffant héros divifa ces troupes en deux parts, les envoïant à l'orient & à l'occident du camp

camp de Mohammed Chah, afin qu'elles pûssent examiner la situation des lieux, les routes, & le champ de bataille de tous côtés, & lui faire parvenir leurs découvertes à Azimabad.

A.D. 1738.
Nad. 51.

Le Samedi douziéme les étendarts roïaux quittérent Chahabad, & l'armée se mit en marche pour Tanifer. Le Dimanche matin treiziéme du même mois sa Majesté laissa le commandement de l'armée au Prince Nasralla Mirza, obligeant plusieurs des nobles à demeurer sous l'ombre de ses ailes ; tandis qu'elle même allant en avant à la tête d'une vaillante troupe, en une heure & demi atteignit Azimabad.

13 Janvier.
14 Janvier.

Cette place consistant en vieux chateaux de piérres & de *briques*, ses habitans, ainsi que le gouverneur d'Anbalé, déçûs par l'idée de leur force, se préparérent à la défence ; mais lorsque par le très-haut commandement de sa Majesté le canon fût planté contre leurs murailles, ils fûrent saisis de terreur, demandérent merci, & il leur fût permis de baiser le pied du trône impérial.

En ce lieu les officiers qui avoient commandé le détachement parûrent devant la présence roïale, & amenérent le reste des prisonniers qu'ils avoient fait dans le camp Indien. On fût par leurs informations que Mohammed Chah, s'assûrant sur les forts retranchemens de Karnal, s'y croïoit en toute sûreté ; on apprit aussi que son camp avoit un bois épais tant à la partie orientale, qu'à l'occidentale, & que la plaine n'étoit asséz large ni pour contenir l'armée, ni pour le champ de bataille.

Tous les chemins qui conduisoient au camp Indien étant ainsi terminés par une forêt d'un passage difficile, sa Majesté abandonna le projet d'aller droit à l'ennemi, & s'approcha d'eûx

A.D. 1738. du côté de l'orient, par la voïe de Panipet, qui se trouve entre
Nad. 51. Karnal & Chahgehanabad.

15 Janvier. Le Lundi quatorziéme du même mois avant le point du jour, l'armée quittant sa station passa une large riviére, & dressa ses tentes dans une plaine à deux parasanges du camp de Mohammed Chah. Alors Nader se mettant à la tête d'un corps de troupes choisies, fût reconnoître l'armée des Indiens, & galopant sur son coursier, dont les pieds aussi légérs que le vent traversoient le monde, il s'approchoit des lieux où il voïoit des enseignes & de l'artillerie; enfin, après avoir fait une revûë exacte tant du camp des ennemis que de leur armée, il revint à la sienne.

Ce même soir sa Majesté reçût la nouvelle que Borhanelmolc, Saádet Khan, soubadar de plusieurs provinces, & un des principaux Princes des Indes, étoit arrivé à Panipet avec trente mille hommes & quantité de canons pour soutenir Mohammed Chah, immediatement un corps des troupes conquérantes fût envoïé pour s'opposer à son passage.

Quoique l'armée Persanne ne fût alors qu'à la distance d'une demi parasange du camp Indien, & qu'elle fît continuellement
16 Janvier. des prisonniers, sa Majesté la fit retourner en arriére, & le quinze elle quitta ce lieu.

La riviére qui coule par Chahgehanabad, étant distante de Derian Hamoun d'une parasange & demi, les troupes conquérantes commencérent leurs marche des le matin, & étant arrivées à cette riviére firent halte.

Nader Chah envoïa le Prince Nasralla Mirza vers la partie septentrionale de Derian Hamoun aussi loin que les bords de
Karnal,

Karnal, & lui ordonna d'y camper. Cependant le grand Héros éperonant son hardi coursier entre la riviére & Hamoun, vint avec un corps de troupes pour examiner le champ de bataille, jusqu'auprès du camp de Mohammed Chah.

A.D. 1738.
Nad. 51.

En chemin il apprit du détachement qu'il avoit envoïé la nuit d'auparavant contre Saádet Khan, que ce Prince, malgré leur opposition, avoit joint Mohammed Chah à minuit: mais qu'en le poursuivant ils lui avoient pris plusieurs hommes & chevaux.

Alors sa Majesté marchant du côté du l'orient à une parasange de distance des Indiens, & dans une large plaine, fit dans ce lieu avantageux camper son armée, tandis que le Prince Nasralla Mirza s'établissoit dans le poste qui lui avoit été assigné.

Pendant ces mouvemens Saádet Khan, aïant été informé que le détachement Persan avoit pillé ses bagages, irrité & déçû par de vain projets de vangeance, se prépara à livrer bataille.

Khandevran, général de l'armée Indienne, avec Vasli Khan, commandant des gardes de l'empéreur, ainsi que plusieurs autres officiers, s'avancérent pour soutenir Saádet Khan. Leurs troupes divisées en trois corps, supportées par une artillerie formidable, & une multitude presque innombrable de soldats, fûrent aussi-tôt prêtes à engager le combat.

D'un autre côté Mohammed Chah s'étant joint à Nezamelmolc, soubadar des sept provinces du Decan, & l'un des plus grands Princes de la cour, à Kamreddin Khan, grand Visir, & aux autres Khans & soubadars, ainsi qu'à leurs soldats, éléphans, artillerie,

artillerie, & furieux inftrumens de guerre, s'avança avec eûx pour former les rangs, & placer les vaillans porteurs de cimeterres.

A la vûë de cette armée fi nombreufe que fes rangs s'étendoient une demi parafange fur le champ de bataille, le conquérant du monde, qui avoit fi paffionnément defiré ce jour, loin d'être étonné, tréfaillit de joïe. Il envoïa auffi-tôt un détachement pour garder fon camp, s'arma, & monta fon impetueux courfier : il ordonna au Prince Nafralla Mirza, & à plufieurs de fes généraux, de ne faire aucun mouvement ; il mit fous leurs étendarts fes canons femblables aux montagnes, lefquels comme dragons vomiffant des éclairs l'auroit embarraffé dans la plaine du combat.

Il fit enfuite déploïer fes enfeignes, felon cette fentence : " Ce " jour les vrais craïons fe réjouiffent dans la victoire du feigneur ;" & felon les vers du poéte :

" Quand chaque armée en ordre avec fureur s'avance,
" Chaque étoile répand fa finiftre influence.

" Les tourbillons guerriers obfcurciffent les cieux,
" Le Taureau, les Poiffons ne font plus radieux :
" Et quand le firmament laiffe entr'ouvrir fes voiles,
" Les lances vont percer les tremblantes étoiles.

Le bruit des boulets de bronze parvenoit jufqu'au huitiéme ciel. Les ornemens frifés, & les franges des enfeignes couleur de rofe rendoient le champ de bataille femblable à la rougiffante aurore : d'abord les moufquetaires de chaque armée, ainfi que des aftres de malin afpect, commencérent le combat. Enfuite les hardis foldats,
lions

HISTOIRE DE NADER CHAH.

A.D. 1739.
Nad. 51.

lions sanguinaires, coururent aux armes. Les têtes des héros rouloient comme des balles dans le mail des pieds des chevaux; celles de leurs adverfaires étoient pareilles aux bouillons d'une mer de fang. Chaque fois qu'un moufquet faifoit feu, quelque vaillant cavalier étoit forcé de defcendre du courfier de fon exiftance. Auffi fouvent que le dragon d'une piéce d'artillerie ouvroit fa gueule enflammée, les éclairs qui en fortoient confumoient l'être de tous ceux qui en étoient atteints. Bref, les flâmes du combat éclatérent depuis midi, jufqu'à cinq heures du foir; les fabres, les lances des guerriers, fûrent emploïées tout ce tems à couper les têtes des ennemis.

Enfin Saádet Khan, tournant les dos à l'armée Indienne, prit foudainement la fuite. Borhanelmolc & Neffar Mohammed Khan fes neveux, étant montés fur le même éléphant, fûrent faits prifonniers avec tous leurs parens & dépendans: Khandevran, général & adminiftrateur des affaires de l'Indoftan fût bleffé; fon fils fût tué, ainfi que fon frére Mozaffer Khan, & fon fecond fils Miachour Khan fût fait captif; lui-même mourût le lendemain de fes bleffures. Vafli Khan commandant des gardes roïales, Chehdad Khan, Yadkar Khan, Mirhuffein Khan, Echeref Khan, Atebár Khan, Akilbeg Khan, & Ali Ahmed Khan, tous Princes Indiens, fûrent tués par les fabres acerés des Perfans; cent autres Khans & officiers de marque, ainfi que trente mille de leurs foldats, eûrent le même fort; & un nombre confiderable d'Indiens reçûrent les chaines de la captivité.

Mohammed Chah avec Nezamelmolc & Kamreddin grand vifir, après avoir rallié le refte des troupes proche de leur camp, fe retirérent, & fe faifirent du manteau de la fûreté dans leurs retranchemens.

Des

A.D.1738.
Nad. 51.

Des tréſors ſans nombre, des élephans ſemblables aux montagnes, l'artillerie roïale, les Princes qui étoient venûs combattre, un butin immenſe, chevaux, inſtrumens de guerre, tout tomba au pouvoir de l'armée conquérante: enfin le champ de bataille, vuide des troupes des ennemis, ne fût plus chargé que de leurs cadavres.

Après cette victoire, le ſouverain du monde, voïant que Mohammed Chah s'étoit fortifié par des profonds foſſés, & des retranchemens défendûs par le reſte de ſon artillerie, ne voulût pas permettre à ſon armée nombreuſe comme les étoiles, de l'attaquer. Il ſe contenta de bloquer ſon camp des quatre côtés, & d'ôter ainſi aux Indiens tous moïens de lui échaper.

Mohammed Chah, aprés avoir été réduit à cette extremité, pendant trois jours, ſe dépouïlla de la ſouveraineté, & ôtant de ſa tête le diadéme, s'avança ſuivi de ſes Princes & ſeigneurs pour implorer la clémence de la très-haute cour.

Sa Majeſté, avertie de l'approche de l'empéreur des Indes, voulût, en conſideration de l'amitié qui avoit ſubſiſté entre eûx, que le Prince Naſralla Mirza fût à la rencontre du noble monarque, qu'elle même reçut à l'entrée de ſa tente ſacrée, lui témoignant tout le reſpect dû à ſa grandeur, & enſuite le prenant par la main avec bonté, elle le fît aſſeoir à ſes côtés ſur le trône impérial.

Comme dans ces tems tout l'empire de l'Indoſtan, & les rênes de tous les gouvernemens qui en dépendent, étoient entre les mains de Nader Chah; Mohammed Chah fût ce jour là ſon convive, & reçut toutes les faveurs dignes d'un tel hôte.

Lorſque

HISTOIRE DE NADER CHAH.

Lorſque Mohammed s'en fût retourné le ſoir à ſon camp, ſa Majeſté en fît continuer le blocus; mais le jour d'après le Prince vaincû, ſuivi de tous les grands de ſa cour, revint ſous les tentes de ſon vainqueur, où il fût logé d'une maniére convenable à la grandeur de ſa perſonne illuſtre, & à celle de ſa célébre famille. Abdelbaki Khan, un des principaux Princes de Perſe eût ordre de ſervir ce convive roïal, & de le pourvoir de toutes ſortes des commodités.

A.D. 1738.
Nad. 51.

De ce lieu, un Jeudi prémier jour de Zoulheggia, les banniéres ſubjugantes du monde s'avancérent vers la ville de Dehli, qu'on nomme Chahgehanabad, & le Mecredi ſeptiéme du même mois les troupes roïales campérent dans les jardins de Chaâlé Mah.

1 Fevrier.

7 Fevrier.

Le jour d'après, Mohammed Chah aïant reçû la permiſſion d'aller tout préparer pour ſon vainqueur qu'à ſon tour, il devoit recevoir comme ſon hôte, ſe rendit dans la ville.

Le Vendredi neuf, ſa Majeſté montant à cheval conduiſit ſes troupes juſqu'aux portes du palais de l'empereur Indien. Elle ſe retira enſuite à un chateau qui avoit été l'ouvrage du juſte monarque Chahgehan, & l'habitation de pluſieurs rois, auſſi puiſſans que Dara.

9 Fevrier.

Mohammed Chah avoit pris ſoin de fournir ce lieu de riches tapis, & de meubles précieux en tous genres; il y avoit pris un appartement pour lui-même, & le jour de l'arrivée du grand conquérant il étendit la nappe de la ſoumiſſion ſur la table du banquet de ſon convive roïal.

PART II.　　　　K　　　　Après

HISTOIRE DE NADER CHAH.

A.D. 1738.
Nad. 51.

Après les prémieres respectueuses céremonies, sa Majesté, pour conforter & réjouïr le cœur du monarque vaincû, déclara que par une alliance eternelle entre eûx, elle vouloit lui rendre son roïaume de l'Indostan, & que toutes sortes de marques d'amitié, & de support seroient données à la race de Gourgan. Mohammed Chah, pénétré de cette générosité, rendit à Nader Chah d'innombrables actions des graces, non seulement pour sa restoration, mais encore pour le don de sa vie.

En conséquence d'une si juste gratitude, cet empéreur recueïllit tous les trésors que ses prédécesseurs avoient déposés dans le palais tant en joïaux en une infinie quantité, qu'en fournitures d'une grande valeur, & autres choses rares & précieuses, & il vint offrir le tout comme une présent à sa Majesté.

Quoique les trésors de tous les rois de la terre ne fûssent pas la dixiéme partie aussi considerables que celui-ci, la grande âme du conquérant, aussi généreuse que la mer, y fît peu d'attention. Néanmoins, sur les vives instances de Mohammed Chah, sa Majesté consentit de mettre l'empreinte de l'acceptation sur le miroir de sa requête, & elle confia à quelques uns de ses plus fidéles ministres la garde de ce présent inestimable.

CHAPITRE

CHAPITRE VII.

Evénemens de l'année de la Brébis, répondant à l'année prospére de l'Hégire 1151.

LES froides troupes de l'hyver, & les escadrons glacés de la saison pluvieuse aïant poussé les vents sur la surface de la terre, avoient, avec la fureur d'Isfendiar, attaqués les hauts arbustes, dont la demeure étoit fixée dans le palais du jardin de roses sur le bord des ruisseaux. Les tourbillons avoient rompûs les branches des arbres; les séditieux du mois de Bahman avoient atteint de leurs mains meurtriéres le séjour des agréables bosquets, blessé le sein des roses, dépouillé les fleurs de leurs robes nuancées, & volé la bourse d'or attachée à la veste des boutons de roses; quand le Samedi dans la nuit du dixiéme de Zoulheggia qui se trouva être la fête d'Azhi, aussi bien que celle de Neurouz, le monarque couronné d'or, le soleil, s'avança pour reprimer ces troupes turbulentes de l'hyver, & sortit de sa chambre des Poissons pour entrer dans son palais du Belier. La puissante armée du printems détacha les agissantes haleines des zéphirs pour saccager la cité du mois de Deï: les arbres, robustes champions, reprirent de nouveaux bras, & se couvrirent du bouclier de leurs feuilles verdoïantes. Les legions empourprées des tulipes & des roses eûrent leurs joües enflamées d'émulation. Les arbustes armés brandissant leurs lances & leurs javelines accourûrent légérement pour prendre part à l'assaut général. Les planes aux fortes mains mîrent leurs feuilles en ordre de bataille pour chatier les soldats de l'hyver. Les rosiers, vaillans héros,

A.D. 1738.
Nad. 51.

10 Mars.

A.D. 1738.
Nad. 51.
& les guerriers des peupliers déploïérent leurs banniéres, couleur de feu, dans le jardin de fleurs, & marchérent vers les quarrés & les allées des parterres. Les ronces & les mauvaises herbes qui appartenoient à l'armée du Sultan Deï fûrent confondûës de la soudaine attaque des forces printaniéres, elles demeurérent fanées & séches sur leurs pieds. Tous les suivans de l'hyver fûrent brûlés dans le feu dont eûx mêmes étoient la matiére. Enfin, les flâmes des raïonnantes roses jettérent une odorante fumée sur les traces désagréables de la froide saison.

Le Mardi d'après cette révolution céléste, le conducteur du siécle rendit, par son heureuse arrivée, la demeure de Mohammed Chah rivale de la haute maison du soleil : mais le soir de ce beau jour fût marqué par un événement aussi extraordinaire que funeste.

Sans l'aveu & même sans la connoissance de Mohammed Chah, il s'éleva une violente sédition ; les sons confus du tumulte, & le bruit allarmant de la commotion se firent entendre.

Les Persans aïant pris leurs quartiers au milieu de la ville, la populace les attaqua avec le bras du pillage, & de l'epée de la révolte en tua plusieurs, les sacrifians avec le poignard de l'ignorance. Ainsi le sang des massacrés souïlla la nuit de la fête ; les mains de la violence fûrent rougies du meurtre de leurs hôtes ; & les mutins marchérent ensuite vers la maison roïale des éléphans.

Aux premiéres nouvelles d'un tel attentat sa Majesté ordonna à ses guerriers, semblables aux étoiles qui gardent l'empirée, de ne point laisser clore leurs yeux au sommeil pendant cette nuit,

mais

mais de veiller foigneufement, & de fe tenir prêts, leur dé- A.D. 1738.
fendant de s'écarter de fes commandemens pour fuivre leur propre Nad. 51.
jugement & leur impetuofité.

Le matin, quand le glorieux fouverain du point du jour brandiffoit le cimeterre de fes rais, quand le foleil s'entouroit de fon étincelante lumiére, & qu'avec un afpect flamboïant, avec des joües refplendiffantes, il pourcouroit le champ azuré du firmament ; le grand conquérant, revetû d'une jufte ire, monta fur fon cheval, qui enjambe le monde, & fit entourer la tête, femblable à la lune, de ce célébre courfier par le cercle de fes gens d'armes, & de fes lanciers doûés des forces de Beharam. Il fe rendit ainfi accompagné dans la mofquée publique, & y fit par tout adorer fa préfence facrée. En ce lieu aïant été parfaitement inftruit du côté que venoit le défordre de la nuit d'auparavant, & de la forte de gens qui en étoient les auteurs, il envoïa fes foldats troupes par troupes pour les chatier, leur ordonnant de mettre à mort tous les habitans des quartiers coupables.

Alors l'horreur du defefpoir & la confufion du ravage fe repandirent dans la ville ; en un inftant les murailles des plus hauts batîmens fûrent de niveau à la terre ; les plus élégans edifices, par la folie de leurs propriétaires, fûrent démolis, hommes & femmes fûrent accablés des chaines de la calamité. Les palais, qui furpaffoient en magnificence la demeure célefte des bien-heureux, fûrent détruits par les mains des foldats irrités. Le canal, qui recevoit fes claires eaux de la fontaine de Couffer, éleva des bouïllons de fang : les boutiques des jouaïlliers, des banquiérs, des marchands & autres riches négocians, fûrent entièrement pillées. Enfin les féditieux fûrent confumés dans les flâmes qu'ils avoient eûx mêmes allumées, & dans leur fraieur étoient agités comme les branches du faule.

78 HISTOIRE DE NADER CHAH.

A.D. 1738.
Nad. 51.

Le feu du maſſacre remplit l'air d'une épaiſſe fumée, les ſoupirs, les gemiſſemens, les ſanglots, les cris élevérent leurs flâmes juſqu'au firmament. Bref, depuis la ruë Agemire juſqu'à la porte de la grande moſquée & dans d'autres quartiers, grands & petits fûrent maſſacrés.

Les foudres de la vengeance éclatérent depuis le lever juſqu'au coucher de l'aſtre du jour, & atteignirent les conſtellations. Pendant tout ce tems on ne ceſſa d'attaquer, de bléſſer, d'eſtropier, de fouler aux pieds, de tuer & de ſaccager. Sur le ſoir, quand la moitié de ces ſomptueux bâtimens fût détruite, quand l'ardeur dévorante du maſſacre eût conſumé l'exiſtence de trente mille citoïens, les habitans vinrent demander merci.

L'empéreur des Indes, ainſi que Nezamelmolc & Kamreddin, s'avancérent pour interceder pour ces malheureux, & par leurs ſuplications les flâmes de la colére, qui embraſoient le monde, fûrent eteintes dans les benignes ſources de l'humanité, & de la clémence.

En conſéquence, la roïale proclamation fût faite, afin que les ſoldats engagé dans le ſac de la ville euſſent à arrêter leur fureur, & miſſent en liberté les priſonniers, les renvoïant à leurs amis.

A cet ordre, il ſembla que la fortune eût brulé de la ruë ſauvage dans les maiſons de ces peuples, comme un charme contre la maligne influence des yeux envenimés de leurs ennemis.

Cependant, comme la nuit de la ſédition, Neïáz Khan, gendre de Kamreddin Khan, & Chaſſovar Khan, perſonnages très conſiderables dans les Indes, avoient attaqué la maiſon des élephans,

&

HISTOIRE DE NADER CHAH.

& avoient été la cause du meurtre de leur gardien, & de la prise de ces animaux, ils récourûrent à la fuite, & se fortifiérent au dehors de la ville. Azimalla Khan & Foulad Khan, qui étoient les prémiers ministres de la cour de Gourgan, eûrent ordre d'aller assiéger ces deux rebelles, qui fûrent mis à mort, ainsi que quatre cent & soixante & dix de leurs complices. A. D. 1738. Nad. 51.

Les impréssions de cette scéne tragique fûrent en quelque sorte effacées par un événement agréable. Une jeune princesse, qui avoit été gardée derriére le voile du férail des Indes, fût accordée en mariage au prince Nasralla Mirza, & de grandes préparations fûrent faites pour la célébration de ce jour, & pour un banquet de réjouïssance.

Les bords de la riviére Homia vis à vis le palais roïal fûrent décorés de la plus belle illumination, & pendant une semaine entiére la nuit & le jour rassemblérent au jour de Nevrouz, & à la nuit du Pouvoir (Nuit, dans laquelle on prétend que l'Alcoran étoit descendû du ciel) tous les jours on fit publiquement combattre des éléphans semblables à des montagnes, & des taureaux pareils aux éléphans, des lions furieux comme des dragons, & d'autres bêtes sauvages.

Le Dimanche, vingt-cinq du même mois, le prince fût présenté à l'émpéreur des Indes, qui après le banquet suivant l'usage de la famille impériale, le revêtit d'une robe bordée de perles & enrichie des piérreries: il lui donna aussi plusieurs magnifiques diamans, trois *chaines* d'éléphans, & cinq chevaux superbes avec des caparaçons ornés de pierres précieuses. Enfin, le Lundi vingt-six fût le jour destiné à la conjonction de ces deux heureuses planétes.   25 Mars.   26 Mars.

Dans

A D. 1738.
Nad. 51.

Dans l'éfpace de quelques jours les commiffionaires eûrent fini de tranfporter & d'affûrer les tréfors, produits des mers & des mines, immenfes amas d'or & d'argent, vafes & meubles enrichis de piérreries & autres raretés precieufes, le tout en elle quantité que l'efprit ne peut le concevoir, ni l'imagination mettre un prix à leur valeur.

Il y avoit entre autres un trône en forme de paon, qui fembloit remferme tous les tréfors de Caïcaous, & les richeff.s de Dekianous & dont les joïaux dans les tems des anciens empéreurs des Indes étoient évalués à deux crores, chaque crore (felon la computation Indienne) valant cent mille lacs, & chaque lac cent mille roupies. Il y avoit de plus des perles fi parfaites & des diamans fi brillans, qu'on n'en avoit jamais vû de femblables dans les tréfors d'aucun monarque du monde, & le tout fût tranfporté dans celui de Nader Chah.

D'un autre côté, les princes, les feigneurs, les miniftres de la cour, les raïas & foubadars, préfentérent à fa Majefté des crores & des lacs en argent monnoïé, des joïaux, & des meubles précieux enrichis des pierreries.

Après la mort de Saádet Khan, on avoit envoïé des troupes dans fon gouvernement, & elles en rapportérent une crore d'or, qui felon l'eftimation Perfanne vaut cinq cent mille tomans, des éléphans & des chevaux fans nombre, lefquels appartenoient au dit foubadar. Enfin les tréfors de l'empéreur des Indes, les préfens des princes de fa cour, & ceux des gouverneurs de toutes fes provinces fe montérent à quinze crores, qui fûrent placés dans les très fortuné tréfor avec les joïaux & meubles auffi nombreux que les étoiles.

L'empéreur

L'empéreur heureux vint enfuite à la cour augufte, & ouvrit A.D. 1738. les portes de fa merci, & de fa bien-veuïllance au palais de l'empire Nad. 51. de Gourgan. Il donna toutes fortes de marques de bonté aux chefs de l'armée, recompenfa les troupes conquérantes, & les ferviteurs de la cour. Chaque homme eût oûtre fa païe affignée cent roupies de gratification; ainfi grands & petits fûrent fatisfaits de leurs lots, de la liberalité & profufion de leur fouverain, qui remplit d'or & d'argent le giron de leur efpérance. Il fit de plus publier une ordonnance roïale pour affranchir, pendant trois ans, le peuple d'Iran de toutes taxes, afin d'alléger le poid qui les oppréffoit.

Le Mardi vingtiéme du mois Sefer, cet ocean de munificence 18 Mai. donna à chaque Emir & Khan de la cour Gourganienne une fuperbe vefte, un fabre, & un poignard enrichis de pierres précieufes, avec quelques chevaux Arabes.

Enfuite le héros généreux, aïant convoqué l'affemblée roïale, de fes mains facrées il réplaça le diadéme fur la tête de Mohammed Chah, l'affit fur fon trône, le ceignit d'un baudrier & d'un fabre garnis de perles, & felon l'ufage des empéreurs des Indes, le décora de larges joïaux: il lui rendit auffi fa couronne, & le grand fcéau de l'empire.

Mohammed Chah, après fa reftoration s'addreffa à fa Majefté de la maniére fuivante: " Puifque par la munificence du glo-
" rieux Nader, je me retrouve encore dans le nombre des têtes
" couronnées, & des fortunés monarques du monde, je prie fa Ma-
" jefté d'accepter en préfent, & d'annéxer à fon empire facré les
" provinces qui font de l'autre côté de la riviére d'Etek, ainfi
" que de celle de Sind, depuis les confins de Tibet jufqu'au lieu
" où les-dites riviéres fe déchargent dans l'océan, & de plus les

PART II. L " provinces

" provinces de Tata, avec les ports & chateaux qui en ré-
" fortent."

Comme la plûpart des diſtricts ſitués au nord, & à l'oüeſt de la riviére d'Etek, vis à vis de Gaznin & de Cabul, étoient regardés comme appartenant à la province de Khoraſſan, ſa Majeſté les accepta pour être annexés à ſon roïaume; & un inſtrument en dûë forme aïant été redigé pour confirmer ce don, fût dépoſé dans le tréſor roïal.

Sa Majeſté, pour le bien & la ſatisfaction de l'empéreur, répandit les brillantes perles de ſes conſeils ſur les émirs & les miniſtres Indiens, qui lui prêtérent l'oreille de l'attention; & afin que les roſes de la tranquillité, & de la fortune pûſſent fleurir dans le jardin des Indes, il ordonna que chacun eût à obéïr aux arrêts de Mohammed Chah, que la monoïe & les priéres dans les moſquées fûſſent de nouveau faites en ſon puiſſant nom, leſquelles alors étoient ſous celui de Nader; & pour fixer entiérement Mohammed Chah dans le trône de la ſouveraineté, il fît notifier ce qu'il venoit de faire en ſa faveur à tous les gouverneurs & ſoubadars des deux empires.

Nader Chah, aïant pris à ſon ſervice pluſieurs des plus habiles artiſtes & ouvriers de l'Indoſtan, le Mardi vingt-ſeptiéme du mois Sefer, il déploïa les banniéres de la victoire, qui avoient été plantées pendant cinquante ſept jours dans Chahgehanabad, & dréſſa ſes tentes dans les jardins de Chaalé Mah.

Après l'arrivée de l'armée roïale à Serhind, elle ſe détourna du chemin ordinaire, & conſtruiſant des ponts ſur les riviéres Pengiab & Etek, elle marcha du côté des païs montagneux, & dréſſa ſes auguſtes

HISTOIRE DE NADER CHAH.

auguftes tentes à Vifirabad fur les bords de la-dite riviére de Pengeab.

A.D. 1738.
Nad. 51.

C'étoit alors la faifon du débordement des eaux; ainfi les ponts ne pouvant refifter au choc des vagues fe briférent, lorfque feulement la moitié de l'armée eût traverfé la riviére. Sa Majefté ordonna auffi-tôt qu'on conftruifit des batteaux afin de paffer le refte de fes troupes en fûreté : mais quelque diligence que l'on fit leurs compagnons attendirent leur paffage pendant quarante jours avec l'anchre du délai fixée fur le bord qu'ils occupoient.

Le fept du mois Rabiuffani, ces troupes, à qui la Providence fervoient de pilote, pafférent enfin cette riviére dans leurs batteaux; car la chaleur étoit devenûë fi accablante qu'à peine ils pouvoient s'aider eûx mêmes; l'oifeau de leurs âmes n'avoit plus le pouvoir de voler, & leurs cafques fur leurs têtes étoient comme des fournaifes ardentes.

3 Juillet.

Zekaria Khan, foubadar de Lahor, accompagna fa Majefté jufqu'à l'extremité de la riviére Gehnab, où il fût congédié.

Comme après la prife de l'Indoftan, l'intention de Nader Chah avoit été d'achever de réduire le Turqueftan & le Kharezme, qui avoient été la fource des féditions & des défordres du Khoraffan, il s'étoit pourvû à Chahgehanabad d'ingénieux artiftes & ouvriers ; il les envoïa donc à Balkhe avec ordre de conftruire des batteaux en forme de vaiffeaux fur les bords de la riviére Amivié, afin d'avancer plus aifément fes glorieux étendarts dans ces roïaumes.

A.D. 1738.
Nad. 51.

Quand Aboufeiz Khan, roi de Bokkara, aprit cette nouvelle, il fût plongé dans la mer de l'étonnement, & envoïa un de ses fidéles ministres nommé Hagi Toubachi pour s'informer du dessein de sa Majesté.

13 Septembre.

Cet envoïé arriva à la cour impériale le vingtiéme de Giumadi'lakhri; Nader Chah lui fît porter sa réponse par un des seigneurs de sa cour, qui accompagna Hagi Toubachi dans son retour à Bokkara.

Cette réponse contenoit, que, comme cet empire appartenoit à la famille roïale & descendante de Genghiz Khan, sa Majesté avoit résolû de le visiter dans l'intention d'assûrer sa tranquillité & de l'améliorer; mais qu'on devoit notifier son arrivée aux chefs du Touran, & leur mander d'obéïr à ses ordres, parce qu'autrement ils devoient s'attendre que ce qui venoit d'arriver ailleurs par la permission divine arriveroit encore.

Quand sa Majesté eût atteint la station d'Husnabdal dans le district d'Etek, elle prit la résolution de faire savoir la nouvelle de sa conquête de l'Indostan à la cour de Turquie, & à celle des Russes; & cet effet elle destina à chacun de ces deux empereurs des vaisseaux chargés de dons précieux avec un present de douze mille tomans, qui selon la computation de ces tems étoient deux Elfs, & quarante deux mille piéces marquées au coin de Nader. Il y ajouta quatorze chaines d'éléphans, des joïaux, & des vases garnis des piérres précieuses.

Lorsque ces magnifiques dons alloient partir, un courrier d'Ahmed Pacha, gouverneur de Bagdad, apporta à l'auguste cour la nouvelle de la mort d'Alimerdan, ambassadeur en Turquie, qui

avoit

avoit fini ses jours à Sivas. Alors Hagi Khan Tchemechekezek, maître de l'artillerie, fût envoïé à la Porte, & Serdar Beg Kirklou en Russie; & le vingtiéme du mois Regeb ces ambassadeurs partîrent.

A.D. 1738.
Nad. 51.

18 Octobre.

Parmi les agréables avis qu'on recevoit dans ces tems heureux, un méssager du Prince Riza Kuli Mirza apporta les nouvelles suivantes.

Ilbars Khan, Prince du Kharezme, voïant sa Majesté engagée dans l'expedition des Indes, s'étoit crû le champ libre, & avoit rassemblé des troupes considerables, composées d'Ouzbegs, & de Turcmans du Kharezme, dans l'intention de saccager & dévaster les confins de Khorassan. Il avoit pris le chemin de Tajan, quand le Prince aïant été congédié de la roïale présence, & étant venû à Hérat, avoit appris cette nouvelle. Ce jeune héros s'étoit aussi-tôt avancé à la tête de son armée conquérante du côté de Serkhés. Ilbars Khan, étant parti de Tajan, & n'étant qu'à une demie parasange de Serkhés, les vedettes des deux armées en étoient venûes aux mains, & deux Persans avoient été faits prisonniers, par lesquels on avoit appris l'approche de l'armée du Prince. Ilbars Khan n'aïant pas osé avancer le pied de l'insolence, s'en étoit retourné, & s'étoit fortifié dans le chateau de Kakhlan, entre Abiverd & Nessa, où il se préparoit à tenir contre tous assauts. Mais, lorsque ses soldats étoient emploïés à mettre cette place en état de défense, le gouverneur de ces districts vint à la tête d'un corps de troupes pour savoir la situation où étoit la garnison. Ce détachement aïant été vû d'assez loin par Ilbars, il supposa que c'étoit l'armée du Prince, soudain, l'éclat de sa prospérité fût obscurci par la poussiére de l'étonnement, & laissant le chateau, il se retira, ainsi que sa bonne fortune, & prit la route du Kharezme.

A.D. 1738. Kharezme. Une compagnie d'Ouzbegs qui n'avoient pû re-
Nad. 51. joindre leurs camarades, se cachérent dans les recoins & les cavernes ; mais ils fûrent pris, & mis à mort par les flamboïans
cimeterres de leurs ennemis.

Après que sa Majesté eût entendû le récit de ces heureuses
nouvelles, les étendarts, à jamais conquérans, continuérent leur
marche. Un pont fût de nouveau élevé sur la riviére Etek, &
l'armée y passa troupe par troupe.

Comme les parties montagneuses de ce païs étoient habitées
par des Afgans de Yousefzaï, tribu innombrable, qu'ils avoient
toûjours étés promoteurs des séditions, au point que les précédens
rois de Perse n'avoient jamais pû les réduire, sa Majesté envoïa
des forces pour punir ces démons rebelles, & les troupes victorieuses tombant sur leurs habitations la plûpart d'entre eûx fûrent
mis dans les chaines de la guerre, & eûrent leurs cols embrassés
par le sabre du sort.

Ceux de leurs chefs & officiers qui s'échapérent se soumirent,
& plusieurs fûrent reçûs dans le service de la glorieuse armée.

Alors les forces roïales prirent la route de Pichaver, Kheiber,
& Gelalabad : & au commencement du bien-heureux mois
21 Novem- de Ramazan atteignirent la capitale de Cabul ; où tous les chefs
bre. des Afgans de ces districts vinrent baiser le parquet de l'exaltée
cour, & fûrent reçûs avec une bonté infinie.

Dans tous les districts de la partie occidentale de la riviére
Etek, qui étoient de la domination de Nader Chah, quarante
mille Afgans, tant de Pichaver que de Cabul, des Hezarés, &
d'autres

d'autres montagneufes régions fûrent attachés au bracelet du fer- A.D. 1738.
vice de fa Majefté, & envoïés à Hérat, tandis qu'un officier prit Nad. 51.
les devants pour pourvoir aux béfoins de cette armée en attendant
que les victorieux étendarts pûffent arriver.

Les tentes impériales fûrent dréffées pendant fix jours à Cabul, afin de régler les affaires de ces quartiers. Les jouaïlleries, les tréfors, les meubles du palais, & les inftrumens fuperflûs du camp fûrent envoïé à Herat, ainfi que les larges canons, & les élèphans.

Sa Majefté retablit Naffer Khan dans le gouvernement de Cabul, & de Peichaver, & l'aïant envoïé avec une compagnie d'hommes illuftres pour mettre l'ordre dans fa province, elle continua fa marche vers Sind.

CHAPITRE

CHAPITRE VIII.

L'armée roïale marche contre Sind. Prise de Khodaiar Khan Abbassi: evénemens de ce tems.

A.D. 1738.
Nad. 51.

LORSQUE l'armée roïale étoit en Azarbigian, & à Nader Abad, lorsque le son des victoires de sa Majesté rétentissoit dans les païs étrangers ; Khodaiar Khan Abbassi envoïoit perpetuellement des méssagers à la haute cour avec des complimens de félicitations, & des souhaits d'une constante prosperité.

Cependant, après la conquête de l'Indostan, & la céssion des territoires de Sind, & autres provinces en faveur de sa Majesté, Khodaiar, excité par des craintes sans fondement, & des soupçons insensés, au lieu de tourner la face de l'unanimité vers le Keblé du grand conquérant, refusa de venir baiser le parquet de la cour semblable aux cieux.

L'hyver commençoit alors à montrer son aspect glacé, mais comme Sind étoit situé sous un climat chaud, sa Majesté résolut d'avancer dans ce païs. Elle envoïa ses ordres à Mohammed Taki Khan, gouverneur de Fars, pour se rendre par terre à Sind, & delà à Tehetha avec les troupes de Fars, du Kerman, & de Couhkilouié ; & de s'y faire suivre par l'artillerie & les bagages, qu'on transporteroit par eau dans des barques.

27 Novembre.

Le sept du mois Ramazan les étendarts roïaux quittérent Cabul, & passérent par Benkeche, où il fût choisi un commissaire pour

pour administrer les revenûs du gouvernement de Naſſer Khan, & avoir l'inſpection des troupes de ce ſoubadar.

A. D. 1738.
Nad. 51.

Cependant, par des marches forcées, l'armée eût bientôt traverſé ce païs, quoiqu'il conſiſta en forêts & en montagnes, & à l'aide de la faveur de la Providence, & par le courage du puiſſant Empéreur, l'artillerie y fût tranſportée ſans beaucoup de difficulté.

Le cinquième du mois Chewal les troupes parvinrent dévant la demeure d'Iſmaïl Khan, qui d'abord ſembla vouloir faire quelque reſiſtance, mais bien-tôt conſidérant que de s'oppoſer à un héros doüé de la force de Féridoun, étoit oppoſer des roſeaux ſecs à un feu embraſé, & ſachant que ſes ſoldats ſeroient abbatûs comme l'herbe par la faux du ſabre des Perſans, il vint avec les autres chefs ſe ſoumettre à ſa Majeſté.

25 Decembre.

Le grand Empéreur s'étoit déterminé en marchant contre Sind de charger ſix ou ſept des vaiſſeaux qu'il avoit ſur l'Etek, de ſes larges éléphans, afin qu'ils pûſſent le joindre en cas de neceſſité; la forterreſſe d'Iſmaïl Khan, étant près de la dite rivière, il embarqua ſon artillerie ſur pluſieurs autres batteaux, qui ſuivoient ſa marche tandis qu'il s'avançoit vers la forterreſſe de Gazi Khan.

Le quinziéme du même mois, ce chateau ſe ſoumit aux troupes impériales; & Gazi Khan qui y commandoit avec les chefs de ſes aſſociés vinrent en ſuplians à la cour, & ſurrendirent tous les forts de ces quartiers, qui avoient étés ſi remplis de l'eſprit de revolte & d'indépendance. Ils fûrent reçus avec bonté, & les

3 Janvier 1739.

PART II.   M   Khans

A.D. 1739. Khans Gazi & Ismaïl furent rétablis chez eûx, & baignés de la
Nad. 52. rosée de la clémence & de la faveur.

Mais autant que sa glorieuse Majesté étoit portée par son noble caractére à emploïer d'abord la douceur pour soumettre les esprits obstinés; autant s'ils persistoient dans leur erreur il savoit les punir, & les convaincre de leur folie.

Ainsi en quittant le lieu où elle venoit de donner des marques de sa générosité, elle envoïa ses ordres à Khodaïar Khan, & voulût bien lui faire remontrer qu'il eût à ne pas plonger les peuples de son gouvernement dans l'abîme de la calamité ; mais, qu'en obéïssance au commandement supréme, il eût à venir avec espoir & confiance se présenter devant la haute cour.

1 Fevrier, 1739.

Le quatorziéme de Zoulkaadé, les tentes roïales furent dréssées dans une place nommée Larcané, où fût apportée la nouvelle, que Khodaïar Khan avoit verifié les paroles du livre sacré, " L'avis ne " lui sera pas profitable," & s'étoit enfuï, dans la folie de son cœur, du côté de Guzerat, & de Sourat. Sur ce rapport, sa Majesté laissant les bagages à Larcané, sous la garde du Prince Nasralla Mirza, s'avança pour chatier Khodaïar; le vingt-un du même mois ses troupes traverférent la riviére de Sind en batteaux, & marchérent jour & nuit.

8 Fevrier.

Cependant, comme le païs de Sind est plein de bois & de chemins difficiles, sa Majesté ne pût sitôt parvenir à Chedadpour, où enfin elle arriva. En ce lieu un messager, qui conduisoit des présens de la part de Khodaïar, vint se prosterner devant sa Majesté, lui disant que son maître s'étoit retiré dans un desert d'Amercout, où il manquoit d'eau & de provisions, à

trente

trente parafanges d'aucun endroit habité; que dans cette place A.D. 1739. fameufe, par la force de fa fituation, il s'étoit crû en fureté, Nad. 52. n'imaginant pas que les troupes roïales puffent fitôt franchir la difficulté des paffages, lui même s'étant rendû dans ce refuge par une route plus aifée, qui lui étoit connûe.

Le vingt-huit du même mois les troupes roïales eûrent ordre 15 Fevrier. d'aller chercher du fourage; & dans le matin, avec l'aide de la Providence, elles quittérent Chehdadpour, & marchant en grande hâte ce jour & cette nuit, arrivérent le lendemain à trois heures dans le voifinage d'Amercout.

Soit que Khodaïar eût fait donner à deffein l'avis du lieu de fa retraite, foit que fon méffager l'eût trahi, il fe préparoit à quitter le chateau, après y avoir enterré fes tréfors & fes joïaux dans de profonds fouterrains, de maniére que l'échelle de l'imagination pouvoit difficilement les atteindre: mais la main de la Providence ne manquoit jamais d'arrêter dans les chaines du fort ceux qui s'oppofoient à fon empire favori, quelque fûffent leurs artifices ou leurs forces.

Khodaïar demeura égaré dans le défert de l'étonnement en voïant de loin la pouffiére des troupes auffi nombreufes que les étoiles, & les yeux de fes intentions en fûrent obfcurcis. A l'afpect des étendars femblables aux aigles, il chercha un recoin pour fe mettre en fûreté. Mais, fi fa fuite imitoit celle d'un foible oifeau, qui à peine peut agiter fes aîles trémblantes, l'attaque de l'avant-garde imita la rapidité des faucons, & fondit fur ce timide paffereau, qui ne voulant point que leurs ferres l'entraînâffent fe rendit, ainfi que fa tribu, & fe faififfant de la robe de la magnanimité, baifa les pieds de fa Majefté, lui préfentant tous

M 2 les

A.D. 1739. les tréſors qu'il avoit cachés, en or, en argent, & en pierreries,
Nad. 52. de la valeur d'une crore, leſquels furent dépoſés dans le tréſor
roïal.

18 Fevrier. Le Jeudi ſecond du mois Zoulheggé, l'armée impériale quitta
Amercout, conduiſant Khodaïar, chargé de chaines; & avec
3 Mars. l'aide du Très-haut arriva le ſeize à Larcané, ſuivie de la victoire
& de la proſpérité.

FIN DU CINQUIEME LIVRE.

LIVRE

LIVRE VI.

Depuis le retour de Nader Chah de son expédition des Indes jusqu'à sa mort ; & les courts régnes de ses neveux, & de son petit fils.

CHAPITRE I.

Evénemens de l'année du Singe, répondant à celle de l'Hégire 1152.

LE raïonnant monarque du monde, le grand luminaire s'assit panché sur son trône du Belier, le Vendredi vingt-un de Zoulheggé en l'année mille cent cinquante deux. A. D. 1739. Nad. 52.

Alors le rossignol, qui dans ses tristes chants avoit déploré la perte de ses aziles fleuris, ranima ses notes mélodieuses, & fit résonner de nouveau les bois qu'il habitoit. La plaintive tourterelle, après avoir long-tems gémi de voir sa démeure chérie des jardins désolée, déploïa avec joïe son col ondoïé & son éclatant plumage. Le Zéphir, messager du printems, arriva devant le palais des jardins, chargé du doux présent d'une rosée odoriférante ; & la rose, semblable à un roi couronné de rubis, s'appuïa sur sa tige verdoïante comme sur un trône d'émeraudes. Le mois de Ferourdin, avec le pouvoir de Feridoun, prépara dans le jardin

de

A.D. 1739.
Nad. 52.

de roses la fête de la nature renaissante. Le bouton de rose, comme un glorieux Prince, reçût les troupes du printems dans sa citadelle, admettant leur hommage & leur juste tribut. Les prés fûrent enrichis des roses & des tulipes, comme l'est une boutique opulente, ornée de piéces d'or. Les régions des jardins fûrent mises en sujettion par les fleurs victorieuses comme les Persans. Les Tartares du mois de Deï, qui avoient saccagé les parterres, cachérent leurs têtes vaincûës; les Ouzbegs des boutons inférieurs s'empressérent à servir la Sultane rose. Les Turcs des arbustes & des plantes tournerent la face de la soumission vers la cour de la saison nouvelle.

Depuis que les glorieux raïons du régne de Nader Chah avoient illuminé le monde, sa Majesté avoit toûjours réduit à l'obeïssance ceux qui s'etoient révoltés contre elle; elle avoit aussi toûjours accepté leur repentance, & les avoit rétabli dans leurs dignités.

En conséquence de cette générosité, lorsque Khodaïar eût été lié des chaines du fort, ce monarque, dont la merci s'étendoit sur amis & sur ennemis, divisa en trois parties les provinces de Sind & de Tahta; il donna Tahta & quelques territoires de Sind à Khodaïar, le nommant Chah Kuli Khan: les parties de Sind confinant au Balougestan fûrent le partage de Mohebbet Khan, gouverneur de cette province: le gouvernement de Chekaripour, avec la partie haute de Sind, devint celui des Khans de Daoüdpoutré: après ces dispositions sa Majesté honora ces gouverneurs de magnifiques robes, & de sa bien-veüillance.

Heiatalla Khan, fils de Zekaria Khan, qui avoit suivi sa Majesté dans son expédition de Chahgehanabad, avoit été investi du gouvernement

vernement de Moltan, & fût choisi pour l'accompagner encore: quand les troupes roïales quittérent Amercout, Zekaria se rendit à la cour, & eût l'honneur de baiser le tapis à jamais fortuné.

A.D. 1739.
Nad. 52.

Après que le pére & le fils eûrent présenté leurs requêtes, & reçû plusieurs marques d'honneur, & les plus fortes injonctions de se soumettre à Mohammed Chah, il fûrent congédiés; Heitalla aïant eû le titre de Chahnovaz Khan.

En ce lieu Nader Chah reçût un méssage de la part de Mohammed Taki Khan, gouverneur de Fars, qui portoit, que, comme il lui avoit été difficile de passer par Sind, il s'étoit rendû à Kitche & à Mecran; que, Melek Dinar, qui gouvernoit ces districts, s'étant opposé à lui, il avoit envoïé un détachement qui l'avoit défait, & fait rentrer dans son devoir; que, craignant ensuite de laisser écouler la saison favorable, il avoit envoïé quelques troupes par mer à Bender Abbassi, & étoit demeuré lui-même en Kitche & en Mecran.

Sur ce rapport, sa Majesté manda au gouverneur de Fars de se rendre le plus promptement qu'il seroit possible à la cour, après avoir congédié ses troupes, puisque les affaires de Sind en étoit venûë à une conclusion; elle demeura elle-même plusieurs jours dans ces cantons pour y mettre l'ordre necessaire.

Quoique ce puissant roi tint les clefs du jardin de l'univers, il ne se permettoit pas de se rassasier des doux fruits des plaisirs, ni de parcourir les bosquets des délices. Cependant, il se plût particuliérement à deux choses. La prémiere fût à une sorte de melons, qui étoient extrêmement de son goût; aussi pendant son séjour à Bagdad on lui en envoïoit d'Hérat, dont le jardinage excella

A.D. 1739. excella toûjours celui de tout le reste du monde; & quand les
Nad. 52. refulgentes banniéres se déploïérent dans la route de l'Indostan,
des caravanes lui apportoient des charges de ces melons précieux
d'Hérat, de Balkhe, & de Merou; de sorte que toute sa cour
partagea avec lui la douceur de ce fruit.

Le second objet de l'attention de Nader Chah fût un très-beau cheval; & comme en général sa passion pour ce noble animal étoit connûë de ses amis & de ses ennemis, de ses sujets & des étrangers, les chefs & les commandans de chaque quartier lui envoïoient les plus superbes & les plus légers chevaux Arabes qu'ils pouvoient trouver; cherchant par ces présens à se mettre dans ses bonnes graces, & à se procurer une favorable admission à l'auguste cour. Quand l'armée étoit à Sind, un méssager y arriva, chargé d'offrir des dons précieux de la part de Mohammed Chah; le Prince Riza Kuli Mirza envoïa d'excellens chevaux, & le gouverneur de Balkhe des prémiers melons du païs en abondance. De son côté Nader Chah envoïa plusieurs chevaux, & deux cent charges de melons de Balkhe à l'empéreur des Indes, & congédia le méssager Indien, après l'avoir comblé d'honneurs.

CHAPITRE

CHAPITRE II.

L'armée marche vers l'Iran. Expédition contre Bokhara & le Turquestan; conquête de ces délicieuses contrées.

APRES que sa Majesté eût terminé les affaires des Indes, & qu'à celles de Sind eût succédé quelque repos, elle ceignit ses reins du baudrier de la résolution de subjuguer le roïaume de Touran. Des ordres aussi positifs que ceux du destin furent proclamés dans toutes les parties de l'empire sacré; enfin qu'autant de chevaux, de fournitures, d'armes, & d'armures, qu'on en pourroit trouver, fussent envoïés à l'armée victorieuse, & que toutes sortes de provisions fussent faites en Hérat, pour une campagne en Turquestan. A.D. 1739. Nad. 52.

Le Prince Riza Kuli Mirza, qui avoit été fait vice-roi d'Iran, étoit alors par le commandement de sa Majesté en Tehran; où il devoit passer ses quartiers d'hyver, & régler les importantes affaires de l'empire. Il y reçut l'ordre de conduire ses troupes à Hérat, & d'amener du Khorassan les illustres princes à la rencontre de sa Majesté.

Le treize du mois Moharrem en l'année 1153, les étendars roïaux quittérent Larcané, accompagné de la joie du bonheur, & de la puissance de Soliman, & s'avancérent vers Naderabad par la route de Sivi, Dader, Chal, & Fouchenge, districts du Balougestan. 31 Mars.

HISTOIRE DE NADER CHAH.

A.D.1739.
Nad. 52.
24 Avril.

Le Mardi septiéme de Sefer, les glorieuses tentes fûrent dréssées en Tchemengiouï à une parasange de Naderabad.

L'armée arriva dans ce lieu, d'où elle étoit partie pour l'expédition des Indes le prémier de Sefer 115т; ainsi cette expédition avoit duré deux ans & sept jours, & le retour de Chahgehanabad à Naderabad avoit pris une année entiére.

Il a été dit ci-dessus que lorsque les banniéres roïales fûrent tournées vers l'Indostan, & eûrent atteint Peichaver, on avoit appris la nouvelle de la révolte des Lekzies, & de la mort d'Ibrahim Khan d'heureuse mémoire. Nader Chah avoit deslors resolû de punir ces rebelles, & de vanger la mort de son frére.

Quand l'armée fût parvenûë à Naderabad, sa Majesté dispensa Gani Khan, gouverneur de cette place, de marcher contre le Turquestan; & lui ordonna d'aller à Chirvan dans le commencement de l'entrée du soleil en Libra, d'y attendre que les neigés eûssent couvert le mont Alborz, pour y fermer le chemin de la fuite aux rebelles Lekzies, & de leur faire subir un châtiment merité. Elle envoïa dans le même dessein Fathali Khan maître de l'artillerie, Mohammed Ali Khan commandant de l'Azarbigian, avec plusieurs Khans & gouverneurs, & quinze mille hommes de l'armée du Khorassan; des chefs de Georgie, & de l'Azarbigian eûrent ordre de le suivre.

29 Avril.
26 Mai.

Le douze du mois Sefer les conquérantes troupes avancérent leurs banniéres; & le Lundi dixiéme de Rabielevel elles arrivérent à Hérat, & dans les plaines de Keherestan, à une parasange de la cité, brillérent les étendars du camp impérial.

Comme

Comme les affaires de l'empire avoient exigé quelque délai, on avoit accordé au Prince Riza Kuli Mirza un tems au delà de celui qui lui avoit été préfix pour se rendre à la cour : en consequence, les illustres princes Chakrokh Mirza, Imam Kuli Mirza, & Ali Kuli Khan qui avoit été exalté au gouvernement du Khoraffan, eûrent ordre de venir immédiatement à Hérat, sans attendre Riza Kuli Mirza, qui de son côté devoit suivre l'armée en Kerapeté Badghis par la voïe de Zourabad.

A. D. 1738.
Nad. 51.

Les princes, ainsi qu'Ali Kuli Khan, arrivérent donc à la cour le dix-huit du même mois, & eûrent l'honneur de baiser le tapis sacré.

3 Juin.

Le fameux trône du Paon, qui depuis la conquête de Chahgehanabad avoit passé dans le tréfor de Nader, étoit dans le tems du regne des anciens rois des Indes le morceau le plus complet & le plus magnifique qu'il y eût dans l'univers; & sa Majesté, dont l'âme élevée voïoit les neuf sphéres au dessous d'elle, résolût d'en faire un semblable à celui-là dans la même splendeur, & un pavillon pour l'assortir.

A cet ouvrage digne d'un si grand roi fûrent destinées les plus brillantes pierreries & les plus precieuses perles ; & au départ de Chahgehanabad les plus ingénieux artistes, les plus habiles metteurs en œuvre des Indes & de l'Iran, eûrent ordre d'y travailler. Il fût achevé en un an dans le plus haut point de perfection ; chaque joïau dont il resplendissoit valoit le revenû d'une contrée ; son éclat égaloit l'escarboucle de la lune, & l'emflamé rubi du soleil ; le pavillon fût parsemé de plus petites perles & de pierreries roïales.

A.D. 1739.
Nad. 52.

Ce trône qu'on nomma Takht Naderi, ou le trône de Nader, fût le lendemain, ainsi que le pavillon, élevé avec le Paon, qui en faisoit partie. Ce ne fût après que superbes & joïeuses fêtes pendant plusieurs jours; que les Mirzas & Ali Kuli Khan partageoient, & ornoient Nader, aïant décorés ces princes des baudriers d'un immense valeur, & de bracelets enrichis de pierres précieuses sans nombre.

Comme Hérat avoit été le siége de l'empire de Chahrokh Mirza, fils de Timour-Gourgan, cette capitale reçût de grands honneurs en faveur de ce nom, qui se trouvoit être celui du prince plus chéri de l'Iran, Chahrokh Mirza fils ainé de Riza Kuli Mirza; on batuit à Hérat de la monnoïe ornée de l'image & du nom du jeune prince.

Après trois mois de séjour à Hérat tous ces jeunes héros, ainsi que Nasralla Mirsa, eûrent ordre de partir pour le Khorassan, & de s'y trouver à l'equinoxe de l'automne.

10 Juin.

Le vingt-cinquiéme du mois Rabielavel les banniéres imperiales fûrent déploïées, & quittant les plaines de Kehereſtan, s'avancérent vers le lieu de leur destination avec la furie de Bahman, & l'intrepidité de Tehemten; elles firent halte en Carezgah, place fameuse pour ses fortifications; & le Dimanche,

16 Juin.

prémier jour de Rabiussani, atteignirent Kerapeté Badghis.

Le jour de leur arrivée le prince Riza Kuli Mirza, à la tête de son armée, vint au devant de sa Majesté, & eût l'honneur de baiser les étriers sacrés; son armée fût passée en revüé par les yeux semblables au soleil du Sultan, qui approuvant les services de son fils lui fît présent d'un diadéme & d'un bracelet enrichi

de

de joïaux, & répandit à pleins mains des pierreries & des perles sur cette perle la plus précieufe de la conque de l'empire. A.D. 1739. Nad. 52.

Sa Majefté demeura trois jours dans cette ftation, afin de mettre l'armée en ordre, après lefquels elle marcha devers Balkhe par la route de Marougiak Tchetchektouï, & d'Endekhod; le fept de Gemadi'laveli les tentes fûrent dreffées dans un lieu nommé Kouchekhané à une parafange de Balkhe. 21 Juillet.

Aziz Kuli Beg, qui avoit long-tems fervi l'état, étant mort dans le païs de Chouldoc, fa Majefté donna le gouvernement de Balkhe, avec le tître de Khan, à Neiaz Mohammed Kouche Begi fon frére, & à fon fils Kedaï Soltan le gouvernement d'Endekhod, après avoir nommé des commandans, & des magiftrats dans les diftricts de leur dépendance. Le douze du même mois, le puiffant héros entra dans Balkhe, & fe logea dans l'édifice que l'illuftre Prince Riza Kuli avoit nouvellement fait élever. 26 Juillet.

Quelque tems auparavant onze cent barques avoient été conftruites, chacune forte affez pour porter deux ou trois mille de poids; le commandant en chef de Balkhe avoit reçû ordre de les remplir de provifions, & de les tenir prêtes fur la riviére Amivié; quelques unes de ces barques devoient être chargées d'artillerie; & les canons aux bouches emflâmées ainfi que d'autres inftrumens de guérre devoient fuivre l'armée par eau. Les conquérans étendars atteignirent Kelif le dix-fept du même mois, & les barques y arrivérent en même tems; alors quelques troupes s'embarquérent, & pafférent la riviére avec ordre de marcher fur le bord oppofé pour s'établir dans les ftations qui leur étoient deftinées. 31 Juillet.

Le

A.D. 1739.
Nad. 52.

Le vingt-sept l'armée impériale campa dans la station de Kouki, un des défilés de Bokhara; en ce lieu le fils d'Hakim Biatalik, qui étoit chef Emir du Touran, accompagné des gouverneurs d'Hiſſar, de Kirchi, & de Kiſbi, ainſi que d'autres chefs de ce côté de la riviére Amivié, vint ſe préſenter à la haute cour; ils reçûrent tous l'honneur de baiſer le marchepied de l'auguſte trône, & après avoir proteſté de leur ſoumiſſion, fûrent revêtûs de ſplendides robes, & gratifiés de faveurs particuliéres.

De cette ſtation, le prince Riza Kuli Mirza eût ordre de s'avancer à la tête de huit mille hommes à deux journées en avant, & de camper en Tchargiou juſqu'à l'arrivée de toute l'armée; Ali Kuli Khan fût envoïé du côté oriental de la riviére pour ſe poſter vis à vis les troupes du prince, préſerver ceux qui ſe ſoumettroient, & châtier ceux qui perſiſteroient dans leur obſtination.

Lorſqu'Ali Kuli Khan eût paſſé l'Amivié, pluſieurs des tribus placérent ſur leurs cols le collier de l'obéïſſance; mais quelques autres ſe départant de la voïe droite s'enfuirent, fûrent atteints, & ſubîrent la mort, ou la priſon; & le conquérant retourna au camp avec ſes captifs, comme autant de proïes qu'il avoit ſaiſies.

D'autre part, Riza Kuli étant arrivé en Tchargiou, trouva que les tribus de ces quartiers avoient été tranſplantées en Kharezme, & en Bokhara, ainſi ces autres proïes ſauvages ne tombérent point dans les piéges de ces guerriers, chaſſeurs de lions.

12 Août.

Le Mecredi, huitiéme du mois Gemadi'lakhri, les tentes qui traverſoient le monde fûrent dréſſées en Tchargiou; en l'éſpace de

HISTOIRE DE NADER CHAH. 103

de trois jours un pont très fort fût conftruit fur l'Amivié, & les troupes victorieufes commencérent à y défiler, une légion aïant été laiffé pour garder Tchargiou, s'affûrer du pont, & ramaffer des provifions dans ces quartiers. A.D. 1739. Nad. 52.

Le quatorziéme, fa Majefté, fes courtifans, & fa garde privée, pafférent la riviére en barques, lefquels avoient été parfaitement conftruites par les artiftes de l'Iran & des Indes ; & pourvûës de toutes fortes de commodités, fpecialement la barge deftinée au roi. 18 Août.

Hakim Biatalik, Vifir & prémier miniftre du Touran, & les principaux de Bokhara, vinrent auffi-tôt à la noble cour, & baiférent la haut marche-pied; ils fûrent honorés de magnifiques veftes, & d'autres marques de diftinction ; & après avoir demeuré un jour, ils fûrent congédiés, Hakim aïant eû ordre d'amener Abou'l Feiz Khan roi de Bokhara au camp impérial, & de lui donner une pleine affûrance de la faveur roïale.

Enfuite l'armée marcha à Bokhara par la voïe de Keracoul ; & le Dimanche dix neuviéme, les tentes fûrent dréffées à quatre parafanges de cette ville. 23 Août.

Quand Abou'l Feiz Khan vît qu'il étoit hors de fon pouvoir de faire aucune oppofition, & que l'armée de Turcmans & d'Ouzbegs, qu'il avoit raffemblés pendant fi long-tems de toutes les parties de fon roïaume, avoit été fubjuguée par la valeur de nôtre grand héros, il connût qu'il n'avoit d'autre reffource que celle de la foumiffion. En conféquence, ce roi, fuivi d'Hakim fon vifir, de fes nobles, princes, & magiftrats, fit fa fortie par la porte de l'obéïffance, & tournant la face de l'efpoir vers le
célefte

A.D. 1739.
Nad. 52.
24 Août.

céleste camp, s'en approcha à une parasange de distance. Le Lundi vingtiéme après midi, une audience lui fût accordée ; il baisa l'auguste marche-pied, & remit son sceau & son diadéme.

Comme Abou'l Feiz étoit de la famille de Genghiz, & de la race de Turcmans, il lui fût permis de s'asseoir dans l'assemblée brillante comme le ciel, & par la polissure de la bonté de son vainqueur la rouille de la tristesse fût otée de son âme. Après lui tous ses chefs & ministres fûrent admis en la présence sacrée, & aïant touché de leur front le glorieux parquet, ils fûrent renvoïés aux pavillons destinés pour le roi de Bokhara & sa suite.

26 Août.

Le Mecredi vingt-deux du même mois la puissante armée quitta sa station, & les tentes fûrent dréssées à une demi parasange de Bokhara, Abou'l Feiz Khan fût honoré d'une robe somptueuse, d'une écharpe tissûë d'or, d'un ceinturon, d'un poignard enrichi de diamans, & d'un cheval Arabe, dont les ornemens & les harnois étoient d'or ; ses emirs & ministres eûrent pour présens des manteaux, des sabres, des poignards, & plusieurs autres marques de la bonté roïale.

Abou'l Feiz Khan aïant de son côté offert tout ce qui pouvoit être de quelque service à sa Majesté, elle ordonna qu'une grande multitude de Turcmans & d'Ouzbegs fûssent montés & armés pour être passé en revûë par son œil clair voïant.

Ces troupes avec leurs commandans fûrent enrolées dans l'armée victorieuse, & eûrent ordre de se mettre en marche pour le Khorassan ; quelques uns des chefs & des gouverneurs fûrent envoïés avec leurs soldats à Samarcande, afin d'y léver des forces, & les conduire en Khorassan par la voïe de Tchargiou.

Personne

Personne n'aïant le pouvoir d'écarter son col de la chaine de la soumission, tous ces ordres fûrent executés ; & vingt mille Turcmans & Ouzbegs de Bokhara, de Samarcande, & d'autres territoires du Touran, aïant eû l'honneur de faire partie de l'armée prospére fûrent envoïées en Khorassan.

A.D. 1739. Nad. 52.

Le quinziéme du mois Regeb, Abou'l Feiz fût de nouveau décoré d'une robe resplendissante comme le soleil, & couronné d'un diadéme enrichi de perles, en signe de la restitution de son roïaume. Les districts au nord de la riviére Amivié, ainsi que Maveranaher lui fûrent assignés ; Tchargiou & les territoires du Sud aussi bien que Balkhe & ses dependances fûrent annexés à l'empire de Nader.

17 Septembre.

Les anciens rois du Touran, de pére en fils, n'avoient porté que le tître de Khan ; mais sa Majesté, par un excès de faveur, donna celui de Chah à Abou'l Feiz. Tous les gouverneurs des provinces du Turquestan étant mandés, vinrent avec soumission à la cour, y firent offre de leur service & fûrent confirmés dans leurs gouvernemens respectifs.

Ali Kuli Khan, aïant l'honneur d'être le neveu de sa Majesté, il l'avoit suivie dans son expédition ; Nader Chah désira d'unir par un mariage cette perle de l'ecaille roïale à la famille d'Abou'l Feiz ; celui-ci tint ce dessein à grand honneur, & selon la coutûme des Turcmans, alla lui-même chercher sa fille qu'il tira de la chambre de chasteté, & demanda que cette aimable viérge de la race de Genghiz Khan, fût unie à la famille impériale pendant l'heureuse expédition de Kharezme.

HISTOIRE DE NADER CHAH.

739.
Nad. 52.

Il avoit été rapporté à sa Majesté que plusieurs Afgans des confins de Cabul s'étoient départis du sentier de l'obéissance; en conséquence, elle envoïa Thahmasp Kuli Khan, ancien serviteur de l'empire éternel pour être commandant & gouverneur des provinces du nord de l'Atek, depuis Tahta, Sind, & Peichaver jusqu'à Tibet, lesquelles provinces avoient été résignées par l'empéreur de l'Indostan, à celui de Perse. Ce gouverneur fût accompagné de plusieurs officiers & commandans, avec un détachement de guerriers courageux comme Beharam : il eût ordre de prendre la route d'Hissar, & de lever des troupes de Turcmans & d'Ouzbegs à Hissar & à Kadban, de se rendre en Khorassan, & delà de marcher contre les révoltés.

D'autres ordres fûrent dépechés aux soubadars de Cabul & de Sind, ainsi qu'aux magistrats de ces provinces, pour les obliger de continuer dans la soumission aux commandemens du gouverneur Persan. Zecaria Khan, soubadar de Lahor & de Moltan, fût enjoint de venir à la rencontre de Thahmasp Kuli Khan sur les bords de l'Atek, & de consulter avec lui sur ce qui seroit le plus avantageux aux deux empires.

CHAPITRE

CHAPITRE III.

L'armée auguste marche contre le Kharezme. Conquête de ce païs faite par le puissant bras de l'intrepidité. Evénemens de ce tems.

AUTREFOIS les frontiéres du Khorassan étoient souvent harrassées & oppressées par des armées des Turcmans, & d'Ouzbegs de Kharezme : ainsi sa Majesté douée du pouvoir de Dara, resolût de se vanger de ces injures, & de punir ces outrages. Elle étoit confirmée dans ce dessein par l'arrogance d'Ilbars, prince de ces territoires, lequel dans l'absence de l'armée imperiale avoit élevé sa tête sortant du collier de l'audace, & commis mille désordres dans le Khorassan.

A.D. 1739. Nad. 52.

Après que les affaires du Turquestan fûrent réglées, le seize du mois Regeb, l'armée fortunée quitta les environs de Bokhara & de station en station s'avança vers le Kharezme. Quand elle eût atteint Khagé Kelassi, qui est à douze parasanges de Serkheser, sa Majesté reçût avis que les Turcmans de Kharezme sous le commandement de Mohammed Ali Ochak, s'étant joints aux Ouzbegs de ces districts, étoient parvenûs avec leurs forces à six parasanges de Tchargiou. A cette nouvelle l'heureux monarque ordonna que les bagages le suivissent à petites journées, & prenant avec lui un corps de troupes choisies il sortit du camp pendant la nuit. A la premiére heure du jour aïant passé le pont, il attendit de l'autre côté de la riviére que tous ses soldats l'eûssent

18 Septembre.

A.D. 1739. aussi passé, ensuite il fît camper son armée dans le voisinage de
Nad. 52. Tchargiou.

23 Septembre.
Le jour d'après Mardi, vingt-un du même mois, les banniéres éclatantes comme le soleil furent élevées pour donner bataille à l'ennemi. L'après-midi de ce jour les vedettes découvrirent l'armée de Kharezme par la noire poussiére qu'elle élevoit dans les airs. Aussi-tôt l'avant-garde des victorieuses troupes eût ordre de les attaquer, & de faire durer l'engagement jusqu'à ce que sa Majesté pût le rendre général en faisant avancer l'arriére-garde.

Peu après Nader Chah, quittant le centre de l'armée s'avança à la tête d'un corps de vaillans guerriers dans la plaine du combat. Soudain les ennemis, étonnés par sa présence, recoururent à la fuite; leur fermeté fût ébranlée jusques dans ses fondemens, ainsi que les murailles d'une tour; ils furent submergés par les vagues dont les inondoient les légions victorieuses, & ils abandonérent le champ de bataille.

A l'aide de la divine Providence, & par le commandement roïal, les hardis combattans poursuivirent les fuïards, consumérent plusieurs d'entre eûx, ainsi que des roseaux, & des ronces, par le feu de leurs cimeterres, & en mettant plusieurs dans les chaines de la captivité, ils les conduisirent aux tentes augustes.

Les Persans, après avoir vaincûs ces arrogans ennemis, demeurérent un jour dans cette station afin d'examiner leur butin, & leurs prisonniers, & le lendemain ils retournérent au camp roïal.

Cépendant,

Cépendant, le prince Riza Kuli Mirza defiroit ardemment de voir fon frére Nafralla Mirza, qui depuis fon retour de l'Indoftan avoit prefque toûjours fejourné en Hérat, & qu'il n'avoit pû rencontrer à la cour; il obtint donc la permiffion de fe rendre à Mechehed avec Ali Kuli Khan.

A.D. 1739. Nad. 52.

L'armée de Nader Chah étant obligée d'attendre quelques troupes, & les bagages qui étoient reftés derriére, demeura cinq jours en ce lieu. Dans cet intervalle, fa Majefté ordonna que les barges, chargées de l'artillerie & des provifions, cotoiâffent la riviére Amivié, & priffent en fuivant l'armée la route de Kharezme.

Le Mardi vingt-huitiéme du même mois les conquérans étendars quittérent les bords de cette riviére avec une pompe roïale, & le treiziéme de Chaaban les tentes fûrent dréffées dans un lieu nommé Divéyouffi, qui étoit le commencement des territoires de Kharezme.

30 Septembre

15 Octobre.

Ilbars, prince de ce païs, étoit alors dans le chateau de Hezarefb à trois parafanges de Divéyouffi ; il s'étoit préparé pour donner bataille avec fes troupes de Turcmans, & d'Ouzbegs raffemblées de Dechet, Kharezme, & Aral.

En conféquence, fa Majefté s'arrêta trois jours à Divéyouffi dans l'efpoir d'attirer Ilbars hors du chateau ; mais l'aïant attendû en vain, elle laiffa fon bagage, fes munitions, & fes barques de provifions dans leur ftation, & le feize de Chaaban, s'approchant d'Hezarefb, planta fon camp à une demi-parafange de ce chateau : là, on vint lui apprendre, que le fus-dit prince raffermiffant le pied du courage, perfiftoit dans la refolution de fe défendre.

18 Octobre.

Comme cette place étoit extrémement forte, & presqu'imprénable, il n'y auroit pas eû de la prudence à l'attaquer; ainsi le grand conquérant en abandonna le dessein, & marcha le jour d'après vers Kheiou, le siége de l'empire du Kharezme, & le centre de ce roïaume, imaginant que ce mouvement ébranleroit la chaine de la resolution d'Ilbars, & le feroit sortir de son fort.

En effet, lorsque l'armée roïale eût avancé d'une station, Ilbars quittant Hezaresb se mit à suivre le rivage de l'Amivié, dont la crainte ne lui permettoit pas de s'éloigner : mais une compagnie des tribus de Yemout, de Tekké, & autres Turcmans du païs oférent s'écarter de la voïe de la prudence, & s'avancérent plus loin. Sa Majesté en aïant été avertie; & laissant l'armée dans le lieu où elle étoit, s'avança à la tête d'un détachement de guerriers chasseurs de lions, & coupa le chemin aux temeraires ennemis; plusieurs d'entre eux fûrent pris, plusieurs tués : le reste s'enfuit vers Ilbars, qui se retira avec précipitation dans le chateau de Khankah, une des cinq forteresses du Kharezme, situé entre Hezaresb & Kheiou, devant lequel il fixa son camp.

Les troupes impériales demeurérent tout ce jour sur le champ de bataille, & le matin s'avancérent pour attaquer Khankah. A la troisiéme heure, les coursiers affamés de carnage fîrent entendre leur trépignement autour du chateau; alors Ilbars réduit à l'extrémité vint présenter bataille avec ses Ouzbegs, ses Turcmans, & toute son artillerie.

Dès que le commandement roïal fût donné, les Persans tombérent avec furie sur l'ennemi, & avec l'aide du Créateur, & l'éternelle

HISTOIRE DE NADER CHAH.

l'éternelle profperité du puiffant conquérant, les Kharezmiens fûrent défaits. Un grand nombre d'entre eux fûrent conduits par les guides des cimeterres dans le féjour de la mort, le refte, que le même fort menaçoit, au lieu d'entrer dans la forterefſe, fe mît à fuïr à travers les champs; mais la plûpart fûrent tûés, ou pris avec leurs chefs, par les troupes qui les pourfuivîrent. Ilbars, avec fes Ouzbegs, fe mît à couvert dans le chateau.

A.D. 1739.
Nad. 52.

Cépendant, l'infanterie Perfanne aïant eû ordre d'attaquer le camp ennemi des quatre côtés, fe faifirent à l'inftant de leurs tentes, de leur artillerie, de leurs tréfors, & fîrent prifonniers plufieurs foldats qui étoient reftés dans les tentes.

Enfuite les foudroïans canons, & les enflamés mortiers jouérent pendant trois jours contre le chateau, & confumérent la fubftance & la patience de ceux qui le défendoient. Les ingenieurs commencérent en plufieurs endroits à creufer la terre pour faire des mines; les bombes émbranlérent les murs avec violence, & les tours fûrent prefque fappées. Enfin, les hardis guérriers avec la fureur de Baharam fe préparérent pour l'affaut.

La garnifon, fe trouvant entiérement plongée dans le précipice de la calamité, demanda à fe rendre, ainfi que plufieurs chefs des Ouzbegs, & le vingt-quatre du mois, ils vinrent humblement fe profterner devant la cour qui défend le monde. Ilbars, voïant le naufrage de fon vaifſeau & les jours de fa profpérité obfcurcis, voulût néanmoins demeurer derriére le rempart de fon obftination, & refufa de fortir.

26 Octobre.

Le

A.D. 1739.
Nad. 52.

Le lendemain sa Majesté envoïa quelques soldats pour tirer le gré, ou de force ce malheureux du chateau, ainsi que ceûx qui étoient demeurés avec lui.

Quoique la clémence du généreux monarque fût si grande que rarement il tiroit l'épée du chatiment contre l'ennemi foible ou oppressé, Ilbars avoit, de plus, été encouragé de toutes parts à la soumission. Lorsque la roïale armée étoit en Bokhara, Chah Abou'l Feiz, roi de Touran, avec le pouvoir d'Afrasiab, lui avoit envoïé plusieurs fidéles méssagers pour l'exhorter à l'obéïssance, quelques uns pour le même sujet, lui avoit étés dépechés de Tchargiou; mais au lieu de profiter de leurs avis, il les avoient tous fait mettre à mort.

Ces motifs obligérent sa Majesté de se départir de sa accoutumée clémence, & d'ordonner que le sang innocent fût vangé sur Ilbars, & sur vingt des perturbateurs du repos de l'empire, qui, comme lui, méritoient la mort.

Sa Majesté donna la principauté du Kharezme à Taher Khan Nevadeh Genghizi, cousin du roi de Touran, & fidéle serviteur de l'empire; les Ataliks & les Itaks fûrent nommé ministres de ces contrées.

Dans le nombre des accidens qui arrivérent alors, fût celui-ci; le bruit s'étant répandû dans le camp que l'ordre avoit été donné pour le pillage, un parti considérable de soldats se hâta d'entrer dans le chateau pour le piller; mais l'Empéreur l'aïant appris, fît trancher la tête à trente d'entre eûx dans la salle des gardes.

Avant

Avant sa défaite, Ilbars aïant envoïé à Kizak & à Aral, pour demander du sécours, Abou'l Kheir Khan, prince de Kizak, s'étoit avancé avec un corps de troupes composé de Kizakiens, & d'Ouzbegs d'Aral ; il avoit déja atteint Kheiou, capitale du Kharezme, quand il apprit la situation des affaires : sur cela il envoïa des méssagers de confiance pour porter des paroles de soumission & d'obéïssance à la très-haute cour : mais à peine ces méssagers étoient partis, que saisissant la prémiére opportunité, il avoit tourné le cheval de la fuite devers Kizak.

A. D. 1739.
Nad. 52.

Quand cette nouvelle parvint à l'oreille sacrée, les banniéres subjugantes du monde fûrent déploïées sur le chemin de Kheiou, place fameuse pour ses fortifications, & où les Ouzbegs avoient un grand amas de provisions.

Ce chateau avoit même été entouré d'un profond fossé pour en éloigner les Persans : mais ceux-ci passoient à travers des murs de feu avec plus de vîtesse que les eaux, & traversoient les eaux avec plus de violence que ne fait la tempête.

Les Ouzbegs, se reposant donc sur leurs forces, se résolurent à la défense. Aussi-tôt les tentes impériales fûrent dréssées autour du chateau, qui fût étroitement bloqué ; des fossés fûrent creusés de toutes parts, & l'eau s'écoula dans la plaine ; les ouvriers, retroussant les pans de la robe de la diligence, mîrent en trois jours les tranchées entiérement à sec.

Les puissantes battéries fûrent alors dréssées, & quatre jours après que les boulets de canons & les bombes eûrent incessamment tombé sur la garnison ; ces misérables s'apperçûrent qu'au lieu de leurs eaux, ils s'étoient plongés dans des lacs de feu : ils vinrent

vinrent donc dans le milieu de ce jour apporter les clefs de leur forteresse au camp impérial, & leur soumission fût reçûe avec bonté & clémence.

Sa Majesté choisit quatre mille jeunes Ouzbegs, & les enrollant dans sa victorieuse armée, les envoïa au Khorassan; elle rassembla tous les esclaves qui avoient étés pris en Khorassan pendant le cours du derniér regne, & les rendit à ceux de leurs parens, qui se trouvoient alors. Comme un grand nombre de Russes avoient jadis étés faits captifs, elle leur donna aussi leur liberté, les laissant les maîtres d'aller où il leur plairoit. Il avoit été fait douze mille prisonniers en Khorassan, dont quatre mille étoient dans la citadelle de Kheïou; à ceux-ci on fournit des chevaux, des bêtes de charge, & des provisions, pour les conduire dans leur propre païs, leur assignant pour habitation une ville à quatre parasanges d'Abiverd dans un lieu nommé Tchechemé Gelengiah, que les architectes de sa Majesté avoient bati, & qui depuis porta le nom de Kheïouabad.

L'Empéreur demeura dans le Kharezme pendant plusieurs jours pour en regler les affaires; & aïant trouvé que de donner une armée supernumeraire au prince de Kharezme seroit un trop pesant fardeau pour les habitans de ce païs, il se contenta de recevoir les plus fortes protestations d'obéïssance & de fidélité de la part de leurs chefs, ainsi il ne laissa à ce prince qu'un corps de troupes de ses propres territoires; & le dix-sept du bien-heureux mois de Ramazan, il tourna les reines de son coursier, & parvint à Tchargiou le quatre du mois Chaval.

Dans ce lieu se rendit Hakim Biatalik, premier ministre de Chah Abou'l Feiz, roi de Touran, chargé de la part de ce roi d'une

HISTOIRE DE NADER CHAH.

A.D. 1739.
Nad. 52.

d'une ambaſſade, & de pluſieurs préſens; il y fût reçû avec de grands honneurs, & des marques de diſtinction, & enſuite congédié. L'armée partit de Tchargiou, & vint à Merou; là, Neïaz Mohammed Khan, prince de Balkhe, fût mandé; ainſi que le gouverneur d'Andekhod, & les chefs de ces quartiers, ils reçûrent des inſtructions pour régler les affaires de leurs gouvernemens.

Après ces arrangemens, les auguſtes troupes ſe mîrent en marche pour Mechehed, elles paſſérent par Kelat, par Meïab, & par Kiopekab, païs qui étoient autrefois l'habitation de ſa Majeſté.

Quoique Nader Chah eût déjà embelli Kelat par les plus ſuperbes batimens, il donna de nouveaux ordres à ſes ouvriers pour y batir des marchés, des places, des bains, des moſquées, & des écuries. De ce lieu il envoïa un gouverneur, & des officiers convénables à Kheïouabad, & joignit les captifs qu'il y avoit tranſplanté de Kheiou aux anciens habitations du païs.

Aïant ainſi reglé toutes choſes, ſa Majeſté s'avança par la route d'Acheretabad en Khabouchan & Rarkan; elle paſſa pluſieurs jours dans ces agréables marches, & étant arrivée en Khoraſſan à la fin du mois Chaval, vint augmenter le luſtre de la demeure ſacrée de Mechehed.

Decembre

Après la conquête de l'Indoſtan, ſa Majeſté avoit fait vœu de donner à une moſquée une lampe enrichie de piérreries; en action de grace pour ſes victoires dans le Turqueſtan, il avoit promis d'y placer une ſerrure ornée de piérres précieuſes, & ce fût dans Mechehed qu'elle remplit ſes ſaints engagemens.

P 2   Peu

A.D. 1739, Nad: 52. Peu de jours avant l'arrivée de l'armée roïale à Mechehed, un ambaſſadeur extraordinaire des Indes préſenta à Nader Chah une lettre d'amitié de la part de Mohammed Chah, avec divers préſens, parmi leſquels étoient pluſieurs files d'élephans; il étoit auſſi chargé d'un écrit par lequel cet empereur aſſignoit à ſa Majeſté les revenûs des diſtricts du Sud & du levant de l'Atek, qui avoient autrefois appartenûs aux ſoubadars de Tahta, & de Cabul.

Il avoit déjà été accordé que les diſtricts des deux côtés de l'Atek ſeroient diviſés entre les deux empires, & que les revenûs du gouvernement de Lahor ſeroient donnés pendant trois ans à la Perſe; mais, que ce tems expiré, ils reviendroient à l'empereur des Indes; on avoit diſpoſé de la même maniére des revenûs de Tahta, & de Sind; cependant, Naſſer Khan, qui ſe trouvoit dans l'armée Perſanne au retour de l'Indoſtan, avoit fait des inſtances à ſa Majeſté pour qu'elle annexât les revenûs de Cabul à ſon empire, ce qu'elle avoit généreuſement réfuſé.

C'étoit en reconnoiſſance de cette grandeur d'âme que Mohammed Chah, d'ailleurs, pénétré du ſentiment qu'il devoit aux faveurs reçues de Nader, lui avoit envoïé cet ambaſſadeur, avec ordre aux ſoubadars de Tahta, Lahor, & Sind, de ſouſtraire des revenûs appartenans à l'empire des Indes, la valeur de cent & vingt mille *tomans*, & de les annexer pour jamais à l'empire Perſan. Le grand Viſir Kamreddin Khan, les Emirs de l'Indoſtan, les ſoubadars de Lahor & de Moltan, avoient auſſi ſaiſi cette occaſion pour faire des dons précieux à Nader Chah.

Cet ambaſſadeur fût donc traité ſplendidement, & congédié avec les plus grandes marques d'honneurs. Dans le même tems Thahmaſp

Thahmafp Kuli Khan, commandant en chef de Cabul, qui A.D. 1739. avoient été envoïé contre les troupes obſtinées de Touran, fît Nad. 52. favoir à la glorieuſe cour, que les Ouzbegs de Katagan s'étoient d'abord foumis, quoiqu'avec la trahifon dans le cœur; qu'il avoit découvert leur diffimulation, & les en avoient puni, en détruifant pluſieurs d'entre eûx avec fon impitoïable fabre; mais qu'en aïant choifi un certain nombre pour les enroler dans le fervice roïal, il les avoit mis en ordre; & que les faifant marcher en avant, il alloit lui-même fe rendre à Cabul, par la route de Bamian.

CHAPITRE IV.

Les étendars qui fubjuguent le monde quittent le Khoraſſan, & s'avancent vers le Dagheſtan. Tranſactions de ce tems.

L'AME raïonnante de fa Majeſté avoit refolû de vanger la mort d'Ibrahim Khan d'heureufe mémoire fur les coupables Lekzies de Giar & de Tellé. C'étoit dans ce deffein, comme il a été dit ci-deſſus, que Gani Khan, gouverneur de Naderabad, avoit été envoïé contre eûx à la tête des Afgans Abadalis. Lors donc que fa Majeſté fe fût repofée de la conquête de Kharezme, elle ordonna qu'un corps confidérable de troupes, fous la conduite d'habiles commandans, allâſſent d'abord porter dans Chirvan & dans Derbend les flâmes de fon ire, & les entretinſſent dans de

continuels

continuels combats jufqu'à l'arrivée de l'armée entiére ; les Ouzbegs de Touran & de Kharezme fûrent auffi détachés des forces impériales, s'embarquérent fur cette mer aux vagues de fer, & flottérent dans l'ocean de la guérre.

L'armée roïale demeura deux mois en Khoraffan en de perpetuelles réjouïffances; enfin fa Majefté confia les affaires de cette province au prince Nafralla Mirza, & le Mecredi vingt-fixiéme de Zou'lheggé au foleil couchant les magnifiques banniéres fûrent déploïées pour cette nouvelle expédition.

Comme les provifions de Nichapour & de Sebzovar avoient étés confommées par les Ouzbegs & les Kharezmiens, & comme cette année on ne trouvoit que peu de fouragés dans la route qu'on devoit naturellement prendre, & qu'il y en avoit abondamment dans d'autres provinces ; il fût décidé que l'armée pafferoit par Khabouchan, par Afterabad, & par Mazenderan ; ainfi le fecond du mois Moharrem 1154 les très-glorieufes tentes fûrent dreffées dans la ftation d'Aliabad en Khabouchan.

CHAPITRE

CHAPITRE V.

Evénemens de l'année de la Poule, répondant à celle de l'Hégire 1154.

LA nuit du Mardi troisiéme de Moharrem, après la troisiéme heure, le roi des rois ordonna aux tréforiers de la nature de célébrer l'entrée du soleil dans le signe du Bélier, en parsémant d'étoiles d'or l'étendûë argentée du firmament. A.D. 1741. Nad. 54.

Les executeurs de la volonté divine couvrirent la terre d'un tapis de roses tissû d'arbustes & de fleurs, tandis que l'astre du jour, comme un glorieux sultan, s'appuïoit sur son nouveau trône. Les bien-faisantes ondées ranimoient les roses, & leur donnoient une douce fraicheur. L'haleine du Zéphire agitoit la tulipe siégeant sur le trône couleur d'émeraude de sa tige, & sécouoit la rosée dont ses feuilles étoient chargées. Le printems, ainsi qu'un habile général, rangeoit en bataille les lis, & les anemones; & l'agréable souffle du vent du couchant chassoit les tempêtes du mois de Deï.

Cependant l'armée victorieuse dréssoit ses tentes, qui ressembloient aux fleurs printaniéres, tantôt sur le bord des déserts, tantôt sur le penchant des collines.

Quand les troupes eûrent atteint Semelkan, le tems changea, & au besoin de pluïe succeda la disette de provisions. Pendant six stations les plaines arides n'offrirent ni herbes, ni fourages;

les

A.D. 1741.
Nad. 54.

les beſtiaux mouroient de faim, & pluſieurs chevaux périrent au paſſage des riviéres. Enfin, comme à chaque ſaiſon rigoureuſe en ſuccéde une favorable, & qu'il n'eſt nulle difficulté ſans ſécours, en arrivant à Cheherec Craili on trouva les bordures des plaines, ſemblables au giron d'une perſonne qui cueïlle des bouquets, remplies d'herbes & d'arbuſtes fleuris; en ce lieu le camp auguſte joüit du bien être & du repos, après tant de peines & d'inquiétudes.

Sa Majeſté, continuant ſa marche à petites journées, fît enſuite dreſſer ſes tentes victorieuſes au nord de la riviére Kerkan du côté du deſert, où elles reſtérent juſqu'à ce que les animaux fûſſent recouvrés de leurs fatigues. Alors un meſſager arriva de la part des commandans envoïés à Giar & à Tellé, il informa ſa Majeſté que les ſerres de la fortune, & le puiſſant bras de la proſperité, avoient totalement châtiés les tribus rebelles, & leur avoient ouvert les portes de la deſtruction.

Ces rebelles, comme il a été dit ci-deſſus, étoient les Lekzies de Giar & Tellé, notés par leur révoltes & leurs ſéditions; ils occupoient le côté du midi du mont Alborz, une des plus fameuſes montagnes du monde, & dont le ſommet frappoit le firmament.

15 Fevrier. Les commandans envoïé contre eûx étoient arrivés le quinze de Zoulheggé ſur les bords de la riviére Kanik; à leur approche les Lekzies avoient fortifié trois places, Giar, Giarouk, & Agziſer; ils avoient mis dans chacune une garniſon aſſez conſidérable, non ſeulement pour s'oppoſer aux Perſans, mais auſſi pour pouvoir eſpérer de les battre.

Les troupes roïales avoient d'abord attaqué Giar, & rendû pluſieurs ſoldats ennemis, compagnons de la mort; les autres

avoient

avoient abandonné le fort, & s'étoient retirés à Giarouk. Là, après des perpetuelles efcarmouches pendant plufieurs jours, où un grand nombre des Lekzies périrent, ces malheureux fûrent contraints à gagner leur troifiéme refuge, fitué fur la cime de la montagne.

A.D. 1741.
Nad. 54.

Cette place, prefque inacceffible par la quantité de bois & d'arbres qui l'entouroient, avoit un paffage très difficile nommé la gorge d'Agzifer, où le voiageur du foleil pouvoit à peine monter, & où le leger courfier de la lune ne pouvoit paffer.

Ce fût pourtant de ce côté que les Abdalis avoient demandé à commencer l'attaque avant l'arrivée du corps de l'armée, & qu'ils avoient combattû depuis le matin jufqu'au foir au dépens de la vie de plufieurs des deux partis. A minuit les foldats foutenûs d'un courage indompté, avoient commencé d'efcalader les murailles, ainfi qu'une priére exaucée monte à la demeure des cieux. Les Lekzies, fans perdre du tems, faifoient rouler de groffes piérres fur les affiégeans, & laiffoient tomber fur eûx une pluïe de flêches, & des balles, fans pouvoir faire reculer les courageux héros, & les empêcher de gagner terrain.

Quoique cent Abdalis eûffent étés ou tués, ou bleffés, neanmoins, avec l'aide de la Providence, ils avoient pris le fort; & les vaincûs, voïant toute iffûë fermée pour eûx du côté du nord de la montagne, s'étoient en grand nombre précipité du haut des monts dans la caverne du néant. Enfin tous ces malheureux avoient été ou maffacrés, ou faits captifs, leurs habitations, leurs places fortes avoient fubi la violence du vainqueur, & avoient été rafées jufques dans leurs fondemens, de maniére que nulles traces d'eûx n'étoient reftées.

PART II.   Q   En

A.D. 1741.
Nad. 54.

En recompenſe d'une telle victoire, ſa Majeſté envoïa deux cent mille roupies, & des robes ſplendides, pour être diſtribuées aux officiers & aux ſoldats de cette heureuſe armée, accomapgnant ces dons d'une lettre remplie de bonté.

Quelques jours après les mêmes commandans firent ſavoir à ſa Majeſté, qu'ils avoient auſſi battû les Lekzies de Tellé, qu'après les avoir purſuivis juſqu'à la riviére Semour ; ils en avoient fait un grand carnage dans un lieu nommé Kaſſour, rendant captives leurs familles, & nettoïant les plaines de Giar & de Tellé de cette ſéditieuſe tribu ; mais qu'enfin, à leur retour, par l'ordre du deſtin, deux cent Perſans avoient péris dans les neiges.

Après toutes ces nouvelles, l'armée roïale quitta les bords du Kerkan, & paſſant par les dehors d'Aſtrabad arriva à Echeref, lieu agréable, où elle ſe repoſa pendant trois jours, & pourſuivant ſon deſſein, elle continua ſa marche par la voïe de Sovad.

Dans le nombre des événemens remarquables de cétte année fût le danger que ſa Majeſté courût en Mazenderan, dont les provinces fortifiés ſous les anciens rois conſiſtoient en bois & en épaiſſes forêts.

3 Mai.

Un Dimanche, vingt-huitiéme du mois Sefer, lorſque la conjonction de Mars & du ſoleil eût ſuccédé à celle des deux planétes de mauvais augure, Nader avec ſon Haram, ſa ſuite, & une compagnie de ſes gardes, aïant paſſé le Pel Sepid, ou Pont blanc, ſe trouva dans le diſtrict de Sovadkouk entre Zirab & Pehigian, près du chateau d'Olad, place dont fait mention le poëme héroïque Chahnamé. En ce lieu un miſérable s'étant mis en ambuſcade

HISTOIRE DE NADER CHAH.

buſcade derriére un arbre, à vingt pas de diſtance, prit l'invin- A.D. 1741.
cible Sultan par le but de ſon mouſquet. Nad. 54.

La Providence divine préſerva la vie du héros, mais la balle raſa ſon bras droit, en y faiſant une légére bléſſure d'environ un pouce de largeur, & paſſant ſur ſa main alla frapper ſon cheval à la tête, lequel s'abatit auſſi-tôt. Le prince Riza Kuli Mirza, & les gardes de ſa Majeſté, confondûs d'un tel accident, ſe hâtèrent de courir après le traître, mais il leur échapa à travers des bois, & ils perdirent ſes traces dans l'épaiſſeur de la forêt. Ainſi les ſoins de l'Eternel repouſſoient avec le bouclier de ſa merci les traits du dangers lancés contré ce conquérant; ainſi ils détournoient les boufées de vent qui ſouffloient contre la lampe illuminatrice du monde, vérifiant ce que dit le livre ſacré, " Ils déſiroient " d'éteindre avec leur ſouffle le lampe de Dieu, mais Dieu a " rendû ſa lumiére parfaite."

Pour en revenir à notre narration; quand l'armée fût parvenûë en Tehran, Riza Kuli Mirza eût ordre d'y établir ſes quartiers d'été & de réſider dans cette province, dont les revenûs lui fûrent deſtinés. Vers le milieu de Rabiu'lavel les troupes roïales ar- Mai. rivérent à Kazvin, où aïant ſéjourné quinze jours, elles ſe mîrent en marche pour Kebla par la route de Keratchédague & Berdá; & de là allérent en avant par Chadaghi. Sur la route, les chefs des tribus des Lekzies, qui s'étoient retirés ſur la pointe des rochers d'Alborz, & dans les lieux inacceſſibles du Dagheſtan, vinrent au camp, & eûrent l'honneur de baiſer le marche-pied du trône de ſa Majeſté; ils promirent obéïſſance, ſervice, & tribut.

A.D. 1741.
Nad. 54.
Août.

Dans le commencement de Gemadilakhri les tentes fûrent fixées aux extremités du Dagheftan, où fa Majefté apprit les défordres arrivés en Kharezme, & le meurtre de Taher Khan, prince de ce païs, dont voici le détail.

Quand l'armée étoit en Kharezme, une bande d'Ouzbegs & d'Araliens obftinés, qui en habitoient la partie feptentrionale, confinant à Kizak, s'enfuirent à l'approche des conquérans; alors Pourali, fils d'Abou'l Kheir Khan, étoit prince de Kizak; il joignit les fugitifs, affiégea & prit le chateau de Kheïou, tua Taher Khan & plufieurs des commandans roïaux, après quoi il s'empara de la principauté de ces contrées.

Sur ces nouvelles fa Majefté ordonna au prince Nafralla Mirza, ainfi qu'à plufieurs officiers des conduire les troupes du Khoraffan contre ces rebelles, & de reprendre les territoires qu'ils avoient envahis; elle nomma Mohammed Ali Khan Kirklou, & Hagi Seifeddin Khan Beïat, directeurs de la maifon du prince, & les aïant inftruits de fes intentions, les envoïa en Khoraffan avec ordre de faire les préparations nécéffaires pour cette expédition, & de fe rendre pour le jour du nouvel an en Kharezme, dans l'armée du prince.

L'armée impériale aïant féjourné un mois entier à Gazikmouk, Khasfoulad Khan, Serkhaï, Ofmeï, & plufieurs autres chefs, vinrent au glorieux camp, & baiférent le facré marche-pied; leur foumiffion leur merita de grandes faveurs de fa Majefté; ils en reçûrent de magnifiques robes, & de chevaux avec des caparaçons d'or.

Au

HISTOIRE DE NADER CHAH.

Au commencement du mois Regeb, Nader Chah marcha contre les rebelles d'Oar, qui habitoient la partie la plus reculée du Daghestan, joignant la Circaffie. Il est impossible pour le courfier de la plume de traverfer la vallée de la defcription de ces routes difficiles & raboteufes.

A.D. 1741.
Nad. 54.
Septembre.

L'entiére étendûë de ce païs est de douze jours de marche, dans laquelle on ne trouve pas un feul terrain uni, & à peine un fentier où deux foldats d'infantérie puiffent paffer de front; dans le plus fort l'été, les collines y font rarement dépourvûës de neige, & fes plus extrémes chaleurs font femblables à l'hyver des autres contrées.

L'armée aïant demeuré quinze jours dans ces quartiers pour punir les rebelles, il arriva qu'une troupe de foldats, faute de guides habiles, fe trouvérent dans un lieu inconnû entre des monts couverts de neige, où en étant venû aux prifes avec l'ennemi, quelques uns d'entre eûx revinrent dans les regions heureufes, tandis que d'autres tombérent dans celle de la miſére.

C'étoit alors le tems de l'entrée du foleil dans le figne du Scorpion; & la violence des neiges, & des pluïes empêcha l'armée roïale d'achever la réduction de la tribu d'Oar; en conféqueuce elle quitta fa ftation, & Serkheï avec fa famille la fuivit à Derbend.

Au commencement de la marche de l'Empéreur contre la tribut d'Oar, Ofmeï avoit été envoïé à Kerakeitaf pour tranfplanter quelques familles de Lekzies, & pour faire parmi eûx des levées de foldats qui devoient venir joindre le corps d'armée à Derbend. Au retour de Nader, & lorfqu'il étoit dans le voifinage de

Tcherag,

A.D. 1741.
Nad. 54.

Tcherag, diſtrict du Dagheſtan, il apprit que ces troupes, après avoir quitté Kerakeitaf, & en traverſant les forêts, avoient à l'inſtigation d'Oſmeï, été attaquées par une compagnie de Lekzies, & que ne pouvant former un corps dans ces étroits défilés, elles avoient été battûës, & perdû leurs bêtes de charge, & leur chevaux.

5 Octobre.

Cette nouvelle ſouffla le feu de la colére dans l'âme de ſa Majeſté, & la fît réſoudre de ne point tourner ſes étendars d'un autre côté juſqu'à ce qu'elle eût ſubjugué des rebelles ſi opiniâtres. Elle ordonna donc qu'on amaſſa des proviſions depuis Teflis, auſſi-loin que Tauris, Khelkhal, & Ardebil, & qu'avec de l'artillerie on les fît parvenir le cinquiéme de Chaaban, au camp en Derbend ſur des bêtes de charge.

14 Octobre.

Le quatorziéme l'Empéreur, laiſſant le camp & les bagages, marcha à la tête d'un eſcadron vers Kerakeitaf, fît conſtruire des forts depuis Derbend juſqu'aux extremités du païs des Lekzies, à la diſtance de deux ou trois paraſanges l'un de l'autre, dans chacun deſquels il laiſſa des troupes avec ordre de ſe ſaiſir de tous les territoires de ces rebelles, & de les pourſuivre juſqu'à ce qu'ils fûſſent anéantis.

8 Novembre.

Le dix de Ramazan ſa Majeſté retourna à l'armée, & aïant choiſi ſes quartiers d'hyver en un lieu rempli d'eau & de fourages, y établit ſon camp, y plaça ſon ſérail, commandant aux chefs de ſon armée de ſe bâtir des maiſons de timbre & de canne, pour ſe mettre à l'abri des rigueurs de la prochaine ſaiſon.

Voici à préſent ce qui arriva d'heureux pendant ces tems.

On

On a vû que dans les forêts du Mazenderan il avoit été tiré un coup de mousquet sur la personne sacrée de l'Empereur; la tribu de Taimni avoit été soupçonnée de cet attentat, parce qu'alors quelques uns d'entre eûx avoient pris la fuite; les fugitifs poursuivis avoient étés pris sur les confins d'Oubé & de Chasilan, & conduits devant la présence roïale. On avoit appris d'eûx qu'un serviteur de Dilaver nommé Neikcadem avoit fait cette horrible entreprise à l'instigation d'Aka Mirza, fils de Dilaver; celui-ci fût puni comme il le méritoit, tandis que l'assassin Neikcadem sauva sa vie par une sincére confession de son crime, & eût seulement les deux yeux arrachés.

A.D. 1741.
Nad. 54.

Un ambassadeur de Mohammed Chah, puissant empereur de l'Indostan, arriva au camp, chargé de présenter de riches dons à sa Majesté, & pour la féliciter de ses conquêtes du Touran & du Kharezme: il fût reçû, & congédié avec de grands honneurs.

D'un autre côté, Nezif Efendi & Menif Efendi fûrent envoïés par la Porte, accompagnés d'Hagi Khan, ambassadeur de sa Majesté en Turquie, & ils parvinrent à la haute cour dans le mois de Zoulkaadé.

Nader Chah avoit auparavant reçû une lettre de l'empéreur Ottoman, qui refusoit l'établissement de la secte de Giafer, & la démande d'ériger un cinquiéme pillier dans la mosquée de la Mecque.

En conséquence, il fît la réponse suivante:

" Avant

A.D. 1741.
Nad. 54.

"Avant que l'empire de l'Iran appartint aux Sultans Turc-
"mans, quelques provinces de la Natolie, des Indes, & du
"Turqueſtan, fûrent annexées à cet état. Lorſque par les dé-
"crets du fort le dit empire eût été transféré à la race de Sefevi,
"Balkhe, & ſes dépendances, tombérent en la poſſeſſion des
"Ouzbegs, l'Irak en celles des Arabes; Cabul paſſa ſous la
"domination des empéreurs de l'Indoſtan; Diarbecr & une
"partie de l'Azarbigian obéïrent à la Porte; les limites entre
"Timour, & les anciens empéreurs fûrent reconnûës & rétablies.
"Quand par la faveur de la Providence nous fûmes élevé au
"trône de Perſe, nôtre deſſein fût, avec l'aide du ciel, de réunir
"à l'empire toutes ces provinces qui en avoient été démembrées;
"excepté celles qui étoient poſſédées par les Turcs. Nous dé-
"ſirâmes que ſa Majeſté l'empéreur Ottoman acceptât d'abord
"nôtre propoſition relative à la cinquiéme ſecte, comptant de
"reſſerrer par là les nœuds de l'amitié qui uniſſoient les deux
"empires, de maniére que tout ſujet de diſſention fût anéanti
"entre nous, & que les poſſéſſions des deux ſouverains demeu-
"raſſent inalterables. Comme nôtre juſte demande ne fût pas
"acceptée, & que nous perſiſtons à croire que l'établiſſement de
"la cinquiéme ſecte aſſûrera la paix entre les vrais craïans, &
"comme l'empéreur des Turcs eſt le Calife de la vraie réligion,
"nous ſommes bien aiſe de manifeſter à tous nos ſecrettes in-
"tentions; & nous déclarons, qu'avec une inclination amicale
"& fraternelle, nous ſommes réſolûs d'aller nous mêmes en
"Turquie, eſpérant que dans une conférence entre nous & l'em-
"péreur Ottoman nous conclûrrons cette grande affaire à nôtre
"mutuelle ſatisfaction."

Pendant que tout ceci ſe paſſoit, Oſmeï, qui tâchoit d'obtenir
grace pour ſa trahiſon, envoïa ſon fils & deux de ſes filles en
ôtage

HISTOIRE DE NADER CHAH.

ôtage à la cour, fous la conduite de plufieurs de fes chefs. Enfin les affaires du Dagheftan étant prefque terminées, Nader Chah congédia les Effendis chargés de fa lettre.

A.D. 1741.
Nad. 54.

Cependant, dans les faveurs que le Roi des rois conferoit à fa Majefté, celle de la préfervation de fon armée fût toûjours marquée vifiblement. Au plus fort de l'hyver, lorfque la neige & les pluïes ne ceffoient avec leurs longs fils d'ourdir un blanc manteau pour couvrir les plaines, des provifions étoient apportées de toutes les contrées de l'empire, & rempliffoient le camp d'une telle abondance, que l'armée auffi nombreufe que les étoiles eût tout à fouhait, malgré l'aprêté du froid, & la ftertilité du païs.

Quoique dans les plaines de Mogan (comme il a été raconté ci-deffus) la fecte erronée, qui avoit autrefois prévalû, eût été expulfée de l'Iran, toutefois pour confirmer ce changement de religion, fa Majefté trouva bon de faire publier depuis Derbend jufqu'aux extrémités des provinces de Cabul & de Peichaver, une ordonnance roïale dans ces termes :

" Que tous les gouverneurs, chefs, & favans auffi nom-
" breux que les Cherubins, que tous les explicateurs des loix, les
" magiftrats des cités, les péres de familles, les commandans,
" ainfi que tous les habitans de l'empire facré, enfin tous ceux
" qui fe répofant fous l'ombre du palais éternel de nôtre empire,
" efpérent en nôtre protection, fachent, que, dans l'année 906
" Chah Ifmaïl Sefevi, aïant entraîné les peuples comme des
" troupeaux à fuivre fes innovations, pofa parmi eûx les fonde-
" mens de l'héréfie, que par là il ralluma la haine parmi les
" vrai-croïans, & éleva l'étendart de la diffention, de maniére

A. D. 1500.

PART II.   R   " que

"que le sang des fidéles fût répandu de tous côtés ; que pour
"ces raisons, lorsque dans la grande assémblée des plaines de
"Mogan, les peuples de l'Iran nous supliérent d'accepter l'em-
"pire, nous ne condescendimes à leurs défirs, que sous la con-
"dition que ces déstructives erreurs de Chah Ismaïl fussent abolies,
"& que la domination des Justes Califes (auxquels Dieu fasse
"paix !) fût reconnuë, comme elle l'étoit du tems de nos illustres
"aïeux ; qu'en conséquence nous consultâmes les gens de notre
"cour, doués de savoir & d'intelligence, les éclairant par le
"soleil de notre présence roïale ; qu'ils nous informérent ; qu'-
"après la mission du meilleur des prophétes (sur qui & ses
"compagnons soit éternellement la grace du Très-haut) chacun
"de ses successeurs dépensérent leurs vies & leurs fortunes pour
"établir la veritable croïance ; qu'ils abandonnérent à cet effet
"amis & parens, & supportérent constamment toutes sortes de
"rebuts & de blâme, tant des grands que des petits ; que par
"cette conduite ils obtinrent les plus signalées faveurs du pro-
"phéte, & furent honnorés de ce verset de l'Alcoran, descendu
"exprès pour eûx ; " Les plus excéllens des hommes sont ceux
"qui fuirent avec le prophéte, qui l'assistérent, & tous ceux qui
"leur sont généreux ;" qu'après la mort du grand prophéte, le
"Califat fût l'héritage de ses illustres compagnons, devenûs guides
"de la religion, & directeurs de ses rites & ordonnances ; que le
"premier fût un des deux elûs, qui avoient été enfermés avec
"lui dans la cave, le glorieux Ahmed Mokhtar Abou Becr le
"Vrai (sur qui soit la paix de Dieu !) que le second fût le grand
"ornement de la chaire & de l'autel, Omar Ben Elkhotab ; qu'à
"celui-ci succéda l'éclairé Osman Ben Afan, après lequel regna
"le victorieux lion du Très-haut, le merveilleux Ali Ebn Abi
"Talib (à qui Dieu fasse paix !) ; que chacun de ces califes préser-
"vérent la plus stricte unanimité pendant leurs régnes, & fûrent

" affranchis

" affranchis de diſſenſions & de diſputes ; qu'ils conſervérent
" l'amitié fraternelle, & expulſérent l'héréſie & l'infidelité ;
" qu'après la mort de ces quatre califes, les croïans continuérent
" dans la concorde ſur les points eſſentiels, bien que les mois &
" les années eûſſent amenés quelque changement, & produits
" quelques différences au ſujet des jeûnes, des priéres, & des
" pélérinages ; le fond de la réligion étant toûjours le même ; qu'en-
" fin il n'y cût ni diſcontinuité ni défaut dans le pûr amour en-
" vers le prophéte, ſes compagnons, & ſes enfans, juſqu'au tems
" qu'Iſmaïl Chah répandit ſes erreurs : qu'en conſéquence de ces
" inſtructions parvenûës aux Perſans par nos ordres, ceux-ci aï-
" ant abjuré leurs héréſies, & s'étant ſaiſis des bords de la robe
" de la révérence pour les quatre pilliers ſupportant l'édifice de la
" religion, nous acceptames l'Empire en cette conſideration, &
" réſolûmes d'établir la cinquiéme ſecte de Giafar ; que nous
" envoïames déclarer nôtre deſſein, dans l'éſpoir qu'il ſeroit
" approuvé à ſa haute Majeſté exaltée au deſſus des étoiles,
" ſeigneur des deux continens, & des deux mers, ſerviteur
" des deux cités ſacrées, un ſecond Iſcander Zoulcarnein, le
" protecteur de la religion avec la dignité de Dara, l'empéreur
" des Turcs, dont le conſentement auroit produit une paix &
" un bonheur durable : que depuis que les plaines de Derbend
" ſont éclairées par nos fortunées banniéres, & ornées par nos
" glorieuſes troupes, nous avons conſulté ſur les moïens d'achever
" cette grande entrepriſe, & d'en rendre le ſuccès inalterable ;
" aïant entendû en pleine aſſemblée les opinions des chefs de
" nôtre réligion, & celle de tous les hommes ſavans qui étoient
" avec nous ; qu'ils ont éclaircis tous nos doutes, entiérement
" écarté le voile de l'incertitude, & ôté tout ſujet d'héſitation,
" en nous convainquant plus que jamais, que toutes ces héréſies
" & diſputes ne viennent que de Chah Iſmaïl, & que ſans lui tous

A.D. 1741.
Nad. 54.

" les

" les fidéles auroient été unis de croïance dans les points fonda-
" mentaux de la réligion.

" A ces causes, par l'assistance du Trés-haut, nous faisons pu-
" blier cette très-noble & très-sacrée déclaration, ordonnant que
" tous nos sujets reconnoissent que la légitime dignité des quatre
" califes n'a jamais été disputée que depuis l'hérésie de Chah Is-
" maïl, & qu'ils y ont des droits établis dès le commencement
" de la réligion Musulmane; nous enjoignons à nos dits sujets de
" rénoncer à toute erreur contraire, & aux prédicateurs de ne
" nommer en chaire ces quatre califes, qu'avec les titres qui
" leur sont dûs; & d'accompagner toûjours leurs noms du sou-
" hait de la paix du seigneur sur eûx. En outre nous voulons,
" que le très-excellent & très-illustre Mirza Mohammed Ali
" soit le ministre de nôtre volonté, & rende publique cette or-
" donnance dans toute l'étendûë de notre domination, afin que
" tous & un chacun s'y soumettent, & soïent assûrés que par la
" moindre opposition à notre décret ils encouroient la colère du
" ciel, & notre rédoutable ressentiment."

CHAPITRE

CHAPITRE VI.

Evénemens de l'année du Chien & de l'Hégire 1155.

LA nuit du Mecredi quatorziéme du mois sacré de Moharrem, le raïonnant soleil entra dans son palais du Bélier. L'Osmeï de l'hyver, qui avoit oppréssé les troupes de plusieurs plantes colorées, & dépouïllé de leurs ornemens les berceaux de roses, s'enfuit, ainsi que les Lekzies dés frimats, & des glaçons; ils quittérent les montagnes du Daghestan à l'approche des troupes printaniéres. Le vil imposteur Bahman, qui sortant des régions du Touran, & voïant les jardins dépourvûs des Kizlebaches des roses flamboïantes, avoit élevé l'étendart de l'indépendance, fût détruit par l'impetuosité de l'armée du printems.

A.D. 1742. Nad. 55.

Ce même Mecredi la fête du nouvel an fût célebrée avec pompe, allégresse, & prospérité.

Nader Chah avoit résolû de ne point perdre de tems pour terminer avec le Turc sa grande entreprise sur l'établissement de la cinquiéme secte. Son intention étant de mettre, ensuite, ordre aux affaires de ses états, de résigner l'empire à un des princes ses fils, & se retirer à Kélat son ancien domicile, & de donner ainsi un fameux exemple de la briéveté des régnes de ce monde.

Dans ce dessein, il ordonna à d'ingénieux architectes, à d'habiles géométres, à de laborieux artistes, de se rassembler à Kélat, d'y élever de superbes édifices, & de magnifiques palais, dont les

faites

A.D. 1742.
Nad. 55.

faites pûſſent atteindre la voute de la ſeptiéme ſphère; d'y batir des maiſons, des bains, des boutiques, des caravanſeraïs; d'y conſtruire des aqueducs, où ils conduiroient des eaux ſemblables aux ſources de Couſſer, d'auſſi beaux lacs que le puit de Zemzem, & clairs comme la fontaine de Selſebil. Il fît auſſi apporter, dans cette place la mieux fortifiée de l'univers, ce qu'il y avoit dans ſon roïaume de plus précieux en meubles, robes, ornemens, neceſſaires pour ſon palais & pour ſa glorieuſe garderobe; enfin il renferma toutes ſes richeſſes dans ce ſéjour auſſi délicieux que le paradis & que les jardins éternels.

19 Mai.

Le Mardi vingt-cinquiéme de Rabîelevel, lorſque le ſoleil étoit au milieu des Jumeaux, & que l'air étoit temperé, l'armée roïale ſe mît en marche pour punir les revoltés de Tabriſran; elle quitta le déſert de Caferi, & aïant ſaccagé, ruiné, & brulé les maiſons des rebelles, elle détruiſit leurs champs, & ne laiſſa aucun trace d'eûx. De là les héros ſe répandirent dans les autres diſtricts du Dagheſtan, ravageant les villages, les chateaux, les habitations comme le feu au milieu du coton, les loups parmi les troupeaux, un torrent à travers des ruines.

Le Chemkhal ou prince de Dagheſtan & Serkhaï fûrent pendant ce tems preſque toûjours dans les troupes roïales, & ſe montrérent très-ardens à faire le ſervice; mais Ahmed Oſmeï craïgnant le chatiment dû à ſa trahiſon, ſe fortifia dans le chateau de Kereiche, ſur le ſommet d'un mont très-élevée, dont les défilés étoient de difficile accès, les côtés entrourés de forêts, & de bois, & qui avoit un ſeul ſentier, ſi étroit qu'à peine on pouvoit s'y tenir.

Après

Après que les rebelles du Daghestan fûrent réduits, les affaires de ce païs & de celui d'Oar reglées, sa Majesté s'avança elle-même vers ce fort inaccessible d'Osmeï. Pendant trois jours les champions courageux comme des éléphans, & furieux comme des lions, continuérent l'attaque, & après de violens assauts, & de terribles sécousses, prirent possession de la montagne, & du chateau ressemblant au firmament.

A.D. 1742.
Nad. 55.

Osmeï se voïant dans cette extremité s'enfuit du côté d'Oar, laissant derriére lui sa famille, & plaçant son pied sur les plaines du péril. La garnison & les habitans de Kerakeitaf tournérent vers le grand conquérant la face de la supplication, & touchérent de leur front la terre qui étoit sous ses pas. Sa Majesté pardonna leur offense, & ordonna seulement que leur forteresse batie de pierres & de briques fût rasée.

On a vû ci-dessus qu'après la conquête du Kharezme, & la punition d'Ilbars, Taher Khan avoit été établi Vali de cette principauté. Il a été dit comme sa Majesté, étant en Daghestan, avoit reçû la nouvelle de la mort de ce prince, causée par la rebellion d'Abou'l Kheir Khan, joint à Ertouk Eniak, & aux autres mécontens d'Aral, lesquels, après avoir rompû les liens de l'obéïssance, s'étoient choisis pour gouverneur les fils d'Abou'l Kheir Khan; on a raconté comment sa Majesté, irritée de voir païer ses bienfaits & sa clémence de tant d'ingratitude, avoit envoïé Nasralla Mirza son lieutenant général en Khorassan pour châtier les revoltés, lui ordonnant de conduire toutes ces forces, & son artillerie contre Kharezme, & de s'y rendre pour le jour du nouvel an.

Quand donc Ertouk Eniak, & les autres chefs d'Aral & du Kharezme, fûrent informés de la marche du prince, & fûrent revenûs

A.D. 1742.
Nad. 55.

venûs de leur yvreſſe cauſée par le vin de l'ambition, ils ſe repentirent de leur folie, & remplis de crainte, ſe hâtérent de ſe rendre en Khoraſſan ; ils rencontrérent Naſralla Mirza près de Merou, & lui démandérent pardon & merci, & offrirent de rendre les priſonniers, & d'enroler de nouvelles troupes dans ſon armée.

Le prince s'arrêtant à Merou, envoïa demander la volonté de l'Empéreur, auſſi puiſſant que Soliman, qui, en conſidération de cinq cent fidéles Ouzbegs qu'il avoit dans ſon armée, pardonna aux rebelles, & à la requête de ces vaillans ſoldats, donna la principauté du Kharezme à Abou'l Mohammed fils d'Ilbars, qui avoit pris refuge ſous l'ombre des victorieuſes banniéres du prince. Sa Majeſté voulût auſſi qu'Ertouk Eniak remplit une poſte conſidérable, & celui-ci fît paſſer ſon frére & pluſieurs chefs dans le ſervice de l'armée roïale.

Les ordres que le prince reçût portoient en même tems de choiſir un nombre conſiderable de ſoldats d'Aral & de Kharezme, & de les envoïer au camp, de relacher les priſonniers, & de tranſplanter en Khoraſſan les tribus de Tekki & d'Yemout, qui ſe troùvoient alors en Kharezme.

24 Juillet.

Les chefs de ces tribus, s'étant ſoumis au decret roïal, reçûrent la permiſſion de ſe retirer, & le prince ſe mit en marche pour retourner en Khoraſſan, où il arriva le vingt-deux de Gemadi'lakhri.

CHAPITRE

CHAPITRE VII.

Un imposteur sous l'habit de Derviche fait soulever Balkhe; réduction de cette province.

LORSQUE sa Majesté s'occupoit à mettre ordre aux affaires du Daghestan, elle apprit le soûlévement de Balkhe, qui arriva de la maniére suivante.

A.D. 1742.
Nad. 55.

Vers le milieu du mois Chaval, un homme d'origine inconnûë venant d'Oubé & de Chaffilan, & revêtû d'un habit de Derviche, se rendit à Endekhod, & delà à Balkhe; & s'arrétant dans la sainte demeure de Chahmerdan, il prétendit être un Imam, & faire des miracles; aussi-tôt, Ismitalla, Saïd Cheiourgali, & plusieurs chefs Ouzbegs, le suivîrent, ainsi qu'une multitude de bas peuple; de maniére qu'en peu de jours il rassembla autour de lui dix, ou douze mille hommes.

Commencement de Novembre.

Neïaz Khan, gouverneur de la province, fût d'abord infatüé de cet imposteur, & se soumettant à lui, frotta de ses paupiéres les pas qu'il traçoit, jusqu'à ce que voïant son pouvoir monter au plus haut degré, il craignit pour lui-même, & envoïa un corps de troupes pour le combattre. Le prétendû Derviche fût victorieux, le gouverneur battû, le lieutenant de Balkhe, & plusieurs officiers tués, & les Ouzbegs, rendant la sédition générale, tant au dehors qu'au dedans de la ville, massacrérent tous le Khorassaniens qu'ils rencontrérent; enfin Neïaz Khan fût obligé de se fortifier dans la citadelle en attendant du sécours.

PART II.   S   Nader

A.D. 1742.
Nad. 55.

28 Decembre.

Nader Chah aux premiéres nouvelles de ces troubles envoïa pour les appaiser, & pour en punir les auteurs plusieurs compagnies de soldats du Khorassan, dont il donna le commandement à Mohammed Hussein Khan, à Alla Virdi Beg, & à Mohammed Kassem Beg : ces troupes étant parties avec de l'artillerie & des munitions, le douziéme du mois Zoulheggia, sa Majesté reçût avis qu'elles avoient vaincûs les rebelles; que dans le combat Ismitalla protegé du Derviche, & par lui nommé à l'empire du Turquestan, avoit été blessé d'un coup de mousquet, ce qui avoit jetté les troupes revoltées dans un grand désordre; que l'imposteur s'étoit fortifié dans le chateau de Chahmerdan, qu'enfin deux jours après Ismitalla aïant été conduit par sa blessûre dans la maison du châtiment, le chateau avoit été pris par les Persans, & le Derviche lié, & chargé de chaines, amené au gouverneur, ses sectateurs dispersés, plusieurs des séditieux faits prisonniers, & punis. L'Empéreur manda alors à ses officiers de continuer nonobstant ses succès d'executer ses ordres, en ne laissant point se relâcher le lien de leur entreprise, & de s'unir au gouverneur pour extirper toute sémence de troubles, en détruisant entiérement ceux qui les causoient.

Cependant, après qu'Osmeï eût porté ses pas errans du côté d'Oar, & que ses chateaux eûrent été démolis, après que par les courfiers des conquérans tous les districts du Daghestan eûrent été foulés, & chatiés par la valeur des héros; après que Chemkhal & Serkhaï se fûrent enrolés dans le service impérial, & qu'avec les chefs de Koban, de Nogaï, & de Circassie, ils eûrent été forcés de porter le collier de l'obéïssance, auquel ils n'avoient pas étés accoutumés; tous ces païs rentrérent dans le devoir & la tranquillité.

En ce même tems arriva une lettre de Mahmoud Khan, Empéreur des Turcs, par laquelle il s'excusoit de ratifier l'établissement

de

HISTOIRE DE NADER CHAH.

de la fecte de Giafar, & d'élever un nouveau pillier dans le temple de la Mecque, proteftant qu'au lieu de ces deux articles il foufcriroit à tous les autres défirs de fa Majefté.

A.D. 1742.
Nad. 55.

Comme l'année d'auparavant les deux Effendis étoient venûs de la Porte chargé du même méffage, & que fa Majefté avoit fait notifier par eûx à l'empéreur des Turcs fon deffein d'aller en Turquie après la réduction du Dagheftan; elle ne fît que lui renouveller la même déclaration, lui anonçant clairement la marche qu'elle alloit faire prendre à fon armée.

En effet, après avoir donné le gouvernement de Derbend à Mohammed Ali Khan, & lui avoir laiffé des troupes pour s'y foutenir, Nader fit déploïer fes étendars pour quitter le Dagheftan.

Le Lundi quinziéme de Zou'lheggé, l'armée roïale prit la route de Mogan; ce même jour le beau tems changea tout à coup; la neige & la pluïe tombérent fans relache du grand paffoir du firmament fur la plaine obfcurcie: les groffes gouttes que verfoient les nuées ne rompoient pas dans leur chute le cordon de leur effufion continuelle; mais plûtot defcendoient comme des torrens: les ruiffeaux, qui couloient des montagnes, rappelloient aux fpectateurs le fouvenir de la voïe lactée, & la face de la terre enflée par les eaux alloit toucher les étoiles. Quantité de béftiaux périrent par l'excès du froid, & par la profondeur de la neige; une grande partie des munitions fûrent perdûës dans les boües & dans les orniéres; on demeura quarante jours à faire les cinq ftations qu'il y avoit depuis Derbend jufqu'à la riviére Ker, fur les bords de laquelle l'armée arriva enfin, lorfque le foleil étoit dans le dernier degré du figne des Poiffons.

31 Decembre.

S 2   CHA-

CHAPITRE VIII.

Evénemens de l'année du Pourceau & de celle de l'Hégire 1156.

A. D. 1743.
N:d 56.

Avril.

Fevrier &
Mars en
Syrien.

LE vingt quatriéme de Moharrem, un Jeudi quarante minutes avant la premiére heure, la nuit couvrit son sein d'une robe couleur de musc, & orna son front des deux étoiles brillantes de la jeune Ourse. Mais lorsque le Sultan du jour, que la froide saison avoit confiné dans sa demeure secrette des Poissons, eût passé dans sa maison de plaisance du Bélier, le léger méssager Zéphire, envoïé par le printems victorieux monarque, arriva dans le palais du jardin de roses, & étala le riche présent de ses doux parfums; les ministres de la nature couvrirent les parterres de guirlandes de fleurs. L'armée d'Ardibchechet s'avançant mît le siége devant les forteresses des bocages & des collines; les Pachas souverains du nouvel an envoïérent, comme ambassadeurs, les vents frais pour appaiser la dispute commencée avec le puissant monarque Chebat & le Sultan Azar. Les Effendis des cyprés & des pins vinrent abbâtre les arbres des querelles & des dissensions: les seigneurs des buis, & des ormeaux, les Kazis des boutons d'églantine, qui tiennent la premiére place dans les jardins, répandirent leur lumiére de tous côtés, & écrivirent le diplome public de joïe & d'allégresse; enfin les brillantes roses avec les javelines de leurs épines acérées percérent les froides troupes de l'hyver, qui avoient si long tems infestés leurs bosquets.

Après que la fête du Neurouz eût été célébrée par toutes sortes de divertissemens, l'armée roïale passa le pont de Giovad, & campa dans les plaines de Mogan, où elle se reposa pendant vingt jours.

Ensuite

HISTOIRE DE NADER CHAH.

Enfuite elle fe mît en marche par la voïe de Karatchemen, & paffa à quatre parafanges de Tauris. Sa Majefté donna le gouvernement de cette derniére ville, ainfi que le commandement des forces de l'Azarbigian, à Achour Khan Papalou, choififfant fix mille hommes dans fon armée fortunée pour le foutenir; elle ordonna aux gouverneurs de Derbend, de Chirvan, de Teflis, d'Erivan, & de Karabag, ainfi qu'à celui des Afchars, d'être toûjours prêts à s'affifter mutuellement en cas de neceffité.

A. D. 1743.
Nad. 56.

Le prince Nafralla, qui refidoit en Khoraffan, fût alors mandé à la cour, où il arriva le vingt quatre de Rabielevel accompagné des nobles princes Chahrokh & Imam Kuli Mirzas; dans leur fuite étoit un ambaffadeur de l'empéreur des Indes, chargé de préfenter de nouveaux dons, dans le nombre defquels étoit une porte admirablement bien travaillée, ornée de feüillages rouges de bois de Sandal (que dans la langue Indienne on nomme Bangalah) & dont le grillage étoit l'ouvrage des plus habiles artiftes. Cet ambaffadeur aïant été reçû avec de grands honneurs, les étendars femblables aux cieux fe mîrent en marche, & de ftation, en ftation arrivérent à Senendege.

8 Mai,

Sa Majefté, qui avoit depuis long-tems déterminé d'aller en Turquie par la route de Bagdad, fît paffer fes canons deftructeurs en Kermanchahan par le chemin d'Hamadan, & ordonna qu'il reftaffent en Zohab, place frontiére de la province de Bagdad, dont Ahmed Pacha étoit gouverneur. Celui-ci voïant le deffein de Nader Chah, lui envoïa Mohammed Akaï, maître de fa maifon, avec des chevaux Arabes, & des préfens confidérables; & lui fît dire que, " Quoiqu'il lui voüa foumiffion & amitié, il le prioit
" de confidérer qu'un général de la Porte ne pouvoit fans un
" déshonneur éternel lui abandonner entiérement une place qui
" lui avoit été confiée."

A.D. 1743.
Nad. 56.

Sa Majefté reçût en bonne part ce meſſage, & envoïa pluſieurs détachemens pour s'emparer de Sameré, Hillé, Negef, Kerbelaï, Haſſaké, Rematimé, & pluſieurs autres places ſur les bords du Dialé (Tigre) de la dépendance de Bagdad; elle nomma pour commander ſes troupes dans les environs de Baſra, Kougé Khan Cheikhlou, & lui aſſocia les gouverneurs d'Haviſé, de Chouſter, de Dezfoul, & celui des Arabes de ce quartier. Elle ordonna auſſi aux régimens qui étoient proches d'Haviſé d'aller au delà de Chattolarab, pour ſe mettre en action, ſelon les ordres donnés à tous.

5 Juin.

Le neuviéme de Gemadilaveli, Naſralla Mirza, & les autres princes, avec le bagage & ammunitions ſupernumeraires, ſe mîrent en marche pour Hamadan.

L'ambaſſadeur Indien fût congédié aprés avoir été baigné dans la roſée de la munificence roïale; Nader Chah envoïa à l'empereur de l'Indoſtan quantités de piérreries, & pluſieurs vaſes garnis de perles, à la valeur de cinq lacs (chaque lac, ſelon la ſupputation de ce tems, étant cinq mille tomans) il joignit à ces préſens cent & une chaines d'élephans, grands comme des montagnes : le tout fût confié à Mirza Mohaſſen Nichapouri néveu de Saádet Khan; il renvoïa avec ces deux ambaſſadeurs les muſiciens & les danſeurs, qu'il avoit améné de Chahgehanabad pour enſeigner aux Perſans la muſique & la danſe des Indiens.

Sa Majefté, aïant réſolû d'établir ſes quartiers d'hyver aux environs de Bagdad, donna ordre que l'on tranſportât les proviſions au lieu qu'elle avoit fixé pour ſon camp; & les banniéres s'avancérent par la voïe de Chehrizour vers le chateau de Tchalan.

Khaled Pacha, gouverneur de Baban & de Chehrizour, s'enfuit; mais Selim Beg, ſon couſin, accompagné de pluſieurs chefs des
Kiurdes,

Kiurdes, se rendit à la cour impériale ; il y fût honnoré du titre A.D. 1743.
de Khan, & nommé au gouvernement de ce païs. Tous ces ter- Nad. 56.
ritoires se rendirent au grand conquérant, qui ensuite fît marcher
l'armée devers Kercouk, lieu, qui le quatorze de Gemadilakhri 26 Juillet.
fût embelli par les superbes tentes.

Les habitans de cette place, déçûs par leur confiance en ses fortifications, fermérent le sentier de l'obéïssance, & ouvrirent celui
de l'opposition. Sa Majesté, qui avoit fait prendre les devans à son
artillerie, fût obligée de demeurer quelques jours dans l'inaction
à l'attendre; mais lorsqu'elle fût arrivée, elle fit bombarder le chateau
de quatre côtés, & fît joüer ses canons & ses mortiers contre les
murs, depuis le matin jusqu'au soir.

Alors les flâmes de la calamité, comme un jugement du ciel,
descendirent sur la garnison, qui ne pouvant plus supporter l'ardeur cuisante de ces feux, demanda merci le Mardi vingt-un du 2 Août.
même mois. Sa clémente Majesté accepta leurs offres de soumission, & revêtit leurs chefs des robes de grace & de bonté ;
dans le même tems elle envoïa une détachement pour s'assûrer du
chateau d'Ardebil, une des plus solides forteresses de ces contrées,
mais qui ne tint point contre le Héros victorieux.

CHA-

CHAPITRE IX.

Le Monarque avec un cœur auſſi copieux que la mer marche contre Mouſſel, & l'aſſiége.

A.D. 1743.
Nad. 56.

NADER Chah n'ignoroit pas que le gouverneur de Bagdad avoit envoïé à Conſtantinople Mohammed Aga, auquel il avoit ordonné de repreſenter l'état des affaires, & le beſoin de traiter de la paix. En conſéquence il ſe determina à ne point paſſer Kercouk. Ce fût en ce lieu qu'il reçût la déclaration de l'empereur Ottoman, faite d'après la déciſion du Mufti, & des illuſtres Effendis ; elle portoit " Qu'il étoit permis de tuer, & de prendre " priſonniers les peuples de l'Iran, & que la nouvelle ſecte étoit " contraire à la vraïe croïance."

Les miniſtres de la Porte envoïérent ce *fetva*, ou déciſion par Abdalla Effendi, ils l'addreſſérent à Huſſein Pacha, gouverneur de Mouſſel, auquel on envoïa pour renfort, Huſſein, gouverneur d'Alep, pluſieurs autres Pachas, & de bonnes troupes.

24 Août.
2 Septembre.

Sur cette conduite ſa Majeſté ne balança plus dans ſes réſolutions ; le quatorze de Regeb ſes étendars s'avancérent vers Mouſſel, & le vingt-trois du même mois l'armée roïale arriva à quatre paraſanges de cette capitale. Koutche Pacha, gouverneur de Couï, étoit dans la garniſon ; il éperona le courſier de la hardieſſe, & à la tête d'une compagnie de ſoldats Turcs, il tomba ſur l'avant-garde de l'armée Perſanne, mais il fût repouſſé & battû,

pluſieurs

plufieurs des fiens tués, & le refte obligés de fe retirer dans la place. — A.D. 1743. Nad. 56.

Le vingt-cinq les tentes fûrent dréffées à une demi parafange de Mouffel, près du tombeau d'Younes Ebn Mati (à qui Dieu faffe paix!) — 4 Septembre.

D'abord deux ou trois favans de Mouffel vinrent à la glorieufe cour, dans le deffein d'entamer une négotiation pour tâcher d'amener les chofes à un acommodement : mais les Pachas n'approuvant point cette démarche, & perfiftant dans l'intention de défendre la ville, fa Majefté fe prépara à l'affiéger. Elle fit batir un pont, femblable à la voïe lactée, fur la riviére de Mouffel, que l'artillerie & les vaillans moufquetaires paffèrent auffi-tôt; on ne perdit point de tems à élever des batteries, & à creufer des mines.

Quand les lignes de circonvallation, lefquelles entouroient la ville, comme un océan de feu, fûrent finies, un Vendredi, huitiéme de Chaban, pendant la nuit, les canons & les mortiers commencérent à tirer fur la garnifon, & à lui faire craindre l'approche du jour du jugement; les boulets & les bombes confumoient jufqu'aux âmes, & ébranloient les fondemens des édifices. — 17 Septembre.

Ces flâmes ravageantes aïant continué pendant plufieurs jours, les Pachas virent qu'il n'y avoient aucun moïen d'éluder les volontés de l'invincible Nader, & qu'il falloit confentir à l'execution de fes deffeins. Ils envoïérent donc leurs Effendis & leurs officiers à l'augufte camp, avec des chevaux Arabes, & autres préfens, propofant d'envoïer à la Porte pour conclûrre la paix entre les deux empires de la maniére qui feroit la plus agréable à fa facrée Majefté.

PART II.   T   Le

A.D. 1743.
Nad. 56.

* Cadi.

Le généreux conquérant, qui ne defiroit rien de plus que d'éteindre le feu de la guérre, & d'établir une bonne paix, accepta cette propofition, & revêtit ceux qui la faifoient du manteau de la fureté. Les Pachas choifirent pour cette députation le * Kazi & le Mufti de Mouffel, ainfi que plufieurs commandans Turcs, afin que cette grande affaire fût traitée avec plus de poids & de fuccès à Conftantinople.

Cependant, Mohammed Aga, envoïé pour le même fujet par Ahmed Pacha, étant revenû de fon meffage, rapporta que l'Empereur Ottoman lui avoit déclaré de fa propre bouche, " Qu'il ne " croïoit pas que l'amitié & l'amour fraternel que Nader Chah " profeffoit pour lui, eûffent pû lui permetre de paffer les bornes de " leurs reciproques dominations ; qu'il auroit dû traiter de fes de-" mandes fur les frontiéres des deux empires, afin d'amener le " traité à une parfaite & folide conclufion ; mais que néanmoins " fi Nader vouloit fe défifter de fa propofition fur la cinquiéme " fecte, dont l'octroi feroit préjudiciable à l'empire Ottoman, " il donneroit pleins pouvoirs à Ahmed Pacha pour conclûrre une " paix."

10 Octobre.

Sur cette réponfe, le fecond de Ramazan l'armée fe mit en marche pour Kercouk ; mais comme fa Majefté vouloit vifiter les lieux facrés de ces quartiers, elle quitta le camp, lorfqu'on eût atteint Karapeté ; & le laiffant dans un lieu nommé Khankin, elle partit dans ce pieux deffein, accompagné feulement d'une compagnie de cavalerie.

Soliman Pacha & Mohammed Aga, fidéles ferviteurs d'Ahmed, vinrent trouver Nader Chah à Chehervar, lui offrirent des préfens confidérables, & fûrent honnorés par lui des ceinturons garnis

garnis de perles, de splendides robes, & d'autres magnifiques marques de distinction.

A.D. 1743.
Nad. 56.

En quittant la présence sacrée, Mohammed Aga retourna à la Porte pour rendre compte de sa commission, de l'acceptation d'Ahmed Pacha des pleins pouvoirs, & du départ de l'armée Persanne.

Après que sa Majesté eût visité les tombes des saints hommes (auxquels Dieu fasse paix!) elle s'embarqua sur le Tigre dans une barque qu'Ahmed avoit rendûë aussi magnifique, & aussi commode qu'il étoit possible, & aïant visité le tombeau de l'Imam Abou Hanifé (sur qui soit la grace du Très-haut!) elle retourna le même jour à sa glorieuse tente, & le jour d'après se rendit à Negef Egeref par la route d'Hillé.

Comme il y avoit dans la suite roïale, des hommes savans de l'Iran, du païs des Afgans, de Balkhe, de Bokhara, & d'autres provinces du Touran, & qu'ils avoient unanimement le désir d'éteindre toute animosité parmi les fidéles croïans, sa Majesté fît appeller ceux, qui, soit dans les saints lieux d'Hillé, soit dans la contrée de Bagdad, égaloient en savoir ceux-ci, & les rassembla dans la maison sacrée.

Après une longue discussion, il fût convenû qu'on couperoit la corde de la dissension, & qu'on nettoieroit la claire fontaine du Mohametisme du limon des doutes, & des controverses sur le sujet en question.

En effet, après que les articles de cette convention eûrent été rédigés, toutes les illustres personnes qui en étoient témoins y opposérent

A.D. 1743.
Nad. 56.

poférent leurs fcéaux ; on la dépofa dans le tréfor facré, & on en difperfa des copies dans tout l'empire.

Voici en fubſtance ce qu'elle contenoit, & par où elle commençoit :

" Quand la miſſion du glorieux prophéte (fur lequel & fa fa-
" mille foit la grace de Dieu !) fût finie, chacun de fes vertueux
" compagnons hazarda fa vie & fa fortune pour étendre la vé-
" ritable réligion ; & leur eſtimable conſtance leur mérita l'hon-
" neur de ce verſet de l'Alcoran :

" *Les plus excéllens en vertûs fûrent ceux qui s'enfuirent avec le*
" *prophéte & qui l'affiſtérent.*"

" Après le départ du prophéte pour un meilleur féjour, le droit
" de fuccéſſion & le gouvernement tomba à ces grand affociés,
" qui conduifoient l'inſtruction des peuples. Le premier Calife
" fût Ahmed Mokhtar Aboubecr le vrai témoin ; le fecond fût
" l'ornement de la mofquée Omar Ben Khotab ; le troifiéme
" Ofman Ebn Affan, & le quatriéme le victorieux lion de Dieu
" Ali Ebn Abi Talib ; ces quatres Califes marchérent dans le
" fentier de l'unanimité pendant le cours de leurs régnes, loin
" de toutes difputes & contention, préfervant la vérité intacte,
" & détournant toute héréfie de la fecte de Mahomet.

A. D. 1500.

" Les Ommiades & enfuite les Abbaſſides, qui régnérent après
" ces grands hommes, fuivirent leurs traces ; lorſqu'enfin en 906
" Chah Ifmaïl monta fur le trône de Perfe ; & par les infinua-
" tions des gens de lettres de l'Azarbigian, du Ghilan & d'Arde-
" bil, commença à attaquer les droits de ces glorieux Califes, &
" à

« à éloigner les cœurs du peuple des honneurs qui leur étoient dûs. A.D. 1743.
« Il fit anoncer dans les mosquées & dans les chaires cette héré- Nad. 56.
« tique doctrine, que la plume se refuse de tracer, & sur laquelle
« la langue voudroit garder le silence.

« Quand les Sunnites réfusérent d'embrasser ces opinions, il
« permit aux Schütes de les tuer, de les persecuter, & de les
« faire captifs, de maniére qu'on vit des esclaves Mahommetans
« vendûs, & achetés en Europe, & dans les païs les plus
« éloignés.

« Cette calamité dura jusqu'au regne de Chah Hussein,
« alors par degrès les Turcmans du désert, ensuite les Afgans
« de Kandehar, & même les Turcs & les Russiens, ébranlérent
« de tous côtés les fondemens de l'empire de l'Iran ; sur lequel
« ils s'arrogerent des droits, & dont il ravagérent les provinces.

« Mais la volonté du Roi des rois mit dans toute leur splendeur
« les événemens, qui étoient cachés sous le voile de l'obscurité ;
« le très-glorieux & le très-fortuné Monarque, qui avec le pou-
« voir du Destin, la dignité de Saturne, la furie de Mars, con-
« fondit l'existence de ces rebelles, & rendit leurs diadémes aux
« rois des Indes & de Touran.

« Il est l'ombre du Très-haut, l'azile de tous les rois de la terre,
« le grand Nader Chah ; que le Tout-puissant préserve son regne !
« il dissipa les ténébres qui environnoient l'Iran, restaura l'empire
« que les invasions étrangéres avoient démembré, & avec les
« serres de la prospérité mit en piéces les auteurs des rebellions
« & des troubles : en l'année 1148, aïant rassemblés les peuples A. D. 1735.
« de l'Iran dans les plaines de Mogan, il leur ordonna de se choi-
                                                          « sir

" fir un roi. Alors les Perſans le fupliérent d'accepter l'empire;
" diſant, " Ce roïaume appartient de droit à ſa Hauteſſe qui nous
" a préſervé, & délivré nos vies des griffes de nos ennemis, nous
" protégeant même contre leurs outrages."

" A ces acclamations ſa Hauteſſe répondit; " Puiſque les Per-
" ſans me voulent pour leur ſouverain, j'accepte leur offre, à
" condition qu'ils quittent leurs héréſies, & reconnoiſſent la lé-
" gitime ſucceſſion des illuſtres Califes." Cette juſte demande
" fût accordée, & la convention qui fût faite demeura dans le
" tréſor roïal; ſa Majeſté envoïa auſſi-tôt un ambaſſadeur à l'em-
" péreur des Turcs, doüé du pouvoir de Saloman, qui étend le
" tapis de la ſureté, qui vérifié ce ſacré verſet, " Dieu veut agir
" avec juſtice & liberalité," ſeigneur des deux continens & des
" deux mers, ſerviteur des deux cités ſacrées, un ſecond Secander
" Zoulcarnein, avec la dignité de Dara & de Caïkhoſrev, avec
" des armées auſſi nombreuſes que les étoiles, & auquel Dieu
" veuille accorder une heureuſe éternité.

" Ces ambaſſadeurs étoient chargés des cinq propoſitions ſui-
" vantes:

I. " Qu'en conſéquence de ce que les Perſans ont rejetté leurs
 " précédentes opinions, & reconnû la haute dignité de
 " Giafar, les hommes de lettres & docteurs Turcs
 " confirment leur agrément, & conſidérent leur croïance
 " comme la cinquiéme ſecte.

II. " Que comme il y a quatre colonnes dans le ſacré temple
 " de la Mecque en honneur des quatre ſectes, on en érige
 " une autre pour celle de Giafar.

III. " Que

III. " Que comme toutes les années un chef des pélerins est
" envoïé de Perse en compagnie des chefs d'Egypte & de
" Syrie, pour défendre les pélerins Persans, un autre chef
" de la part de la Porte se joigne à eux dans la même
" intention.

IV. " Que les prisonniers de chaque empire soient relachés, &
" que le commerce soit libre entre les deux nations.

V. " Que les souverains de Perse & de Turquie tiennent re-
" spectivement un envoïé à la cour l'un de l'autre, afin
" de déterminer les affaires des deux empires, & cimen-
" ter la paix entre eûx.

A.D. 1743. Nad. 56.

" La ratification de ces cinq articles auroit ôté tout sujet de
" discorde parmi le peuple de Mahomet, auroit fait vivre en paix
" & tranquillité les fidéles croïans, & cimenté l'amitié entre les
" deux roïaumes.

" Dans ce tems là, la Porte accorda les articles touchant les
" pélerins, l'affranchissemens des esclaves, & le rétablissement
" d'un envoïé dans chaque cour ; mais elle pria d'être dispensée
" de la confirmation de la secte de Giafar, & des autres demandes
" qui s'y rapportoient. En conséquence, plusieurs ambassadeurs
" fûrent envoïés d'une part avec des refus, & des excuses, & de
" l'autre avec des argumens clairs & convainquans. Comme cette
" affaire a été en agitation pendant sept ou huit années, celle-ci
" de l'Hégire 1156, l'armée roïale & victorieuse a marché en
" Turquie, afin d'éteindre le feu de la contention, & d'écarter
" toute discorde des fidéles croïans.

A. D. 1743.

Enfin,

A.D. 1743.
Nad. 56.

" Enfin, pour déliberer fur cette importante affaire, fa Majefté
" a ordonné que les docteurs & juges de Perfe, de Balkhe, & de
" Bokhara s'affemblaffent, & quand elle a été baifer la terre fainte
" en Negef Egeref, elle a invité au même confeil les favans de
" Kerbelé, d'Hillé, & des dépendances de Bagdad ; & comme
" il n'y avoit eû aucune tâche dans la croïance ortodoxe jufqu'au
" regne des Sefevis, elle a voulû que les pilliers de la religion
" nettoïaffent la fontaine de la foi de toute héréfie, & fiffent
" couler les eaux pures de la vérité, afin d'éteindre le feu de la
" diffention.

" Selon ces auguftes ordres, cette affemblée s'eft tenûë dans la
" facrée demeure du maître de la religion, du très-pieux Imam
" (à qui Dieu faffe paix !) où toute l'affaire a été éclaircie & ex-
" pliquée, comme il paroit par cette préfente convention.

" -Profeſſion de foi de ceux qui déſirent la durée du regne de ſa
" Majeſté Nader Chah, docteurs de l'Iran.

" Nous croïons qu'après le départ du chef de tous les prophétes,
" le Califat défcendit aux quatre illuftres pilliers de la religion,
" Aboubecr, Omar, Ofman, & Ali (auxquels Dieu faffe paix !)
" & pour lefquels il fût envoïé du ciel ce très-excéllent verfet :

" Dieu fût gracieux aux croïans, lorfqu'ils firent un accord fous
" l'arbre, & connût ce qui étoit dans leurs cœurs."

" Les compagnons du prophéte font comme les étoiles, quel-
" que ce foit qu'on fuive d'entre eûx, on eft conduit dans le bon
" chemin. Nous reconnoiffons que la fouveraineté légitime leur fût
" confirmée, & qu'ils confervérent conftamment l'amitié qui les
" uniffoient

" unissoient; qu'après la mort d'Aboubecr & celle d'Omar, le
" plus noble Matirza Ali fût demandé à leur sujet, & répondit :

" *Ces deux Imams étoient justes; ils vecûrent & moururent dans*
" *la verité.*

" Que le prémier de ces Califes a dit au sujet du quatriéme :
" Vous êtes beni puisqu'Ali est parmi vous," & qu'Omar s'est ex-
" primé ainsi, " Si ce n'étoit à cause d'Ali Omar périroit."

" Nous trouvons qu'il n'est pas necessaire de s'étendre davantage
" sur leur unanimité & leur union ; mais qu'enfin en l'année 906
" Chah Ismaïl publia une héréfie contre les trois prémiers Califes,
" qui fût le source de la calamité & de la ruine des vrais croians,
" la cause de la haine entre le peuple de Mahomet jusqu'à ce que
" par la faveur du Roi des rois sa Majesté se fût assise sur le trône
" de Perse, & eût fait la proposition ci-dessus mentionée, que
" nous ses sujets acceptâmes. Et à present dans la demeure sa-
" crée nous avons signé la présente déclaration, affirmons légi-
" time la succession des quatre Califes, protestant que nous n'a-
" vons nulle sorte de doute à ce sujet, que nous désirons ardem-
" ment la fin de tout schisme, si le Mufti & les docteurs de la
" Porte veulent établir la secte de Giafar, à laquelle nous nous
" confessons fermement attachés. Voilà nos opinions données
" dans la sincérité de nos cœurs; quiconque s'y opposera sera
" ennemi de la véritable religion, & exposé à l'ire de l'Empéreur
" du monde."

Les savans de Negef, de Kerbelaï, d'Hillé & des dépendances de Bagdad, professérent que l'Imam Giafar, sur qui soit la paix du Seigneur, est très-noble, de la race du prophéte, & reçû parmi les Imams de la vraïe foi. Ils acquiescérent à tout ce que les

PART II.   U   docteurs

docteurs de l'Iran avoient déclaré, & maintinrent le droit des glorieux Califes; ils ajoutérent que ceux qui s'opposent à cette croïance s'opposent à la religion de Dieu & du prophéte; feront punis en ce monde par le Sultan du siécle, & dans l'autre par l'Etre Tout-puissant.

Les lettrés de Bokhara & de Balkhe fûrent en tout de l'opinion de ceux de l'Iran; dont ils déclarérent la secte être la réligion du Seigneur de toutes les créatures, disant, que qui contredit cette opinion s'écarte de la vraïe foi, se prive de la faveur du prophéte, reçoit son chatiment à présent de l'Empéreur, & dans un autre monde du Très-haut; que cet accord n'est en nulle maniére contraire à la véritable réligion, que la dite secte est entiérement conforme à la croïance des fidéles, & que de se tuer, ou emprisonner les uns les autres, étant Muffulmans & fréres, est entiérement criminel.

CHAPITRE

CHAPITRE X.

L'armée roïale va à Kerbalaï & à Bagdad.

LA piété de Nader Chah l'engagea à faire dorer la toit de la sacrée mosquée ; à cet effet les plus excéllens ouvriers fûrent mandés, & travaillant sans rélache à l'embellissement de ce toit, qui touche aux étoiles, ils eûrent bien-tôt fini leur ouvrage ; ils en fûrent amplement récompensés, & la dépense monta à une somme très-considérable. Les murailles de ce sacré édifice fûrent réparées par la libéralité de sa Majesté impératrice l'illustre Couherchad Begum, qui envoïa de son propre trésor cent mille Naderis ; elle donna de plus un encensoir garni de piérreries, & un bassin de pur or pour brûler des parfums dans la maison sainte. L'armée ensuite se mit en marche pour se rendre à Kerbelaï, elle atteignit dans le commencement du mois Chaval le jardin entouré d'anges ; & pour réparer la mosquée de ce lieu, la Sultane Razia Begum, fille de Chah Hussein, fit compter par le trésorier de son serrail vingt-mille Naderis. Après cinq jours de campement, les étendars prirent le chemin de Bagdad par la route de Messaïb ; ici Nader Chah, déploïant encore sa générosité, fit de grands présens aux ministres des mosquées des quatre Imams, auxquels mille saluts soient donnés.

De son côté Ahmed Pacha envoïa derechef à la haute cour des dons convenables, & des chevaux ; ses méssagers se présentérent à la roïale audience avec les plus grands marques de respect & de vénération ;

A.D. 1743.
Nad. 56.

8 Novembre.

A.D. 1743.
Nad. 56.

vénération; & sa Majesté fût très-liberale envers eûx & envers leur maître.

Comme les commandans envoïés en Arabistan tenoient la ville de Basra étroitement bloquée, & qu'ils s'étoient mis en possession du chateau de Korné, sa Majesté leur fît savoir, que la paix étant presque faite, elle vouloit qu'ils levassent le siége, & revinssent au camp après avoir évacué les forts de Kerkouk, d'Ardebil, & de Korné, ainsi que les autres districts, dont ils s'étoient emparés & les avoir rendûs aux officiers d'Ahmed Pacha. Alors l'armée marchant par Bagdad, & passant sur un pont près de Nikigé, campa en Chehervan.

CHAPITRE XI.

Troubles en Chirvan; des troupes y sont envoïées pour réduire les séditieux; elles succédent à l'aide du Créateur des hommes & des génies.

AU tems que l'armée roïale quitta Derbend, Mohammed Ali Khan Kirklou fût établi gouverneur de cette province, & on lui laissa un régiment pour sa garde. Quand les banniéres augustes eûrent atteint Mogan, Heider Beg l'Afchar, qui commandoit les mousquetaires, fût fait gouverneur de Chirvan, avec le titre de Khan.

Le

HISTOIRE DE NADER CHAH. 157

Le vingt-deux de Chaaban, lorsque l'invincible camp éteint dans la plaine de Mouſſel, arriva la nouvelle des troubles ſurvenûs en Chirvan, & dont voici le ſujet :

A.D. 1743.
Nad. 56.
1 Octobre.

Après la mort de Zoheireddoulé Ibrahim Khan, ſon fils Mohammed Ali Beg prit ſon nom, & fût fait gouverneur de l'Azarbigian. Dans le même tems un obſcur avanturier nommé Sam, ſaiſi de la phrenéſie de l'ambition, prétendit être prince, & fils du feu Chah Huſſein.

Ibrahim Khan fît arrêter ce prétendant, lui fît couper le nés, & le renvoïa honteuſement. Sam, ainſi chaſſé, prit ſa courſe du côté du Dagheſtan, & ſe jetta entre les bras des Lekzies.

Mohammed, fils de Serkhaï, qui, pendant que l'armée étoit dans la province s'étoit revolté & caché dans les creux des montagnes d'Oar, voïant les banniéres perçant les étoiles du côté de la Turquie, & croïant que le mutilé Sam pourroit lui ſervir à exciter une revolte, ſe joignit à lui avec un corps conſiderable de troupes & pluſieurs des habitans de Taberſeran, & de Derbend.

Ces ſeditieux, s'étant fait de ſecrettes liaiſons en Chirvan, Mohammed, gouverneur de Derbend, informa ſa Majeſté de ce qui ſe paſſoit, & Heider Khan fût envoïé à ſon aſſiſtance. Le peuple de Chirvan, infecté par le voiſinage de ceux de Derbend & du Dagheſtan, ſe ſaiſirent d'Heider Khan entre Chamakhï & Chaïran, le jettérent dans une priſon, où après quelques jours ils le mîrent à mort, & pillérent ſes biens. Enſuite ils conduiſirent Mohammed fils de Serkhaï, & Sam à Chirvan, les établirent dans le chateau d'Akſou, place de réſidence de leurs gouverneurs, où ils élevérent l'étendart de la rébellion, & même forcérent ceux des

habitans

A.D. 1743. habitans de Chirvan & de Taberferan, qui ne vouloient pas re-
Nad. 56. connoître leur autorité, à porter le collier de leur fervice.

Les peuples de Derbend, qui gardoient dans leurs cœurs une haine inveterée contre les Perfans, fûrent encore plus excités par la hardieſſe de leurs voifins ; une compagnie de Moganiens, & autres de ces cantons, qu'on avoit envoïés pour garder le chateau de Kir, tuérent les Afchars qui étoient parmi eûx, remirent le chateau entre les mains des Lekzies, & fe joignirent à Mohammed & à Sam.

Ali Khan de fon côté fît mettre à mort plufieurs des principaux mécontens de Derbend ; & quelques uns de Mogan, foupçonnés de fomenter ces défordres fûrent par fes ordres aveuglés & bannis. Il commença enfuite à fortifier la citadelle & les tours de Derbend, & fit favoir fa fituation à la glorieufe cour.

Quoiqu'Achour Khan l'Afchar, général des forces de l'Azarbigian, & alors en Erivan, eût à la nouvelle de ces troubles accourû en Chirvan pour y remettre l'ordre, quoiqu'il eût été joint par Hagi Khan, gouverneur de Cangé, & qu'il fût emploïé à conftruire un pont fur le Ker ; cependant, fa Majefté fît partir un détachement de fon armée pour foutenir Achour Khan, & en même tems envoïa Kerim Khan, gouverneur d'Aroumi en Mogan, afin d'y empécher la progrès de la revolte.

De plus, le prince Nafralla Mirza, qui étoit alors en Hamadan, fût mandé, & arrivant à cour, lorfque l'armée marchoit à Bagdad,
26 Octobre. & étoit à la ftation de Leilan, il baifa le facré tapis le dix-huitiéme de Ramazan,

Sa

Sa Majesté ordonna à Fathali Khan, maître de l'artillerie, & à plusieurs officiers, d'accompagner le prince, auquel il donna quinze mille hommes, pour réduire le Chirvan.

A D. 1743.
Nad. 56.

Quand Nasralla Mirza eût atteint Tauris, il fit prendre les devants à Fathali, à la tête d'un détachement considerable, & il le suivit de près.

A l'arrivée de Fathali Khan, le quatre de Zoulkadé, les séditieux de Chirvan & les Lekzies descendirent en troupes avec leurs instrumens de guérre d'un mont au dessus de Chahbag, dans l'intention d'entrer dans le chateau. Mais Fathali & Achour Khan leur fermérent le passage, leur donnérent bataille, & à l'aide de la Providence, les serres de la prosperité de sa Majesté blessérent la face de ces rebelles, & firent tourner bride au coursier de leur bravoure, tandis que mille, ou plus d'entre eux fûrent faits prisonniers, & leurs étendars perdûs. Mohammed, fils de Serkhaï, se mît à la tête des fuïards, après avoir été blessé. Sam, avec peu de soldats, se retira en Georgie.

10 Decembre.

Ensuite les conquérans assiégérent le chateau d'Aksou, qu'il prirent en peu de jours, ainsi que les Lekzies qui le gardoient.

On verra la fin des avantures de Sam dans le récit des événemens de l'année suivante.

CHAPITRE

CHAPITRE XII.

Désobéïssance & rebellion de Mohammed Taki Khan de Chiraz; un corps de troupes est envoïé contre lui; il est fait prisonnier.

A.D. 1743.
Nad. 56.

LORSQUE l'armée victorieuse séjournoit dans les quartiers adjacens de Derbend, le magnanime Sultan donna le gouvernement de ce païs à Kelbali Khan, & le soin de la province de Farsistan à Taki Khan Chirazi.

Ces deux Khans demeurèrent long-tems en ces lieux, couverts du voïle de la déception.

Ils fûrent enfin mandés à la cour étendüë comme les cieux, & leurs gouvernemens fûrent donnés à Mohammed Hussein Khan Kirklou, qui revenoit de son voïage de Russie. Taki Khan, à l'arrivée de Mohammed Hussein, se crût obligé de cacher avec plus d'artifice ses mauvaises intentions, mais étant maître de l'artillerie, & aïant dans ses interêts une troupe de rebelles errans, il tomba tout à coup sur Kelbali Khan, qu'il tua, & s'avança pour se saisir de Mohammed Hussein. Celui-ci allarmé s'embarqua sur le vaisseau de la fuite, & pour aborder au rivage de la sureté reprit immédiatement le chemin de Chiraz; mais s'appercevant que Taki Khan marchoit sur ses pas, il se retira, & fît savoir sa situation à la cour aussi grande que le firmament.

Taki

Taki Khan, ne trouvant plus d'opposition, entra dans Chiraz, & y déploïa les banniéres de la rebellion. Un détachement de l'auguste armée fût aussi-tôt envoïé pour aider Mohammed Hussein à faire rentrer Taki Khan dans le devoir : ce rebelle, après avoir tenû quelque tems dans son fort, fût fait prisonnier, & Chiraz, qui avoit été le siége de la joïe & la demeure des délices, devint par son crime le séjour de la rapine, de la mort, & de la captivité. Les fils de Taki Khan fûrent condamnés à la mort ; lui-même à perdre un œil & sa virilité ; cette sentence fût executée, & il fût trainé, chargé de chaines, à la cour auguste.

A.D. 1743.
Nad. 56.

CHAPITRE XIII.

TROUBLES D'ASTERABAD.

LE quinze du mois Zoulheggé les victorieuses banniéres s'avancérent de Chehervan vers l'Azarbigian. Après leur arrivée dans le voisinage de Mahidechet, sa Majesté apprit que plusieurs des principaux Kagiars, irrités de la conduite de Mohammed Hussein Khan, leur gouverneur, s'étoient joints à la tribu d'Yemout, & étoient entrés séditieusement dans la ville d'Asterabad : que le fils de Mohammed, vice-gouverneur de ces districts en l'absence de son pére, avoit été trouver Bahboud Khan commandant d'Etek, & l'avoit engagé à l'assister pour punir les rebelles.

20 Janvier 1744.

PART II.   X   Sur

A.D. 1744.
Nad 57.

Sur ces nouvelles Mohammed Huſſein, alors au camp impérial, fût envoïé avec des troupes choiſies dans ſon gouvernement, & en eût bien-tôt réduit les habitans à l'obéïſſance : mais, comme une longue inimitié ſubſiſtoit entre lui & les Kagiars, il ſaiſit cette occaſion pour en donner de ſanglans témoignages, faiſant, ſous le moindre prétexte, mettre à mort l'innocent & le coupable, & rendant ce païs une ſcéne de déſolation.

Quand l'armée impériale eût atteint Kermanchah, ſa Majeſté nomma ſon neveu Ibrahim Khan, gouverneur du Kiurdeſtan & du Loriſtan, & lui donna des forces ſuffiſantes pour le ſoutenir, avec ordre de demeurer ſur les confins de Kermanchah.

Cependant, Naſralla Mirza, qui l'année d'auparavant avoit été envoïé en Kharezme, avoit reçû les proteſtations de fidelité des chefs, tant de cette contrée que d'Aral ; & avoit donné la principauté du Kharezme à Aboul Mohammed, fils d'Ilbars, & choiſi Ertouk Eniak pour ſon miniſtre. Mais peu après quelques Kharezmiens rebelles ſe joignirent à la tribu d'Yemout, & mîrent à mort Ertouk Eniak.

Sa Majeſté, inſtruite de ces événemens, fît partir Ali Kuli Khan pour le Khoraſſan, ſe reſolvant de réduire les rebelles l'année ſuivante. Enſuite les étendars favoriſés du ciel, aïant quittés Mahidechet, fûrent arborés à Kalmerou.

CHAPITRE

HISTOIRE DE NADER CHAH.

CHAPITRE XIV.

Evénemens de l'année de la Souris, répondant à celle de l'Hégire 1157.

LE Vendredi cinquiéme du mois Sefer, six minutes après la sixiéme heure, le monarque du quatriéme ciel, le raïonnant soleil, s'avança de la station des Poissons vers son siége exalté du Bélier. L'armée de la saison pluvieuse fût mise en fuite, & les forces de la nuit défaites. Le splendide & valeureux printems déploïa ses banniéres de cyprés & de pins, & fît entendre la musique guerriére de ses nuées foudroïantes. Les troupes militaires des jardins fûrent mises en ordre. Les bataillons des arbres & des arbustes se couvrirent de leurs casques de fleurs & de boutons, & se preparérent à repousser l'armée de l'hyver.

A.D. 174
Nad. 57

La fête roïale de cette belle saison fût célébrée avec la plus agréable pompe dans la station de Kalmerou, & le banquet de la nouvelle année fût accompagné de gloire & de prosperité.

En ce même tems, Ahmed Pacha Gemal Ogli, généralissime pour la cour Ottomane, qui avoit été envoïé à Cars, afin d'y soutenir les interêts du prétendant Mohammed Ali connû sous le nom de Sefi Mirza, fit répandre des lettres dans les districts de l'Azarbigian, qui déclaroient ses mauvaises intentions.

Quelques unes de ces lettres étant tombées sous les yeux de sa Majesté, allumérent dans son cœur le feu d'une juste colère, &

l'obligérent

A.D. 1744. l'obligérent de faire marcher les troupes roïales vers Abher. En
Nad. 57. ce lieu elle apprit que le fufdit général avoit été dépofé; qu'Ahmed Pacha, dernier grand vifir, avoit été nommé à fa place, & que Mohammed Aga, envoïé de Bagdad pour traiter de la paix, attendoit alors à Conftantinople des nouvelles d'Ahmed Pacha.

Sur ces intelligences fa Majefté envoïa ordre au commandant d'Erivan de mettre en liberté les prifonniers Turcs, & en les faifant conduire au dit généraliffime à Cars, d'effaïer fi on en pourroit venir à des moïens d'accommodement. Le gouverneur obéit, mais le général Turc envoïa pour réponfe, "Qu'après ce qui s'é-
"toit paffé, il étoit impoffible de conclûrre une paix; qu'il étoit
"envoïé par l'augufte Porte pour fupporter & établir Sefi Mirza,
"amené par lui en Perfe."

En chemin fa Majefté reçût la nouvelle que Sam avoit été fait prifonnier. Ce prétendant, après avoir été défait à Chirvan (comme il a été dit dans le récit des événemens de la précédente année) avoit pris la réfolution de s'enfuir en Georgie; mais étant obfervé par Tahmouras Khan, & aïant été furpris dans les défilés d'Ek-
30 Decembre helkil, le vingt-quatre du mois Zoulkadé, il avoit, ainfi que ceux
1743. qui accompagnoient fa fuite, été envoïé, chargé de chaines, au chateau de Karakelgian.

Sa Majefté ordonna auffi-tôt qu'on arrachât les yeux à Sam, & qu'il fût envoïé avec les autres prifonniers à Ahmed Pacha, avec ce méffage, que, "Puifque Sefi Mirza étoit avec lui, les deux
"fréres pourroient s'entre regarder."

Quand les troupes roïales fûrent parvenûës à Couri en Georgie, la nouvelle fût apportée de la défaite des Turcs, qui arriva de la
maniére

manière suivante. Après que les ministres de la Porte eûrent re- A.D. 1744. solû de soutenir les prétensions de Sefi Mirza, dans le nombre des Nad. 57. projets qu'ils firent pour y réüssir, fût celui-ci. Ils envoïérent plusieurs dons précieux à Ahmed Khan Osmeï, à Mohammed fils de Serkhaï, & aux chefs d'Oar, de Genktaï, de Tabresran, & de Derbend, le tout accompagné de lettres flatteuses pour chacun d'eux, leur demandant leur assistance en faveur du prince Sefi Mirza.

Youssef Pacha, gouverneur d'Akheské, fût chargé de cette commission; mais, quand il eût atteint Couri, Tahmouras Khan, commandant de Cakht, étant averti de son intention, s'étant joint à Ali Khan Kiligi, gouverneur de Teflis, dréssa une embuscade pour le surprendre. Youssef, pour plus grande sûreté, s'étoit campé proche d'une montagne dans le milieu d'un désert, & avoit envoïé les présens & les lettres par la voïe du Daghestan. Mais les deux Khans, qui connoissoient parfaitement les chemins, & qui possédoient l'art de la guérre, envoïérent un détachement, qui, fermant les passages à ces méssagers, en tuérent, ou firent prisonniers la plûpart, s'emparant de leurs présens & de leurs lettres.

Quand Youssef Pacha apprit le malheur arrivé à ses gens, il en perdit presque la raison, & devenant le compagnon de l'étonnement & l'ami de la confusion, il s'enfuit & périt dans sa fuite.

Au récit de ce succès, sa Majesté récompensa Tahmouras Khan par le gouvernement de Cartil, & donna à son fils Ezeikeli Mirza celui de Cakht.

Les importantes affaires du Chirvan étant ainsi décidées, sa Majesté manda le prince Nasralla Mirza, qui obéïssant à ce commandement

A.D. 1744.
Nad. 57.

mandement joignit l'armée roïale. Alors les étendars conquérans aïant quitté les bords de Peugekhan, s'avancérent par les quartiers de Coktché, & s'arrétérent dans un endroit nommé Khanki, à six parafanges d'Arpetchaï.

31 Juillet.

Le douze de Gemadi'lakhri les bagages fûrent laiſſé en ce lieu, & l'armée marcha à Cars.

Au dehors de cette cité les victorieuſes banniéres brilloient dans le firmament, & toutes les fois que le général Turc, ou les Pachas faiſoient quelques ſorties, ou préſentoient bataille, auſſi ſouvent pluſieurs d'entre eûx étoient tués, ou faits priſonniers, & le reſte obligé de ſe retirer en déſordre dans la place.

11 Août.

Cependant, le douze de Regeb les bagages joignirent le camp; ſa Majeſté fît enſuite élever des forts & des retranchemens autour de Cars, diſtribuant ſes troupes & ſon artillerie dans les différens quartiers.

Ahmed Khan le Lekzie, qui à la réquiſition des Turcs étoit venû aſſiſter le commandant de Cars, voïant les choſes dans cette ſituation, entreprit de s'échaper pendant la nuit avec les ſiens; mais les centineles aïant donné l'allarme de leur fuite, un détachement fût envoïé ſur leurs pas, & pluſieurs d'eûx fûrent mis à mort.

Les aſſiégés s'affoibliſſant tous les jours, & les ſecours n'arrivant point, les ſoldats Turcs commencérent à déſerter en foule; alors le général étant réduit à l'éxtrémité, envoïa Abderrahman Pacha, & Ahmed Effendi Kiſrili, fameux par ſes ouvrages & ſon ſavoir, avec pluſieurs officiers de marque, au camp Perſan, les faiſant accompagner

compagner de préfens confidérables, & demandant la permiſſion A.D. 1744.
de faire favoir à la Porte les pacifiques intentions de ſa Majeſté. Nad. 57.

Après des méſſages réiterés des deux côtés, le généreux héros confentit à cette requête, & le général envoïa Ahmed Kiſrili avec pluſieurs chefs de l'armée à la cour Ottomane. Comme la froide faifon s'approchoit, & que Cars étoit remarquable pour la rigueur du froid, l'armée roïale s'en éloigna le ſecond du bien-heureux mois de Ramazan & prit la route d'Arpetchaï, d'où elle vint à 29 Septembre.
Akheſké, & à Akhelkilk, & campa dans ces agréables plaines, fameuſes pour leur fertilité.

Après ayoir fait des proviſions ſuffiſantes, ſa Majeſté réſolût de paſſer l'hyver à Berdá, où l'on reſpiroit l'air le plus pur. A cet effet, elle envoïa dans ce lieu pluſieurs milliers d'ouvriers, qui ſe mîrent à y batir des maiſons & des palais avec du bois & des cannes, & en creuſant les fondemens ils trouvérent de l'eau en abondance. Alors Nader aïant pris la route d'Aktché Kala & Kezak, arriva à Cangé & à Berdá dans le commencement du mois Zoulkadé, & y établit ſes quartiers d'hyver.

Quand les chevaux ſe fûrent repoſés pluſieurs jours, ſa Majeſté ſe détermina à punir les Lekzies du Dagheſtan, & prenant avantage d'une ſaiſon dans laquelle ils ne pouvoient s'attendre d'être attaqués, elle marcha contre eûx avec des troupes choiſies le vingt-deux de Zoulkadé. Elle paſſa le pont de Giovad, & par des 17 Décembre.
marches forcées arriva à Derbend le ſix de Zoulheggé. Elle diviſa 31 Décembre.
ſes troupes en quatre bandes, & entoura de tous côtés les Lekzies
ſurpris,

A.D. 1744.
Nad. 57.

surpris, & bien éloigné de le croire si prés dans un tems si rigou-reux.

Les habitations de ces rebélles fûrent donc saccagées & dévastées, & un nombre infini de chevaux & de bestiaux saisis.

Le pillage & la rapine aïant duré pendant trois jours, & les chefs du Daghestan étant venûs implorer merci, sa Majesté les revêtit de la robe du pardon & de la clémence. Le jour de la fête d'Azhi elle revint à Derbend, où aïant réglé les affaires du païs, elle retourna par la voïe de Tabresran à Berdá, & atteignit ses quartiers d'hyver le cinq de Moharrem.

29 Janvier 1745.

En ce lieu Nader Chah & son armée demeurérent vingt jours, mais comme les pâturages & les fourages étoient plus abondans vers le nord de la riviére Ker, il quitta cette place, & aïant fait passer la riviére aux troupes & aux bagages, le vingt-cinq il campa dans le district d'Ereche.

18 Fevrier.

CHAPITRE

CHAPITRE XV.

Evénemens de l'heureuſe année de l'Hégire 1158.

QUAND l'hyver ſuivi des neiges & des tempêtes, comme un guérrier à la tête de ſes forces, eût envahi la térre de l'Iran avec la violence de Rouintem, le grand luminaire des cieux monta ſon ſplendide courſier, & le ſeiziéme du mois de Sefer rencontra les troupes de ce tyran furieux ſur le point de l'equinoxe du printems; où il mît en déroute cette froide armée de la rude ſaiſon; diſperſa ſes banniéres long-tems flottantes dans les airs, & tempéra par une douce chaleur l'âpreté de ſes perçans frimats.

A.D. 1745.
Nad. 58.

Dans ce tems la cour impériale brilla de la ſplendeur de Salomon, les nobles généraux & les héros illuſtres s'aſſemblérent couverts de robes de nuances variées & éclatantes d'or. Les tentes nombreuſes comme les étoiles fûrent dréſſées en Chekki, où elles demeurérent près de trois mois: enſuite quittant ce lieu, & paſſant la riviére Ker, elles s'avancérent vers Coktché, dans le quartier d'Erivan, par le chemin de Khatchin & Meïanicouh.

Pendant cette marche Nader Chah fût attaqué d'une maladie ſoudaine, & fût porté pluſieurs ſtations dans la littiére roïale; mais enfin, par les ſoins d'un habile médecin, qui lui donna des remédes efficaces, il fût entiérement guéri, & reprit ſa premiére vigueur & ſanté.

PART II.   Y   Après

HISTOIRE DE NADER CHAH.

A.D. 1745.
Nad. 58.
Juillet.

Après cet accident, & le douziéme du mois Gemadi'lakhri, l'armée atteignit les plaines de Coktché, où elle campa dans de forts retranchemens.

CHAPITRE XVI.

L'armée impériale arrive à Moradpeté, & prend possession d'Erivan. Bataille donnée contre Yeken Mohammed Pacha, général des Turcs: sa mort.

PLUSIEURS avis successifs assuroient que le dernier grand visir, Yeken Mohammed Pacha, nommé généralissime de l'armée Turque, s'étant joint à Gelik Pacha, gouverneur d'Idin, & à dix ou douze autres Pachas, s'avançoit avec des troupes innombrables d'Erzeroum, & de Cars; qu'outre ces forces Abdalla Pacha Getetchi, avec Ahmed Khan, fils de Sobhan Virdi Khan, BeglerBeg d'Ardilan, ainsi que d'autres Pachas, venoient à la tête d'une armée considerable, & passant par la voie de Diarbecr & de Moussel, songeoient à donner une bataille décisive.

Sur cet avis sa Majesté envoïa le prince Nasralla Mirza pour s'opposer à ceux qui s'approchoient des frontiéres de Perse, & lui donna les légions victorieuses, qui avoient étés emploïées sur les confins de Karmanchah, du Loristan, & du Kiurdestan.

Ce

HISTOIRE DE NADER CHAH. 171

Ce fût auſſi la volonté de ſa Majeſté que l'illuſtre prince Imam Kuli Mirza ſe mariât, ainſi qu'Ibrahim Khan, qui après la mort de ſon pére, portoit le même nom. En conſéquence de grandes préparations fûrent faites pour la célébration de ces mariages, & pluſieurs jours fûrent paſſés en joïe & en divertiſſemens près des quartiers de Coktché. Enſuite ſa Majeſté confia les importantes affaires du Khoraſſan à Imam Kuli Mirza, & celles de l'Irak à Ibrahim Khan; & elle les fit partir le cinq de Regeb, avec une ſuite convenable pour leurs reſpectives commiſſions. A. D. 1745. Nad. 58.

24 Juillet.

Sa Majeſté voulût que les bagages reſtâſſent ſur les bords de Peugekhan & de Tauris, déploïant le même jour ſes victorieuſes banniéres pour donner bataille au général des Turcs, qui avoit déja quitté Cars; elle étoit réſolüe de rencontrer les troupes ennemies dans le voiſinage de Cars & d'Erzeroum, lorſqu'elle apprit que le général étoit forcé de s'arrêter dans ce quartier.

Sur cela, le neuf du dit mois, l'armée roïale laiſſant Eriván, vint à ſix paraſanges de Moradpeté, dans le même lieu où la bataille contre Abdalla Pacha Kiuprili Ogli avoit été donnée. 28 Juillet.

Le dix dans l'après-midi Mohammed Pacha s'avança avec cent milles hommes de cavalerie, & quarante milles d'infanterie, & campa au pied d'une montagne à deux paraſanges de l'armée im-périale, où aïant dréſſé ſes tentes, il commença de fortifier les en-droits foibles, & de préparer ſes canons & ſes mortiers. 29 Juillet.

L'onziéme, les deux armées étant rangées en ordre de bataille, le feu du combat commença à flamber, & ſes étincelles atteignirent les étoiles. Mais après pluſieurs ſucceſſifs engagemens, l'armée

Y 2 Ottomane

Ottomane fût mise en déroute par l'interpofition de la Providence.

La perte fût très-grande du côté des Turcs, leur general se retira dans ses retranchemens, & la nuit devenant obscure les troupes conquérantes retournérent à leur camp.

Alors le vigilant héros envoïa un détachement pour obferver les environs de Cars, & pour ôter à l'armée Turque toute poffibilité d'avoir du fourage & des provifions.

Depuis ce tems tous les jours quelques partis Turcs étoient taillés en piéces près du camp, & le général fe trouva de plus en plus refferré de tous côtés; enfin, voïant que fes foldats n'étoient en nulle maniére accoutumés à l'art de la guérre, il fe retira avec fon armée, marchant environs quatre parafanges chaque jour, jufqu'à ce qu'il fût à neuf parafanges des Perfans, où il campa.

Cette retraite avoit été fi bien conduite, qu'un détachement aïant été envoïé pendant la nuit, pour faire une excurfion dans le camp des Turcs, les Perfans fûrent étonnés de le trouver abandonné, & remplirent les airs de cris de furprife.

Dans ce même tems le général Turc méditoit le même projet contre le camp des Perfans, aïant trouvé, après une confultation avec les chefs Ottomans, que dans la crife où l'on étoit, il n'y avoit pas d'autre moïen pour contenir fes foldats prêts à fe mutiner, & qui défertoient continuellement.

9 Août.

Dans l'après-midi du même jour, qui étoit un Vendredi, vingt-un du même mois, un courrier de Nafralla Mirza apporta la nouvelle,

velle, que le général Abdalla Pacha, qui s'étoit avancé par la voïe A.D. 1745. de Diarbecr, avoit prémiérement envoïé un de fes officiers à Baban Nad. 58. & à Cheherzour, mais que l'entrée de ces villes lui avoit été refufée par le gouverneur de Baban, qui aïant laiffé fa famille dans la forterefle de Severdache, & s'étant joint aux chefs des Kiurdes, étoit venû avec eûx offrir fes fervices au prince. Ce méffager ajouta que le fufdit général & Ahmed Ardilani avoient affemblés les Kiurdes de Bilbas, & avec une armée complette marchoient à Mouffel; que le prince aïant déploïé fes banniéres s'étoit avancé pour les combattre; qu'enfin les deux armées s'étant rencontrées près de Mouffel, après un combat furieux les Turcs avoient étés défaits, plufieurs d'entre eûx tués, ou faits prifonniers; leur général, avec ceux qui avoient échapé, s'étant fauvés par la fuite.

Sa Majefté, après avoir rendû grace au ciel d'une telle victoire, envoïa par un prifonnier Turc les lettres du prince au général ennemi. Celui-ci avoit à peine atteint le camp des Turcs au moment que le flambeau de l'univers répand fa prémiére clarté, qu'un horrible bruit & un violent tumulte fût entendû dans ce camp; d'où il fortoit des nuées de pouffiére. Il fût bien-tôt découvert que le général, peu auparavant fi abfolû, avoit été tué, & furrendû l'empire de fon exiftence.

Quand les Turcs fe virent fans chefs, & deftitués de tous fécours, ils prirent la fuite en défordre; mais les Perfans, qui les entouroient, tombérent fur eûx, & en aïant maffacré un grand nombre, s'emparérent des tentes, de l'artillerie, & des chevaux, qui leur reftoient.

Quelques troupes fûrent détachées pour pourfuivre les fuïards, lefquel les donnant des épérons aux courfiers de leur courage, les
atteignirent

A.D. 1745.
Nad. 58.

atteignirent proche d'Arpetchaï, en tuérent dix ou douze milles & firent cinq milles prisonniers, dans lesquels se trouvérent plusieurs Pachas & officiers confidérables. Sa Majesté, pour consoler en quelque façon l'ennemi d'un si grand revers, mît en liberté plusieurs des prisonniers blessés, ou devenus incapables de servir, dont une partie se rendirent à Cars sous la conduite de Giamous Husn Aga, un des principaux des officiers Turcs prisonniers ; quatre milles prirent la route de Tehran, & le reste se retira à Tauris.

Cependant, comme jusqu'alors la Porte avoit paru adverse à la proposition faite au sujet du changement de religion des Persans qui avoient embrassé la secte de Giafar, sa Majesté, après une si totale défaite, écrivit une lettre d'amitié à l'empereur Turc, & fit partir un courier pour Constantinople par la voïe de Bagdad.

Cette lettre portoit en substance, que les tribus de Turcmans qui étoient en Perse seroient forcées de consentir à la conformité de religion ; qu'ainsi il n'y auroit nul sujet d'apprehender une altération dans le nouveau traité ; que si les ministres de la Porte acceptoient les conditions, rélatives à ce point, il y auroit une paix éternelle entre les deux empires, mais que s'ils retardoient, ou refusoient leur consentement, ce seroit une continuelle source de contentions & de sang répandû ; qu'elle espéroit donc qu'ils agréeroient tous ces articles, afin d'établir une perpetuelle amitié & concorde entre les deux monarques.

15 Août.

Le vingt-septiéme du même mois, l'armée impériale quitta la station de Moradpeté, & prit le chemin de Tchoures & de Mahmoudi.

Dans le même tems trois ambassadeurs distingués vinrent de la part du roi de Khoten, présenter à sa Majesté une lettre, & des dons

HISTOIRE DE NADER CHAH.

dons considérables. Ce roi étoit de la famille de Genghiz Khan, & avoit été élevé au trône de Khoten en même tems que son frère à celui de Khata.

A.D. 1745.
Nad. 58.

Le motif de son ambassade étoit, l'admiration des victoires de Nader Chah, le désir d'obtenir son amitié; & sa lettre portoit, " Qu'il s'estimoit heureux d'apprendre les succès & la prospérité " de sa Majesté, & que désirant de faire une ferme alliance avec " elle, il lui envoïoit trois ambassadeurs, pour lui offrir autant " d'hommes de ses tribus qu'il y en avoit de capables de porter " les armes; qu'au surplus, il la prioit d'envoïer des officiers " pour établir les limites entre les deux roïaumes de Khoten & " de Touran, afin qu'il n'y eût à ce sujet ni disputes, ni dis- " sensions."

Sa Majesté consentit à cette demande, & promit d'envoïer des commissaires à cet effet à son retour de Khorassan; elle fit de plus une réponse remplie d'amitié au roi de Khoten, lui envoïa neuf chevaux, une cimeterre garni d'or & de pierreries, & d'autres dons précieux: enfin elle congédia ces ambassadeurs avec toutes les marques de bien-veüillance.

Il a été dit ci-dessus, qu'Ali Khan étoit parti pour réduire à l'obéïssance la tribu d'Yemout en Kharezme : voici quels fûrent les succès.

Quand il fût arrivé, Aboul Gagi Khan, avec les chefs de plusieurs tribus, lui offrirent leurs service, tandis que la tribu d'Yemout s'associant à une bande de Turcmans, s'assemblérent près d'Orcange, & attaquérent les Persans; mais ces rebelles fûrent défaits honteusement, plusieurs tués, ou faits prisonniers; le reste

de

A.D. 1745.
Nad. 58.

de cette tribu ne pouvant plus demeurer dans ce territoire, & voïant ses habitations saccagées, se retira au mont Balkhan dans le voisinage d'Asterabad.

Ali Kuli Khan, aïant réglé les affaires de ce district, & donné un gouverneur au Kharezme, retourna en Khorassan, dans le tems que les troupes impériales étoient stationées en Saoukhbelague.

Après cette événement sa Majesté donna ordre aux chefs de la tribu d'Yemout de lui envoïer mille jeunes gens d'entre eûx capables de servir l'état, & leur fît dire, que s'ils refusoient d'obéïr, ils eussent à s'attendre à un prompt & sévére châtiment.

Des territoires de Tchoures & de Mahmoudi les victorieuses banniéres prirent la voïe d'Hamadan, & fûrent déploïées à Ferahan; delà le prince Nasralla Mirza se rendit en Khorassan par le chemin de Mazenderan & d'Asterabad; & l'armée roïale, tournant ses
28 Decembre.
pas du côté d'Isfahan, arriva à cette immortelle cité le quatorziéme de Zoulheggé.

Quand le prince passoit sur les confins d'Asterabad, la tribu d'Yemout, en obéïssance au suprême commandement, envoïa les troupes qui lui avoit étés demandées pour le service de l'empire.

14 Janvier
1746.
Le dixiéme de Moharrem 1159, les étendars conquérans, étant de nouveau déploïés, quittérent Isfahan, & passant par la voïe d'Ardelan & du désert de Tabas, tournérent vers Mechehed, où ils parvinrent le vingt-trois du mois Sefer.

CHA-

CHAPITRE XVII.

Rélation des événemens de l'an fortuné de l'Hégire 1159.

LA nuit du Lundi vingt-huitiéme du mois de Sefer, quand les ministres des étoiles avec leurs manteaux dorés dansoient nuds pieds dans le firmament (selon le livre sacré, " Otez vos " sandales, car vous êtes dans la vallée sainte,") afin de recueillir l'assemblée céleste, & rangeoient en ordre les vaisseaux d'or & d'argent des cieux ; quand les serviteurs de la nature couvroient le magnifique palais de la voûte azurée avec des tapis couleur de rose, alors le grand monarque du monde, le soleil, cinq minutes après la cinquiéme heure, monta sur le trône du Bélier. Les puissans & illustres trésoriers de la citadelle du monde ouvrirent les portes du printems fleuri, & de la jeune verdure. Les larges piérres précieuses que formoient les gouttes de rosée, les raïonnantes perles qui tomboient des nuées étoient suspenduës, ainsi que des chaines de joïaux & de bracelets artistement travaillés, sur la surface des vallées. Les gardiens des trésors de la nature parsemoient le jardin de roses, de cornalines, du rubis des tulipes & des anemones, des émeraudes de l'herbe, & des turquoises du tréfle, richesses qui avoient étés long-tems recelées dans leurs magazins cachés. Les raïons que dardoient les couches de roses, faisoient briller la terre, comme un paradis délicieux. Le soleil, ce glorieux roi de l'orient, répandoit sa vivifiante chaleur en tous lieux, & chassoit les tristes frimats. Les planes, ministres aux mains agiles, écrivoient avec les plumes de leur branches un traité de

A.D. 1746.
Nad. 59.
10 Mars.

PART II.   Z   paix

A.D. 1746.
Nad. 59.

paix sur le livre des plaines, & sur les feuilles des berceaux. Les ondoïans nuages, ces legers ambassadeurs du ciel, versoient leur douces ondées pour éteindre le feu de la contention.

1 Avril.

Quand la fête du Neurouz fût finie dans le siége de l'empire de Perse; quand l'agréable séjour de Kelat, & les appartemens, semblables au paradis, de ce charmant chateau, fûrent ornés pour la réception de sa Majesté, elle se prépara à s'y rendre. Le vingt-un de Rabielaveli elle quitta le glorieux siége de sa domination pour s'acheminer vers cette place, où elle passa plusieurs jours dans l'allégresse, les fêtes, les divertissemens, & la gaïété, jouïssant des beautés du lieu, & arrangeant les affaires rélatives à ces cantons.

Elle y rassembla d'immenses richesses & des choses précieuses sans nombre, productions des mers, & des mines, & ramassées de toutes les parties du monde.

Après avoir confié ce trésor aux soin de ses plus sages & plus fidéles ministres, Nader Chah partit de Kelat, pour se rendre dans l'Irak.

Il a déjà été mentioné qu'après l'élévation de sa Majesté au trône dans les plaines de Mogan, le puissant empéreur Ottoman avoit désiré d'amener les choses à des voïes d'accommodement; mais comme cette affaire resta plusieurs années sans en venir à une conclusion, les ambassadeurs des deux monarques n'avoient pû, sans la hâche d'un traité de paix, abattre l'arbre de la contention; ainsi après la mort de Mohammed Yeken Pacha, le grand Conquérant dépecha un envoïé à la cour Ottomane pour déclarer ses amicales intentions.

Bien-

Bien-tôt après l'empéreur des Turcs saisissant une si favorable opportunité, envoïa Netif Effendi (qui auparavant avoit été à la haute cour en Daghestan) avec un plein pouvoir de négocier la paix: cet ambassadeur arriva avec la lettre de son maître, & donna les plus fermes assurances d'amitié de la part de l'empéreur des Turcs, dont le pouvoir étoit celui d'Alexandre, & ne reçût pas de moins grandes protestations de celle du Chah, lesquelles lui fûrent données par écrit, & signées par les chefs de l'état.

A.D. 1746.
Nad. 59.

Aiant ensuite reçû son audience de congé, Netif retourna à la Porte, qui en conséquence fit partir Ahmed Effendi Kisrili (auparavant envoïé par le general Turc, lorsque Nader Chah étoit en Cars) avec quantité de présens considérables pour le souverain de l'Iran.

Sa Majesté de son côté envoïa Mustafa Khan, & son secretaire à la Porte, avec un trône d'or massif orné de larges perles, & réhaussé depuis le haut jusqu'au bas de précieuses productions de la mer d'Omman; elle y joignit deux files d'éléphans bien dressés, qui dansoient au son des instrumens; & qu'on avoit trouvés dans le nombre de raretés de l'Indostan.

Ces magnifiques présens fûrent confiés à l'ambassadeur, & la lettre, qui les accompagnoit, à son secretaire.

Le dix du mois sacré de Moharrem 1160, l'armée impériale quitta Isfahan; quelques troupes marchérent premiérement, & avec le reste sa Majesté suivit en personne par la voie de Yezd, & de Kerman pour se rendre dans le Khorassan.

10 Janvier 1747.

Voici,

A.D. 1747.
Nad. 60.

Voici, cependant, la copie du traité de paix dont nous venons de parler.

LE TRAITÉ DE PAIX AVEC LES TURCS.

" Gloire foit à Dieu, qui a plongé dans le fommeil les yeux de
" la commotion, en éveillant les cœurs des monarques; qui a
" fait découler la fontaine de la paix parmi le genre humain, en
" arrêtant le cours de la riviére de la difcorde entre les rois, & les
" puiffans Sultans; qui a rétabli par leur amicable agrément le
" défordre des affaires des fideles croïans; qui a dépouillé leurs
" cœurs des tout reffentiment, afin de pouvoir guérir l'âme bleffée
" de fon peuple; qui a déraciné toute haine, & inimitié de leur
" fein, & leur a ordonné de garder inviolablement leurs traités,
" ainfi que dit le livre à jamais glorieux, " *O vous qui croiez*
" *gardez vos conventions!* "

" Puiffe à prefent le très-haut être gracieux envers fon prophéte
" Mohammed, dont le fiége eft exalté : envers fa famille & fes
" compagnons, & particuliérement fes fucceffeurs les Califes qui
" marchent dans la voïe droite, & qui ufent d'une extréme dili-
" gence pour maintenir la vraïe réligion ! "

Après ces prémifes, il fuit : " Dans les vaftes plaines de Mogan,
" le peuple de l'Iran défira que nous acceptâffions le diadéme
" roïal ; mais voïant les troubles que les héréfies de Chah Ifmaïl
" avoient fufcités dans la Perfe, & l'inimitié qu'elles avoient
" caufée entre les Turcs & les Perfans ; confidérant auffi que la
" fecte des Sunnis étoit fuivie par nos nobles ancêtres, & grands
" progéniteurs, nous refufâmes leur propofition. Mais après
" plufieurs inftances reïterées nous confentîmes de regner fur eûx,
" fous

" fous condition, qu'ils abjureroient de cœur & de bouche leurs
" anciennes erreurs, & reconnoitroient la legitime fucceffion des
" grands Califes (auxquels Dieu foit favorable!) ils confentirent
" à nos demandes, & quittérent leurs héréfies.

A.D. 1747.
Nad. 60.

" Maintenant, puifque fa haute Majefté, exaltée au deffus des
" autres rois du monde, qui a le pouvoir de Salomon, l'éclat du
" foleil, le protecteur des fidéles croïans, le vainqueur des infidéles,
" le roi des deux continens & des deux mers, un fecond Ifcander
" Zoulkarnein, ferviteur des deux cités facrées, l'empéreur &
" victorieux Sultan Mahmoud Khan, dont Dieu a étendû l'ombre
" fur tout l'univers, veritable Calife des croïans & lumiére de
" la famille Turcmane, nous a demandé l'accroiffement de nôtre
" amitié; nous, en conféquence, efpérant la continuation de ces
" fentimens favorables, le difpenfons de deux des articles que
" nous avions propofé, & ne demandons que la confirmation des
" trois autres pour l'uniformité de religion, & pour la préfer-
" vation de nôtre empire, défirant à cette negociation une con-
" clufion heureufe.

" Et quand même nous n'aurions pas eû l'intention d'écarter
" tout fujet d'aliénation entre nous, & de donner la paix à nos
" fujets en faifant fleurir les boutons de rofe de cet amicable
" traité, nous aurions, néanmoins, pour l'honneur des fidéles
" croïans notifié à fa haute Majefté, exaltée ainfi que Salomon,
" nôtre changement fortuné de réligion, & la défertion de nos
" anciennes erreurs.

" Comme quelque parties des provinces de l'Irak, & de
" l'Azarbigian, pendant la regne agité de Chah Ifmaïl fûrent
" transférée à la cour Ottomane, afin qu'il ne refte aucun fujet
" de

A.D. 1747.
Nad. 60.

" de complainte nous donnons, en préfent, un de ces territoires
" à fa Majefté l'Empéreur des Turcs. Et puifque dans la lettre
" roïale que le très-noble Netif Effendi nous a portée, fa très-haute
" Majefté défire d'établir l'amour & la bien-veuïllance entre les
" deux empires de génération à génération, de notre part nous
" croïons, que la confirmation de cette amitié & la tranquillité
" de nos dominations font des objects auffi importans qu'avan-
" tageux; nous défirons donc que la paix faite autrefois dans le
" tems de Morad quatriéme entre les Turcs & les Perfans foit re-
" nouvellée; & nous démandons que fa dite Majefté acquiefce
" gracieufement à ce préfent traité de paix, qui contient le plan,
" la ftipulation, trois articles, & un fuplément.

Plan, ou fondement du TRAITÉ.

" Que la paix conclûë dans le tems du Sultan Morad quatriéme,
" d'heureufe mémoire, entre les deux empires de Perfe & de
" Turquie, foit renouvellée; puiffe-t-elle demeurer ferme, &
" perpetuelle dans toutes les provinces, & puiffe fa continuation,
" n'être altérée ni troublée par aucun manquement.

Stipulation.

" Après que toutes commotions font endormies, & que le fabre
" eft replacé dans le fourreau, après que tout ce qui peut ren-
" verfer la paix, & détruire l'amitié, eft écarté; que la benediction
" de Dieu, le pacte d'amour & d'unanimité foit durable entre
" les deux empires, & les familles des deux monarques jufqu'au
" jour du jugement!

Article premier.

" Que les pélérins de Perse, qui passeront par Bagdad, ou par
" la Syrie pour se rendre au temple sacré, seront conduits d'une
" station à l'autre en sûreté, & protégé par les magistrats & gou-
" verneurs des places qui se trouvent dans leur voïage.

Article second.

" Pour confirmer l'amitié & l'alliance entre les deux cours,
" que tous le trois ans un commissaire soit envoïé de la Porte en
" Perse, & de la Perse en Turquie pour recevoir les tribus mu-
" tuéls.

Article troisiéme.

" Que les esclaves de chacune des deux nations soïent mis en
" liberté, & qu'il ne soit pas permis de les acheter, ou vendre,
" mais qu'ils aïent le privilége de retourner dans leur païs re-
" spectifs.

Appendice, ou supplément.

" Que les gouverneurs de toutes les villes frontiéres évitent
" toutes commotions qui peuvent tendre à la dissolution de ce
" traité; & que les Persans s'abstienent de toute expréssions peu
" convénables rélativement à la réligion qu'ils ont embrassée, & à
" celle qu'ils ont désertée pour suivre la secte des Sunnis.

" Qu'ils ne mentionnent jamais les grands Califes sans dûë révé-
" rence & priéres; que lorsqu'ils voïagent pour aller ou au temple
" de la Mecque, ou à Medine, ou dans quelques autres cités
" célébres, ou qu'ils traversent la Natolie avec d'autres pélérins
" du

" du païs, ou de quelque autre nation Mahometane, il ne leur
" montrent aucune marque d'averfion ou d'aliénation; qu'auffi
" dans les villes impériales on ne mette aucun impôt fur ceux qui
" ne font aucun profit par le commerce, mais que les officiers de
" la doüane faffent païer des droits feulement aux commerçans,
" & ne demandent rien de plus, & qu'enfin dans ces occafions
" on tienne la même conduite dans les deux empires.

" Nous declarons donc, en vertû de ce traité, que la fufdite
" paix, & les articles méntionnés en icelle demeureront à jamais
" fermes entre les deux empires, & les familles de leurs fouverains,
" bien entendû, tant qu'il n'y aura aucune action contraire de
" commife de l'un, ou de l'autre côté. Quiconque de fa part fera
" coupable d'une telle violation offenfera contre fa propre con-
" fcience, & quiconque obfervera ces conventions recevra du ciel
" une récompenfe.

Ecrit dans le mois facré de Moharrem, l'année 1160, de nôtre
prophéte, auquel foit loüanges & faluts!

CHAPITRE

CHAPITRE XVIII.

Récit des événemens de l'année de l'Hégire 1160, répondant à celle du Crocodile.

LE Mardi, la neuviéme nuit du mois Rabielavel trente deux minutes après l'onziéme heure, l'aftre couronné d'or, le foleil, entra dans le palais roïal du Bélier. Alors la nouvelle faifon étala de tous côtés fes plus rians ornemens. Les faules élévoient leurs têtes; le jafmin rafraichiffoit les fens par fes douces odeurs. Les gouttes de rofée, ainfi que des larmes argentées, tomboient des yeux des narciffes, les rofes avoient pris dans les chaines de l'amour le tendre roffignol qui faifoit retentir les bois de fes chants plaintifs; la linotte & le fanfonet gazouïlloient parmi les branches de l'églantine. Les boutons de rofes, d'hyacinthes, d'afphodéles, déploïoient leur beauté devant la cour du printems, qui s'affit comme un monarque environné de plantes vertes & d'arbuftes fleuris. Les planes étendoient leurs branches jufqu'au firmament; les nuées répandoient leurs brillantes ondées. La tourterelle avec un collier de couleurs variées, & la colombe avec fes plumes ondoïantes, joignoient le printanier concert. Les arbres fermes fur les collines étoient baignés par les clairs ruiffeaux qui entouroient leurs racines, ainfi que des chaines d'argent. Toutes les nations fe réjouïffoient dans cette renaiffance générale de la nature, & fe parant des plus agréables fleurs, fe délectoient à parcourir les bofquets, où le zéphir fe joüoit avec les feuïlles des rofes, où les mélodieufes notes du roffignol rempliffoient l'âme de défirs, tandis

A.D. 1747.
Nad. 60.
10 Mars.

A.D. 1747. que les tulipes, les anemones, & les violettes azurées, bordoient
Nad. 60. chaque rivage.

Dans ce tems la fête du nouvel an fût celebrée hors de la ville de Kerman avec les marques ordinaires de profperité & d'heureufe fortune.

Delà l'armée impériale fe mit en marche pour Mechehed; où Nader Chah fût fort furpris de voir le trône prefque déferté, & toutes les places en confufion & pleines de revoltes.

Il envoïa Nafralla Mirza, Chahrokh Mirza, & les autres princes, ainfi que fes joïaux & fes meubles précieux, à Kélat, dans l'éfpoir decevant qu'ils feroient toûjours en fûreté dans ce chateau.

Il entra enfuite dans le Khoraffan, & par le flamboïant cimeterre de fon ire fit perdre la vie à une multitude d'innocens confondûs avec les coupables.

CHAPITRE

HISTOIRE DE NADER CHAH.

CHAPITRE XIX.

Fin de la vie de sa Majesté d'heureuse mémoire : récit de sa mort : massacre de ses enfans & de ses parens.

DEPUIS le commencement du régne de Nader Chah, jusqu'à son retour du Kharezme, & sa marche dans le Dagheſtan, il s'étoit entiérement occupé du soin de son empire, & de l'administration de la justice, de maniére que le peuple de l'Iran auroient donné leurs vies pour sa préservation ; mais après ce tems il changea entiérement de conduite.

A.D. 1747.
Nad. 60.

A l'instigation de quelque genie ennemi, ce malheureux monarque prêta l'oreille à des délateurs mal-intentionnés, & fit arracher les yeux à Riza Kuli Mirza, le meilleur & le plus cher de ses fils. Les remords suivirent de près cette cruauté précipitée, & Nader Chah devint comme furieux. Les mauvaises nouvelles qu'il reçût successivement des troubles arrivés dans plusieurs endroits de sa domination augmentérent sa rage.

Dans ce nombre étoit la revolte des habitans de Fars & de Benader. Taki Khan, dont nous avons fait mention, gouvernoit ces païs, & avoit été élevé de la principauté de Chiraz au gouvernement de Fars & d'Omman ; mais plus Nader Chah l'avoit comblé de bienfaits, plus il fût sensible à sa trahison, qui après lui avoir fait massacré Kelbali Khan, lui fit élever l'etendart de la rebellion.

A.D. 1747.
Nad. 60.

D'un autre côté les habitans de Chirvan, après avoir mis à mort leur gouverneur Heider Khan, & choisi pour leur chef Mohammed fils de Serkha le Lekzie, avoient commis les plus insolens outrages. Le peuple de Tauris s'étoit déclaré en faveur d'un prétendant d'une obscure naissance. Les Kagiars d'Asterabad, joints aux Turcmans, s'étoient aussi révoltés.

Tous ces malheurs aïant coup sur coup ébranlé l'âme de Nader Chah, déjà troublée par les regrets qu'il donnoit à son fils, excitérent sa ferocité à un point qui n'eût plus de bornes. Il ne se contenta pas de punir rigoureusement ceux des rebelles qui tombérent entre ses mains ; mais, dans son aveugle rage, il fit aussi mettre à mort les gouverneurs de plusieurs districts qui n'avoient nulle correspondance avec les provinces revoltées.

Le sang le rendant de plus en plus altéré de sang, il fit une proscription, dans laquelle une multitude de noms furent insérés, & les proscrits mis à la torture étoient tourmentés de la plus barbare maniére ; dans ce nombre se trouvérent plusieurs des ministres & des chefs de l'empire. Ceux qui étoient préposés pour tenir cette fatale liste y metttoient à leur gré & sans motifs tous ceux dont ils se ressouvenoient, ou plutôt ceux dont les richesses excitoient leur avarice.

Ces inhumanités atroces forcérent les misérables peuples à fuïr, & à se choisir une habitation avec les hiboux des déserts ; mais s'il arrivoit qu'ils fûssent rencontrés ou atteins, ils étoient ou privés de la vie, ou tourmentés cruellement ; on leur arrachoit les yeux, on leur coupoit les oreilles & le nés. Les collecteurs des impôts arrétoient même ceux qui passoient dans les ruës, & ne laissoient échaper que ceux qui rachetoient leurs vies au prix de leur trésors,

au

HISTOIRE DE NADER CHAH.

A.D. 1747.
Nad. 69.

au dépens de leur patrimoine. Enfin les cruautés qui étoient exercées sont au delà de toute conception. Tous ces actes sanguinaires, loin de satisfaire la phrénésie de Nader Chah, le mettoit encore plus hors de lui-même. Il fit mourir plusieurs Indiens, Mahometans, & Armeniens, dans la grande place d'Isfahan; & dans tous les lieux où il passoit il faisoit empiler des têtes humaines sur le faîte des Mosquées, & en formoit d'éffraïantes pyramides.

En ce même tems la province de Seistan aïant pris part à la revolte presque générale, Nader Chah envoïa Ali Kuli Khan son neveu pour la réduire, auquel il associa Thamasp Kuli Khan Gelaïr. Il leur enjoignit de faire un dénombrement exact de ces peuples, & de les mettre à une forte contribution.

Ces ordres furent executés; & des commis inéxorables, munis d'une large liste de condamnés, partirent avec la vitesse des éclairs pour commencer de tous côtés leurs recherches.

Cependant Ali Kuli Khan, aïant consideré que rien ne suffiroit pour appaiser le desordre de l'âme furieuse de Nader Chah; voïant qu'il avoit sans retour fermé ses oreilles à la verité, se joignit aux Seistaniens, & leva l'étendart d'une nouvelle rebellion.

Thahmasp Kuli, qui n'avoit jamais manqué de fidelité, ni porté la tâche de la trahison, ne pût d'abord s'empêcher de s'unir à Ali Kuli Khan; mais bien-tôt sa conscience allarmée fît taire tout autre motif; il tâcha de dissuader son confédéré, qui irrité de sa défection le fît empoisonner.

Alors

Alors déploïant les banniéres de l'indépendance, Ali Kuli Khan se fit proclamer souverain dans plusieurs provinces, & attira à lui ceux qui s'étoient retirés & cachés dans la crainte d'éprouver la rage de Nader Chah. De ce nombre fûrent les Kiurdes de Khabouchan, qui sécouant entiérement le joug de l'obéïssance pillérent plusieurs districts. Nader Chah partit aussi-tôt pour les châtier, & un Dimanche au soir, onziéme de Gemadi'lakhri, campa à la station de Fathabad à deux parasanges de Khabouchan.

Ce fût en ce lieu que par le consentement d'Ali Kuli Khan, & avec l'assistance de Mohammed Saleh Khan & de Mohammed Kuli Khan l'Afchar, capitaine des gardes, le sort fatal de ce héros fût décidé. Trois officiers considérables nommés Mohammed Khan Erivani, Moussi Beg Taremi, Koutché Beg Gondozlaï, entrérent dans la tente roïale à minuit, tuérent ce grand roi, & firent une balle de paume de cette tête que l'univers peu auparavant étoit à peine capable de contenir.

Quand au matin la nouvelle de cette action fût répandûë au dehors, & que les chefs de l'état fûrent assemblés, Ahmed Khan Abdali, qui avoit été fort attaché à Nader Chah, engagea une troupe d'Afgans & d'Ouzbegs à assaïllir les Afchars & les soldats du camp; mais ils fûrent repoussés, & appaisés après un court engagement; enfin, Ahmed voïant l'inutilité de ses efforts, aprés avoir rassemblé quelques Afgans, marcha vers Kandehar.

Les Afchars envoïérent aussi-tôt un détail circonstancié de cet événement à Ali Kuli Khan. Ce prince, ravi de voir un tel succès à sondessein, se rendit en hâte en Khorassan; laissant son fils Sohreb avec une tribu de Bakhtiaris, & aïant envoïé d'autres troupes pour investir Kélat.

Ces

Ces troupes étoient à peine arrivées devant ce château, considérant entre elles les vicissitudes de la fortune, qu'un accident imprévû leur donna lieu d'éprouver sa faveur. Le garde d'une des tours de Kélat, aïant besoin de faire sa provision d'eau, descendit par une échelle, qu'il laissa imprudemment dans le lieu dont l'ennemi venoit de s'approcher. Cette opportunité inesperée fût dans l'instant saisie; le détachement d'Ali Kuli Khan monta au comble de ses désirs, entra dans le chateau, s'empara d'une place que ses fortifications auroient rendû imprénable, & la faisoit regarder comme une des merveilles du monde.

A. D. 1747.
Nad. 60.

Nasralla Mirza, Imam Kuli Mirza, & l'excéllent prince Chahrokh Mirza, montérent aussi-tôt à cheval, & s'enfuirent du côté de Merou. Cazem Beg, frére d'Ali Kuli Khan, étoit alors aussi à Kelat; il se mît à la poursuite des princes, mais n'aïant pû les atteindre, il revint, & envoïa après eûx Dost Mohammed Tchétché, le fauconnier de Nasralla.

Imam Kuli & Chahrokh Mirza fûrent pris à neuf parasanges de Kélat. Un nommé Corban Kuli fût mis sur les traces de Nasralla, & l'atteignit à Houzifenk; mais ce jeune prince, lui aïant porté un coup furieux avec son cimeterre, le fît tomber de cheval, & eût le tems de se sauver jusqu'auprès de Merou, là, aïant malheureusement rencontré quelques soldats de la garnison de cette ville, il fût saisi, & reconduit à Kélat.

Bien-tôt après Riza Kuli Mirza fût mis à mort, ainsi que seize autres princes du sang roïal; on n'épargna ni l'inhabilité à succeder dans l'un, ni l'âge dans les autres. Les trois princes ci-dessus mentionnés fûrent conduits en Khorassan, où l'on massacra Imam Kuli & Nasralla.

A.D. 1747.
Nad. 60.

Chahrokh, qui n'avoit que quatorze ans, n'eût pas le même fort; on l'enferma fecrettemment dans le chateau de Mechehed, & on répandit le bruit qu'il avoit peri avec fes fréres. Le deffein d'Ali Kuli Khan étoit de fe défaire du jeune prince, s'il voïoit pouvoir garder l'empire pour lui même ; mais au cas que les Perfans ne s'accommodâffent pas de fon regne, & demandâffent un fils de Nader Chah, il comptoit leur préfenter Chahrokh Mirza, l'élever fur le trône, & gouverner pour lui.

CHAPITRE XX.

Régne d'Ali Chah & d'Ibrahim Chah: mort de ces deux princes.

23 Juin
1747.

QUAND les yeux & le cœur d'Ali Kuli Khan fûrent fatisfaits par la mort des princes, il fût inftallé fur le trône en Khorafian fous le nom d'Ali Chah, le vingt-feptiéme de Gemadi'lakhri de la même année. Auffi-tôt on battît monnoïe à fon coin, & les priéres publiques fûrent faites en fon nom. En conféquence quinze crores d'argent (chaque crore valant cinq cent mille tomans) fûrent retirées du chateau de Kélat. Le refte des chofes precieufes que ce tréfor contenoit, étoit au delà de toute conception, tant en garderobes qu'en meubles & joïaux.

Ces richeffes immenfes, dignes du grand Nader, fûrent tranfportées de Kélat à Mechehed, où Ali Chah les prodigua à grands

&

& petits avec un profusion sans bornes; il disperfoit l'argent le plus pur comme de vils grains, & les plus précieuses piérreries comme des cailloux & du verre.

A.D.1748.

Il nomma Hufn Ali Khan & Sohrab pour principaux infpecteurs de fes tréfors & de fes revenûs, tandis qu'il jouïffoit de toutes fortes de plaifirs, & fe plongeoit dans les delices. Il établit Ibrahim Khan fon frére général & gouverneur d'Isfahan, & l'envoïa réfider dans cette ville.

Cependant plufieurs tribûs d'Afchars, un grand nombre de familles de l'Irak & de l'Azarbigian, ainfi qu'une compagnie de Bakhtiaris que Nader Chah avoit tranfplantée en Khoraffan, faifirent cette opportunité pour retourner dans leurs païs refpectifs. Les Kiurdes de Khaboucban, après avoir reçû de magnifiques récompenfes, fe revoltérent; mais ils fûrent réduits par Ali Chah qui marcha en perfonne contre eûx.

Ce prince, enfuite, voïant que les provifions dévenoient très rares dans le Khoraffan, le quitta pour le Mazenderan, où il féjourna fept mois. Pendant ce tems Allayar Khan, commandant d'une compagnie d'Afgans, & Otalla Khan, général des Ouzbegs, qui tous deux étoient dans Chehrzour avec leur troupes, fe rendirent à Isfahan, d'où ils vinrent offrir leur fervice à Ali Chah.

La vie effeminée de ce prince avoit rendû fes miniftres abfolûs; Sohrab Khan dirigeoit toutes les affaires de l'empire; Hufn Ali Khan trouvant que ce jeune homme étoit un obftacle à fes propres deffeins, refolût de le perdre; à cet effet il l'envoïa fous quelque pretexte plaufible à Ibrahim Khan, qui le fît mettre à mort.

PART II. B b Bien-

A.D. 1748. Bien-tôt après Ibrahim pourſuivant ſes trâmes ſecrettes entreprit de mettre dans ſes interêts les Afgans, les Ouzbegs, & tous les chefs qui étoient auprès de lui, prenant leurs cœurs dans les filets de l'amitié avec l'amorce des préſens & de la munificence. Alors il étendit dans les airs les aîles de ſes hauts deſſeins, & prétendit à une indépendance entière. Il nomma pour ſon prémier miniſtre Selim Khan l'Afchar; il fût auſſi gagner par ſa bonté & ſa bien-veüillance Emiraſlan Khan, que le feu roi avoit fait gouverneur de l'Azarbigian, & qui commençoit de devenir ſuſpect à Ali Chah.

Quand toutes ſes méſures fûrent priſes, Ibrahim, écartant le voile qui couvroit ſes actions, envoïa un corps des troupes compoſé d'Afgans & d'Ouzbegs contre la ville de Kermanchah.

Emir Khan, fils de Yar Beg Khan, maître d'artillerie, étoit alors gouverneur de cette ville, & s'étant oppoſé à Ibrahim, il fût vaincû, & fait priſonnier: l'armée conquérante pilla la cité, ainſi que les marchands & les étrangers qui y reſidoient, & prit une entiére poſſeſſion de ces quartiers.

Ibrahim aïant quitté Isfahan, & dirigé ſa marche vers l'Azar-bigian, Ali Chah s'avança pour le châtier de ſa rebellion; de ſon côté Ibrahim mît ſes forces dans un ordre complet. Les deux armées ſe rencontrérent entre Zengian & Sultania, mais pluſieurs ſoldats d'Ali Chah déſertérent, & dans la chaleur du combat paſ-férent du côté d'Ibrahim.

Les autres troupes d'Ali Chah fûrent défaites, & s'enfuirent par diverſes voïes. Ali Chah, avec trois de ſes fréres & un grand nombre de nobles, tâchérent de gagner Tehiran; mais Ibrahim

envoïa

envoïa un parti après eûx, qui les atteignit, & l'infortuné Ali A.D. 1748.
Chah fût condamné à perdre les yeux.

Après cette action Emiraflan se rendit avec ses troupes à Tauris, & Ibrahim à Hamadan.

Ce prince, voïant qu'Emiraflan avoit un pouvoir sans limite dans le païs, se détermina à se défaire de lui. A cette effet il quitta Hamadan, & proche de Meragué il donna bataille à ce Khan & le vainquit; celui-ci guidé par Cazem Khan s'enfuit vers le Couheftan, mais étant trahi par Cazem, & renvoïé à Ibrahim, il fût mis à mort ainfi que son frére Sarou Khan.

Par ces victoires Ibrahim étant devenû maître absolû de l'empire, il forma une armée de cent vingt mille hommes.

La lampe de la prosperité d'Ali Chah aïant été ainsi éclipsée par la lueur de celle d'Ibrahim, le flambeau de la fortune de ce dernier brilla comme l'étoile du matin. Ibrahim établit son frére Huffein Beg, commandant du Khorassan, & l'envoïa dans cette province en lui assoçiant Naki Khan & Mohammed Riza Khan, avec cette déclaration : " Que, comme alors par droit héréditaire
" l'empire étoit dévolû à son Altesse le prince Chahrokh, & qu'il
" étoit impossible qu'on le plaçât sur le trône sans la concurrence
" & le consentement de tous les chefs des provinces, il étoit
" mieux qu'on conduisit ce prince en Irak, où il seroit cou-
" ronné."

Le dessein d'Ibrahim dans cette proposition étoit de transporter les trésors de Mechehed dans l'Irak, & en se conciliant l'affection des peuples du Khoraffan de s'emparer de l'unique & incomparable perle qui restoit de la splendide conque de la famille impériale de Nader.

A.D.1748.

Les seigneurs des Kiurdes & les chefs du Khorassan firent réponse, qu'il n'étoit pas nécessaire d'envoïer le prince dans l'Irak, qu'il pouvoit bien être installé à l'empire dans le Khorassan, & que si Ibrahim étoit sincére dans le dessein qu'il témoignoit, il devoit consentir qu'on l'executât sur le champ.

En conséquence de cette resolution, & d'un accord unanime, on fût prendre Chahrokh Mirza dans le chateau ; mais ce prince refusa d'abord la couronne qu'on lui offroit, & ce ne fût que sur des sermens réiterés de fidelité qu'il l'accepta. Enfin le huit du mois Chaval, en l'année 1161, Charokh monta sur le trône, dont il héritoit, dans la terre fortunée de Khorassan.

20 Septembre 1748.

A cette nouvelle Ibrahim Khan leva le masque de la dissimulation, & le septiéme de Zoulheggé de la même année, se revolta ouvertement dans Tauris, s'asseïant sur le siége du simulacre de l'empire, & faisant battre la monnoïe à son coin.

17 Novembre.

Il suivit l'exemple de son frére Ali Chah ; il répandit de l'or & de l'argent autour de lui comme le zéphir éparpille les feüilles des fleurs printaniéres. Il prodigua millions après millions, & pour gagner plus de cœurs, il éleva, sous prétexte de générosité, les plus abjets du peuple aux richesses, aux dignités, & aux honneurs : enfin il établit les plus méprisables & les plus ignorants de ses soldats ministres des plus importantes affaires.

Bien-tôt après il quitta l'Azarbigian, & s'avançant vers le Khorassan il envoïa à Kom sa famille & son malheureux captif Ali

Ali Chah; mais quand il eût atteint la station de Serkhé Semnan, A.D. 1748. plusieurs de ses soldats ne pouvant plus supporter d'être continuellement harrassés par les ambitieuses entreprises de leur maître, désertèrent les uns vers Chahrokh Chah, les autres pour retourner dans leurs propres païs.

Quand Ibrahim Chah vit cette défection, il tacha, accompagné seulement d'une troupe d'Afgans qui lui étoient demeuré fidéles, de gagner Kom; mais la garnison de la citadelle lui ferma les portes de la ville, qu'il ordonna à ses Afgans d'assaillir, & qui après plusieurs attaques fût reduite & saccagée.

Ibrahim tourna ensuite ses armes contre la forteresse de Kelà, lorsqu'enfin les habitans de cette place, aïant trouvé le moïen de se saisir de sa personne, l'envoïérent chargés des chaines à la cour de Charokh.

Cependant la personne que le jeune roi avoit nommé pour conduire ce prisonnier, le tua dans le chemin, & n'en fît porter que le cadavre à son maître; Ali Chah fût aussi mis à mort en represaille du meurtre des jeunes princes.

Ce fût alors que Chahrokh Chah parût entiérement fixé dans la possession de l'empire; toute la province de Khorassan se soumit à lui, mais les Kiurdes de Khabouchan, & plusieurs tribus Arabes, n'eûrent que l'apparence de la fidelité, & entretinrent les étincelles de la trahison dans leurs cœurs.

Mirza Seid Mohammed, fils de Mirza Daoüd, dont la mére étoit fille de Chah Soliman d'heureuse mémoire, avoit été élevé au gouvernement de Khorassan sous le régne de Nader, & avoit

été

A.D. 1748. été intéressé dans les affaires d'état sous Ali & Ibrahim Chahs. Ce fût lui qui forma le plus cruel dessein contre le jeune roi Chahrokh, seul joïau de deux nobles mers; jardin dont l'existence étoit arrosée de l'eau du bosquet de roses de Nader, & du berceau de fleurs de Sefi, lui à qui par conséquent appartenoit si justement l'auguste empire.

Cet homme barbare fît arracher au jeune prince ses yeux qui siégeoient dans l'empire de son corps comme deux monarques sur leur trônes de christal.

Une telle méchanceté ne demeura pas impunie; deux mois après fûrent justifiées les paroles du poéte, qui dit:

  Celui qui fait le mal, doit s'attendre au retour,
  Et dans son propre piége, il est pris à son tour.

Mirza Seid Mohammed fût donc pris, & subit le chatiment qu'il méritoit; car Youssef Ali Khan Gelaïr le priva de la vûë, & le fît servir d'exemple à ceux qui voïent. Alors Chahrokh Chah fût replacé sur le trône: mais, il n'eût que le nom d'empéreur, son aveuglement le rendant incapable de gouverner.

Depuis ce tems la Providence a voulû que les chefs de plusieurs provinces aïent élevés les étendars de l'indépendance, & qu'étant ennivrés du vin de l'arrogance & de leurs propres projets, ils aïent laissé échaper de leur main le bouton d'appui du bon sens & de la prudence, qu'ils aïent continué à s'harrasser les uns les autres, oppréssant le foible & le malheureux, & excitant d'inombrables commotions; de maniére que la patrie affligée n'a pas joüi d'un moment de tranquillité; n'a pas été affranchie un seul instant de la calamité & de l'oppréssion.

A pré-

A préfent, gloire foit rendûë à Dieu qui préfide fur tous les fiécles; A.D. 1748. cet ouvrage eft fini, dans le tems que la voix de la bonne fortune & la trompette de la profpérité font retentir l'univers des louänges du grand & puiffant feigneur, doué des forces d'Alexandre, de la valeur de Feridoun, du pouvoir de Gemchid, des maniéres de Dara & de Soliman, le héros victorieux, auffi ferme que le ciel, le centre du cercle de la foi & de la fûreté, le jardin printanier de la douceur & de la libéralité, Mohammed Hufn Khan; puiffent fes ban- niéres être exaltées au deffus des étoiles auffi long-tems que les cieux dureront! tous les hommes font obligés à faire des vœux pour la continuation de fa vie, & de fa félicité; tous lui doivent un tribut de reconnoiffance pour fa bien-faifance & fa générofité. A fon approche la fraïeur & la crainte s'emparent de l'âme de fes competiteurs, l'efpérance ranime fes amis, afin que les clefs de la victoire foient délivrées en fes heureufes mains. Si par les bontés du Très-haut, l'aube de la tranquillité brille dans le ciel de la fortune, & me laiffe joüir de quelque répos, les actions des chefs de tribus & les evénemens depuis la mort de Nader Chah en 1160 jufqu'à cette année 1171, feront décrits par la plume A.D. 1747. de la narration dans un fecond volume. A.D. 1757.

Paix & profpérité au lecteur!

F I N.

HISTOIRE DE NADER CHAH.

TRADUCTION LITERALE

DES

VERS CONTENUS DANS LA SECONDE PARTIE

DE

L'HISTOIRE DE NADER CHAH.

LIVRE IV. CHAPITRE I.

* Page 4. Voici le tems où il me convient de placer mes effets dans la maison des banquets, & de m'y repofer en jouïffant de la tranquillité & des plaifirs.

* Page 4. Tandis qu'on acquiert l'honneur & la renômmée du vin & de la falle des banquets, nous laifferons tomber nos têtes dans la pouffiére fur le marche-pieds du maître de Mogan.

* Page 4. Pourquoi abandonnerions nous la demeure du Seigneur des banquets? La fortune y réfide; la tranquillité y fait fon féjour.

CHAPITRE II.

* Page 7. Toi qui porte ces coupes à la ronde, verse du vin, car ma bien aimée a ôté le voile qui couvroit son visage; la lampe des réduits agréables est rallumée.

Le ciel m'a envoïé une nimphe aimable, qui m'a délivré du poids de la tristesse qui oppréssoit mon âme.

* Page 8. Les étendars de la sultane Rose sont déploïés sur les bordures des jardins; puisse son arrivée au milieu des jasmins & des cyprès être accompagnée de la prosperité!

CHAPITRE III.

* Page 11. Le monde renait & prospére comme le jour nouveau; l'allégréffe du printems se répand en tous lieux, & nous ranime ainsi que les feux de la prémiére jeunesse.

* Page 12. Le vieïllard vint dans la salle des banquets; remplit sa coupe; s'assit & discourut avec vieux & jeunes; car, quoique les dévots se ceignent du zone de la piété, ils savent jetter leurs turbans aux nuës, quand la splendeur des verres a effacé la lumiére de la lune, & que les joües des beaux adolescens & des charmantes nimphes volent au soleil son éclat.

LIVRE V. CHAPITRE VI.

* Page 70. Quand les inombrables armées fûrent rangées en ordre de bataille, les étoiles dégoutérent du fang.

Les violens mouvemens des guerriers obfcurcirent la lune, & les fignes du Taureau & des Poiffons.

Lorfque le firmament entr'ouvroit fes voïles, on voïoit les étoiles fur les pointes des lances.

NOTES

NOTES
A
L'HISTOIRE DE NADER CHAH.

SUR L'ANNEE MAHOMETANE.

L'ERE Mahometane commence au prémier de Moharrem de l'année en laquelle Mahomet s'enfuit de la Mecque. Cette fuite, selon les plus authentiques histoires & les plus justes calculations, arriva le quinziéme de Juillet, A. D. 622; & du mot d'Hegérah, qui en Arabe signifie retraite, est pris celui d'Hégire.

L'année Arabe est lunaire; elle est ordinairement de trois cent cinquante quatre jours; ce qui nous oblige d'y intercaler onze jours pour la faire répondre à la nôtre. Dans l'espace de trente années leur dernier mois reçoit un jour additionel onze fois, laquelle intercalation arrive la seconde, cinquiéme, septiéme, dixiéme, treiziéme, quinziéme, dix-huitiéme, vingt-uniéme, vingt-quatriéme, vingt-sixiéme, & vingt-neuviéme années dans le cours de chaque trente ans; de maniére que, si une année de l'Hégire est

est divisée par trente, & que quelqu'un de ces nombres que nous venons de mentionner reste, on peut connoître qu'elle est intercalaire.

Les mois Arabes sont lunaires, & consistent en trente & vingt-neuf jours alternativement. Comme il est souvent fait mention dans cette histoire des noms de ces mois tant en Persan & en Syrien qu'en Arabe, on les donnera ici dans ces trois langues & dans leur ordre naturel.

ARABE.	Jours.	PERSAN.	Jours.	SYRIEN.	EUROPEEN.	Jours.
Moharrem	30	Fervardin	30	Adar	Mars	30
Sefer	29	Ardibechet	30	Niffan	Avril	30
Rabiulevel	30	Khorded	30	Aiar	Mai	31
Rabieffani	29	Tir	30	Heziran	Juin	30
Gemadilevel	30	Morded	30	Tamuz	Juillet	31
Gemadilakhri	29	Charriar	30	Ab	Août	31
Regeb	30	Mehr	30	Eiloul	Septembre	30
Chaban	29	Aban	30	Pr Ticharin	Octobre	31
Ramazan	30	Adur	30	Sd Ticharin	Novembre	30
Chewal	29	Dei	30	Pr Canoum	Decembre	31
Zoulkadé	30	Bahman	30	Sd Canoum	Janvier	31
Zoulheggé	29, ou 30	Asfendarmaz	30	Chebet	Fevrier	28, ou 29

Les mois de Moharrem, de Regeb, de Zoulkadé, & de Zoulheggé, sont tenûs pour sacrés par les Mahometans; & le treize, le quatorze, & le quinze de chaque mois, sont regardés comme des jours fortunés.

Quand au cycle Mogol de douze années, portant chacune le nom d'un animal, le voici.

La Souris.	Le Cheval.
Le Beuf.	La Brébis.
Le Leopard.	Le Singe.
Le Lievre.	La Poule.
Le Crocodile.	Le Chien.
Le Serpent.	Le Pourceau.

SUR L'HISTOIRE DE PERSE.

S'IL arrive que cet ouvrage reçoive un favorable accueïl du monde lettré, on pourra mettre en ordre des materiaux qu'on a rassemblé pour une histoire de Perse, depuis la fondation de cet empire jusqu'à notre siécle. Il suffira pour le présent de donner ici une table des noms des rois Persans qui peuvent se trouver mentionnés dans cette histoire, depuis Caïoumaras jusqu'au petit fils de Nader Chah.

Premier Periode.

LES DESCENDANS DE CAIOUMARAS.

Ce période contient quatre dinasties; les Pichedadiens, les Caïaniens, les Achekaniens, & les Saffaniens.

Caïoumaras.

Caïoumaras.	La Reine Homay.	Safara.
Siamek.	Dara.	Beleche.
Houcheuk.	Dara II.	Giamafp.
Thahmouras.	Alexandre.	Kobad.
Gemchid.	*Interregne.*	Anouchirvan.
Zohak.	Chapour.	Hormoz II.
Feridoun.	Ardechir Babagam.	Beharam Gioubin.
Manoutcheher.	Chapour Zoulaktef.	Khofres Parviz.
Naudar.	Ardechir Hormoz.	Kobad Chirouïé.
Afrafiab.	BeharamKermanchah.	Chahriar.
Zab.	Yezdegerd I.	Gehanchir.
Caicobad.	Khofrev.	La Reine Tourandokht.
Caicaous.	Beharam Gour.	Chidá.
Caikofrev.	Narfi.	La Reine Azarmidokht.
Loharafp.	Yezdegerd II.	Ilofri.
Gachetafp.	Hormoz.	Firukhzad.
Bahman.	Firouz.	Yezdegerd III.

SECOND PERIODE.

LE REGNE DES CINQUANTE HUIT CALIFES.

Les Arabes fûrent maîtres de la Perfe depuis le milieu du feptiéme fiécle jufqu'à la troifiéme partie du treiziéme ; mais ils n'y regnérent pas dans tous ce tems avec la même autorité. Si les Ommiades y confervérent les privileges de leur dignité, & leur pouvoir, les Abbaffides y perdirent prefqu'entiérement l'un & l'autre. Sous ces derniers Califes une multitude d'independantes dinafties commencérent à s'élever en diverfes provinces, & réduifirent le califat à n'être plus que le phantome de la fouveraineté.

HISTOIRE DE NADER CHAH.

Troisieme periode.
LE REGNE DES TARTARES.

La dinaſtie des Genghizkaniens dura depuis l'année 1228 juſqu'en 1337, & celle des Timuriens depuis 1405 juſqu'en 1450.

Quatrieme periode.
LE REGNE DES TURCMANS.

Ce periode, qui finit vers l'année 1515, comprend les dinaſties des noirs & des blancs Turcmans; les prémiers aïant eû quatre rois, & les ſeconds huit.

Cinquieme periode.
LE REGNE DES SEFIS.

	Meurt.
Chah Iſmaïl Sefi,	1525
Chah Thahmaſp,	1576
Chah Iſmaïl,	1578
Chah Mohammed,	1585
Chah Abbas,	1628
Chah Sefi,	1642
Chah Abbas II.	1664
Chah Soliman,	1694
Chah Huſſein,	1726
Chah Thahmaſp II.	—
Chah Abbas III.	1734

Nader

Nader Chah, Ali, Ibrahim, & Chahrokh, fuccedérent à la race des Sefis. Quand aux empéreurs de l'Inde ils defcendent de Tamerlan, & font quelquefois nommés Gourganiens d'un titre de ce fameux conquérant.

SUR LA GEOGRAPHIE DU ROIAUME DE PERSE.

A.

ABERKOUH, ville & diftrict limitrophe au païs de Fars, environ trente lieuës de Yezd. Il y a un petit diftrict de ce nom à vingt lieuës d'Isfahan.

ABHER, ville de l'Irak Agemi, entre Kazvin & Zengian, à douze lieuës de l'une, & à quinze de l'autre.

ABIVERD, ou Abaverd, ou Beverd, ville du Khoraffan, entre Serkhes & Niffa.

AFGAN, ou Avgan, nation très guerriére, mais fauvage, qui a caufé toutes les calamités dont la Perfe a été affligée dans le fiécle préfent; ils font nommés Ougamis par Ali Yezdi, qui leur donne un langage particulier, ainfi que l'auteur de l'hiftoire de Nader Chah.

AMOUIE, ou Amivié, il paroit que c'eft ici le nom moderne de la riviére Gihoun, qui eft l'Oxus de Ptolomée. Pour empêcher qu'on ne confonde entre Gihoun & Gihan, Sihoun & Sihan,

Sihan, il faut obferver, que la riviére Gihoun coule de Badadkh-chan à travers de Balkhe, & fépare l'Iran du Touran ; le Gihan arrofe le païs de Sis en Natolie ; le Sihoun baigne Chache, un des beaux territoires de Mavaranneher ; & le Sihan vient du Gihan à Adné ville de Natolie. Le cours de la riviére Gihoun eft tracé par Safieddin de la maniére fuivante : " d'une " montagne nommée Divfaran, qui borde les païs de Hind, " Sind & Cabul, & dans un lieu nommé Andemas fort une " claire fontaine, dont les eaux abondantes produifent d'abord, " une multitude de petits ruiffeaux, qui fe reüniffant forment " cette large riviére, laquelle arrofe plufieurs contrées, & enfin " fe décharge au fud-eft du lac de Kharezme." Ce lac, dit Ebn Haukah, a cent lieuës de circonférence ; fes eaux font falées, & paroiffent ne jamais décroitre ; il eft près d'une ville nommée Gianib, à cinq lieuës de Corenge. Le milieu de ce lac eft à 90 degrés de longitude, & 43 de latitude feptentrionale. Les poëtes defignent fouvent par Gihoun un grand amas d'eaux.

ARABES, les habitans d'une contrée affés connûë.

ARAS, ou Arous, l'Araxes des anciens.

ARDEBIL, ville très confiderable de l'Azarbigian, à vingt-cinq lieuës de Tauris.

ARDILAN, voïez d'Herbelot.

ARMENIE, } voïez Azarbigian.
ARRAN,

PART II.   D d   ASTERABAD,

ASTERABAD, ville du Mazenderan, à trente neuf lieuës d'Amol.

ATOK, une branche de l'Indus.

AZARBIGIAN, large province, qui est l'ancienne Medie; elle est communement décrite par les géographes orientaux avec l'Armenie & Arram. Ces trois païs sont bornés à l'ouest par Roum & la Mésopotamie; au sud par une partie de la Mésopotamie & par l'Irak; à l'est par Couhestan & Dilem; au nord par Gebal Alkeitak, ou chaine de montagnes qui commence à la mer Caspiene.

B.

BADGHIS, ville du Khorassan, dans le voisinage d'Hérat; quelques uns disent qu'on devroit prononcer Badkiz, qui signifie vents, ou tempêtueux.

BADAKCHAN, voïez d'Herbelot.

BAGDAD, ville fameuse dans l'Irak Arabe.

BAHREIN, province de l'Yemen; le nom de Bahrein, qui signifie les deux saisons, est donné à cette province à cause de sa situation, aïant le Golfe Persan à l'est, & la mer au sud; sa capitale porte le même nom.

BAKHERZ, district de Nichapour.

BAKHTIARI, ce païs, qu'on ne peut trouver dans les dictionnaire géographiques de Sefieddin & de Sphahizadé, ne doit pas être confondû avec la Bactrienne des anciens.

BALKHE

BALKHE, voïez d'Herbelot.

BALOUGESTAN, le païs des Balouges, nation très guerriére; on n'en peût trouver l'exacte situation dans les auteurs orientaux.

BAMIAN, ville du Zableſtan, ſituée ſur une montagne.

BASRA, voïez d'Herbelot.

BENDER, ville qui a un port de mer fameux vis-à-vis d'Ormuz dans le Golfe Perſan.

BASTAM, ville du Khoraſſan.

BERDES, ville ſur les confins de l'Azarbigian, abondante en jardins fertiles, & en belles eaux.

BOKHARA, voïez d'Herbelot.

C.

CABUL, province entre l'Inde & le Segeſtan; Safieddin dit qu'elle abonde en bois d'aloes, en cacao, & en ſaffran; ſa capitale porte le même nom.

CACHAN, ou plutôt Kachan, eſt une ville de l'Irak Perſan, moins conſidérable que Kom, mais très connûë par ſes ſcorpions venimeux. Cachan, épélé avec la lettre Caf, eſt une ville de la Tranſoxane.

CACHEMIR, ou Kachemir; cette extraordinaire contrée est très connûë par l'agreable rélation de M. Bernier, mais il ne paroit point que sa traduction de l'histoire de Cachemir aïe été publiée; on en voit l'original à Oxford, écrit par un Cachemirien, & qui mérite bien d'être traduit. Il ne sera, peut-être, pas hors de propos de donner ici une courte description de ce beau païs, tirée d'Ali Yezdi, mais plus litérale que celle de M. Petit de la Croix.

Description de Cachemir.

Puisque Cachemir est une des plus fameuses régions du monde habité, & si remarquable par sa situation; puisqu'on y voïage si peu, il convient d'en donner une description d'après des personnes dignes de foi, nées dans ce païs, & qui en ont examiné avec soin le local, les productions, & le climat; on y joindra ce que les géographes disent de ses longitudes & latitudes : (le Tout-puissant est notre support).

Cachemir est une province près de Kah, environ le milieu du quatriéme climat. Le commencement de ce climat a 33 degrés 37 minutes de latitude; son milieu 36 degrés 22 minutes; sa fin 38 degrés 54 minutes. Cachemir est à 35 degrés de latitude de l'equateur, & à 105 degrés de longitude des Isles Fortunées. La forme de cette contrée est oblongue; de hautes montagnes l'entourent de toutes parts. Elle a Delhi & les territoires de l'Inde au midi; Badakhchan & une partie du Khorassan au nord; le païs des Avgans à l'occident, & le commencement du roïaume de Tibet à l'orient : elle a dans sa longueur de l'est à l'ouest quarante parasanges, & dans sa largeur du sud au nord vingt parasanges. On compte dans cette étendüe dix milles villes très peuplées,

situées

situées sur les collines, & abondantes en fontaines d'eau douce, en ruisseaux, & en excéllens herbages : si on en croit le commun rapport, le païs en son entier contient cent mille villages habités, placés tant sur les collines que dans les plaines. Les eaux de Cachemir sont d'autant plus renommées qu'on leur attribûë la beauté des Cachemiriens, dont la délicatesse & les charmes ont passé en proverbe chez les poëtes, qui parlent ainsi :

" Tu es le roi des beaux jeunes hommes de Cachemir ;
" Tu es le prince de cette aimable troupe, dont la vûë réjouït le
  " cœur ;
" Tu es le chef de ces objets charmans, dont la forme est si dé-
  " licate,
" Lesquels nous enflâmant d'amour détruisent nos vies.

Les montagnes & les plaines de Cachemir sont couvertes de toutes sortes d'especes d'arbres fruitiers, donc le fruit est sain & délicieux ; mais comme l'air y incline plutôt au froid, & qu'il y tombe de la neige en quantité, la grape, l'orange, le limon, & les autres fruits, produits des climats chauds, n'y croissent point, & y sont apportés des païs du midi adjacens. Dans le centre de cette vaste plaine est une ville nommée Nogaz, qui est la résidence des gouverneurs & magistrats du païs. Une riviére plus large que n'est le Tygre à Bagdad, coule à travers cette cité ; & par une merveille étrange tient l'abondance de ses eaux seulement d'une petite fontaine, laquelle est dans le même terrain, nommée la fontaine de Vir.

On compte sur cette riviére environ trente ponts de batteaux attachés avec des chaines, desquels sept sont dans la ville de Nogaz. Quand la-dite riviére a passé les limites de Cachemir, elle prend

les

les noms de Dendané & de Gemed, des lieux qu'elle parcourt ; elle se joint à la riviére Genavé au dessus de Moultan, & de l'autre côté de cette province ces deux riviéres se mêlent à celles de Ravé & de Bejat ; enfin cet etonnant ramas d'eaux étant parvenû à Otché se jette dans le fleuve Indus, qui se décharge dans la mer d'Omman près de Tatta. Cachemir justifie ces paroles de l'Alcoran, " nous avons fixé les hautes montagnes, & nous les avons " couvertes, ainsi que la plaine qu'elles renferment d'une belle " verdure." En effet ce païs est par ses montagnes à l'abri de toute incursion de l'ennemi ; n'aïant à craindre que les injures du tems, & la dévastation que les vents & les pluïes peuvent faire à ses fortifications naturelles. Trois routes conduisent à Cachemir, une vient du Khorassan, mais elle est si raboteuse & si difficile qu'elle se trouve impraticable pour les bêtes de charge, de maniére que pendant plusieurs jours on est obligé d'y porter les bagages sur les épaules d'hommes accoutumés à ce travail. La seconde route, en tout semblable à celle-ci, aboutit à l'Indostan. La route de Tibet est plus aisée & unie que les deux autres, mais pendant un long éspace de chemin, les pâturages sont remplis d'herbes venimeuses qui font mourir les bestiaux, & en rendent le passage dangereux aux gens à cheval, " Le ciel qui les défend leur rend " inutiles les cottes de mailles & les hauts remparts." (Distique du celebre poëme Arabe nommée le Bordah.)

CANGIA, ville de l'Arran.

CARS, ville d'Armenie.

CAZROUN, une agréable ville de Fars, à trois journées de Chiraz.

CHAMAKHI,

CHAMAKHI, ville du Chirvan, fur les confins d'Arran.

CHEHRZOUR, ville de l'Irak Perfan; ce nom fignifie la cité de Zour, qu'on dit avoir été batie par Zour, fils de Zohak.

CHIRAZ, ville de la province de Fars, à feptante deux lieuës d'Isfahan. Cette ville étoit anciennement auffi belle que bien fituée; elle a été la patrie de plufieurs grands poëtes, qui tous l'ont rendûë célébre, mais particuliérement Hafiz & Sadi.

CHIRVAN, ville & province fur la rive de la mer Cafpiene.

CHOUSTER, l'ancienne Sufe, fameufe pour fes velours & fes autres riches manufactures.

D.

DAGHESTAN, païs au délà de Derbend, habité par les Lekzies; il prend fon nom de la montagne Dagh.

D'ABOUSSIE, c'eft ainfi qu'on croit devoir écrire ce mot, quoique l'hiftorien de Nader l'épéle Dioubaffie; c'eft le nom d'une ville entre Bokhara & Samarcande.

DAMGAN, ville entre Reï & Nichapour.

DECHT, ville proche d'Isfahan. C'eft auffi le nom d'un diftrict montagneux entre Ardebil & Tauris, habité par les Kiurdes.

DECHET ARIAN, ville de la province de Fars.

DECHET

DECHET KAPTCHAK, voïez d'Herbelot.

DELLI ou DELHI, nommée Chahgehanabad du nom de l'empéreur Chahgehan, fameuse capitale de l'Indostan. Comme Aboulfeda ne décrit cette ville que sur des rélations de voïageurs, on ne peut donner sa description comme tout à fait authentique. Il dit entre autres choses, qu'on voit a Delhi une mosquée très extraordinaire, dont la tourette est d'une hauteur prodigieuse, qu'elle est toute batie en pierre rouge, & a trois cent soixante degrés. Ce récit peut être dementi ou confirmé par des voïageurs de notre tems. Si les géographes orientaux sont justes dans leurs calculs (& plusieurs d'entre eûx sont nés, & ont étés élevés dans l'Inde) on a étrangément déplacé cette capitale dans nos globes & cartes; dans deux manuscrits orientaux Delhi est à 128 degrés 50 minutes de longitude, & 35 degrés 50 minutes de latitude; & de plus ils prenent la longitude des extremités de l'Afrique, à dix degrés plus à l'est que dans les meridiens orientaux d'usage.

DERBEND, nommée aussi Balbelabwab, est une ville sur le rivage de la mer Caspiene, dont les vagues en baignent quelques fois les murs; ses murailles, selon Safieddin, ont trois cent cubites de hauteur, & fûrent baties par Anouchirvan, roi de Perse, qui les fortifia d'une large porte de fer; elle a un vaste port.

DESTEGERD. Il y plusieurs villages de ce nom, quelques uns près d'Isfahan, d'autres près de Merou, d'autres près de Balkhe. Celui qui est mentionné dans cette histoire, est proche de Mechehed en Khorassan. Il y a un distique Arabe,
qui

HISTOIRE DE NADER CHAH.

qui célébre une jardin appartenant à un de ces Deftegerd, lequel mérite d'être inféré ici.

" N'eft tu pas charmé des bofquets délicieux de Deftegerd ? Ne
" te plait tu pas dans fes promenades qui reffemblent à un
" manteau tiffû de fleurs ?
" Mille papillons colorés des plus belles nuances y voltigent
" comme les feuïlles de rofes qu'un doux zéphir éparpille
" dans les airs.

DIABECR, canton de la Méfopotamie, voïez Gezirah.

DILEM, qu'on joint ordinairement avec Ghilam; ces deux provinces (peut-être l'ancienne Hircanie) font bornées à l'oueft par une partie de l'Azarbigian & la païs de Reï; au fud par Kazvin, & une autre partie de l'Azarbigian; à l'eft par l'autre partie de Reï; & au nord par la mer Cafpienne.

E.

ENDEKHOUD, ville & diftrict entre Balkhé & Merou.

ERIVAN, voïez d'Herbelot.

ERZENERROUM, communément nommé Erzeroum, ville d'Armenie, aux extremités du païs de Roum, ou Natolie, elle a à fon orient la fource de l'Euphrates.

ESFERAIN, ville du Khoraffan, dans le quartier de Nichapour, nommée auffi Mehergian.

ESFEZAR, ville du Khoraſſan, entre Hérat & Segiſtan. L'auteur de l'hiſtoire de Nader l'écrit Esferaz.

F.

FARS, l'ancienne Perſis, province bornée au couchant par le Khouziſtan; au nord-oueſt & au nord par l'Irak Perſan; au ſud par la mer de Perſe; & à l'orient par le Kerman.

FERAH, ville du Khoraſſan, voïez d'Herbelot.

G.

GAZNIN, nommée quelquefois Gazné, eſt une grande ville entre le Khoraſſan & l'Inde.

GEHRAM, ville & diſtrict de la province de Fars, à trente leuës de Chiraz.

GEZIRAH, ou l'Iſle, c'eſt le nom que les Arabes donnent à la Méſopotamie, province entre le Tygre & l'Euphrates; elle a à l'oueſt une partie de l'Armenie & la Natolie; au ſud le deſert; à l'eſt l'Irak; & au nord l'autre partie de l'Armenie. Cette province eſt diviſée en quatre cantons, Diarbecr, Diarrabia, Diarrocca, & Diar Mouſſel, ou ſelon Aboulfada, trois ſeulement, Diarrabia, Diarmodher, & une partie de Diarbecr. Son air eſt pur & ſain, elle a quantité de fortereſſes ou chateaux, & pluſieurs belles villes. La ville de Serouge eſt une des plus agréables de la Méſopotamie; ſes jardins ſont fameux par leur beauté & l'excellence de leur fruit; on en trouve cette deſcription dans la troiſiéme diſſertation d'Hariri.

" Le lieu de ma naiſſance eſt Serouge, dans lequel j'ai paſſé
" mes plus beaux jours errant agréablement. Païs où tout
" ce qui eſt délicieux ſe trouve en abondance.
" Ses ſources ſont les eaux celeſtes de Salſebil. Ses plaines ſont
" des près fleuris.
" Ses batimens & ſes palais ſont des étoiles & des conſtélla-
" tions.
" Nous y reſpirions un air odoriférant : nous y étions charmés
" de l'agréable perſpective des collines, quand après la ſai-
" ſon des neiges elles ſe couvrent de fleurs.
" Quiconque voit cette raviſſante contrée eſt obligé de s'écrier,
" le paradis terreſtre eſt en Serouge."

GHILAM, voïez Dilem.

GIAM, ville près de Nichapour, qu'on nomme auſſi Iam & Zam, célébre pour avoir été la patrie de pluſieurs hommes illuſtres, parmi leſquels Abderrahman Giami tient le premier rang. Voïez d'Herbelot.

GIAGERAM, entre Nichapour & Gergian.

GERGIAN, ou Giorgian, grande ville entre Taberiſtan & Khoraſſan, abondant en olives, dates, noix, pomegrenades, oranges, & cannes de ſucre.

GIOUIN, un agréable diſtrict, abondant en jardins & en ruiſſeaux.

GOR, un diſtrict montagneux du Khoraſſan, proche d'Hérat.

GERIAN,
GORBEND, } voïez d'Herbelot.

H.

HAMADAN, ville de l'Irak Perſan, célébre pour ſon air ſerein, la beauté de ſes eaux, ſes jardins, ſes fruits & ſes plantes rares. Elle fût réparée & fortifiée par Dara Ben Dara, roi de Perſe, qui en fît le ſiége de ſon empire. Cette ville fût la patrie, l'azile de pluſieurs grands hommes, & ne fût cependant point à l'abri du reſſentiment d'un de ſes poëtes, qui fit contre elle l'epigramme ſuivante : " Hamadan eſt la ville où j'ai pris " naiſſance, & je veux dire en ſon honneur, que les enfans y " ſont auſſi avaricieux que les vieillards, & les vieillards auſſi " inſenſés que les enfans."

    " Hamadan li beldon akoulo befadhlihi
    " Lainho min akbahi'l boldên
    " Sabianoho fîl kabhi mithl cheioukhihi,
    " We cheioukhoho fîl akli ca'sabiên."

Aboul Huſn Ali Ben Huſſein nous donne une deſcription d'un genre bien différent dans ces dix beaux vers, où il célébre une vallée près d'Hamadan.

" Quand tu entendra parler des beautés du paradis, viens, oh !
    " viens à la vallée de Mawachan.
" Tu trouvera une vallée qui chaſſe toute triſteſſe; une retraite
    " charmante qui adoucira toutes tes peines.
" Un jardin agréable, où le murmure des ruiſſeaux rend un ſon
    " plus doux que l'inſtrument le mieux accordé.

                                                                                     " Joint

" Joint au ramage du rossignol, qui gazouille entre les branches,
　" où le fruit pend comme autant de perles & de rubis.
" O combien doux seroit ce séjour, si mon cœur n'étoit pas saisi
　" de douleur pour l'absence de mes chers amis qui habitent
　" en Derbizafran (lieu proche de Bagdad)."

HERAT, fameuse cité du Khorassan, l'Aria de Ptolomée; elle abondoit en beaux jardins & en belles eaux avant qu'elle fût pillée par les Tartares.

HEZARES, ce nom signifie un millier de chevaux; c'est une cité du Kharezme, à l'ouest de l'Oxus.

HILLE, ville entre Coufé & Bagdad, à l'occident de l'Euphrates; elle fût d'abord nommée Algiamaïn ou les deux Mosquées, mais en l'année de l'Hégire 495 elle fût rebatie & embellie par Sei- A. D. 1101. feddoulah Sadaké Ben Mansour Abassadi, qui, profitant des guerres que les rois Selgiuciens se faisoient entre eûx, conduisit ses troupes & ses richesses dans le païs, & établit sa cour à Hillé, rendant tant qu'il vécut cette ville la plus magnifique de l'Irak.

HIND, ou Hindouftan, communément nommé Indoftan, l'empire du grand Mogol, a à son ouest la province de Sind, & la mer Persanne; au sud la mer des Indes; à l'est les deserts qui sont entre l'Hind & la Chine; & au nord une contrée remplie de plusieurs tribus barbares.

I.

IRAN, ancien nom de la Perse, d'Irage fils de Feridoun, son frere Tour donna le sien au Touran, païs au délà de l'Oxus.

IRAK

IRAK ARABI, l'ancienne Chaldée, bornée à l'ouest par la Mésopotamie & les deserts ; au sud par un desert & le Khouzistan ; à l'est par l'Irak Persan ; au nord par la Mésopotamie.

IRAK AGEMI, ou l'Irak Persan, nommée aussi Beladelgebel & Couhestan, est borné au couchant par l'Irak Arabe ; au midi par le Khouzistan ; au levant par le desert de Khorassan & Fars ; au nord par une partie de l'Azarbigian, Dilem, & le païs de Kazvin & Reï.

IREM, jardin fabuleux, fort célébré dans les poësies orientales, & supposé avoir été planté par Chedded, ancien roi d'Arabie.

ISFAHAN, que souvent on écrit Ispahan, capitale de la Perse, assés connûë.

K.

KAIN, ville entre Nichapour & Isfahan.

KANDEHAR, voïez d'Herbelot.

KARABEG, voïez d'Herbelot. (Carabeg.)

KARAKOUM, ville de Turkestan.

KAZVIN, voïez d'Herbelot.

KERBELA, voïez d'Herbelot.

KERGESTAN, la Georgie.

KERMAN,

KERMAN, l'ancienne Carmanie, bornée à l'oueſt par Fars ; au ſud par la mer Perſanne ; à l'eſt par la contrée de Mocran ; au nord par le deſert du Naubendegian.

KERMANCHAH, voïez d'Herbelot.

KHABOUCHAN, ou Khobouchan, ville près du Nichapour.

KHAREZME, l'ancienne Coraſmia, bornée à l'oueſt par une partie du Turqueſtan ; au ſud par le Khoraſſan ; à l'eſt par Mavarannahr ; au nord par des territoires de la Turquie.

KHEIOU, ainſi nommée par les Kharezmiens, eſt un ville du Kharezme ; les géographes Arabes l'ecrivent Kheiouk.

KHELKHAL, ville ſur les frontiéres de l'Azarbigian, ſituée dans le milieu des montagnes ; elle eſt à ſix journées de Kazvin, & à deux d'Ardebil.

KHORASSAN, belle & grande province. Ce nom ſignifie en vieux langage Perſan la région du ſoleil, & c'eſt dans ce ſens que le mot Khor eſt emploïé par le poëte Ferdouſi. Cette province a un deſert à l'oueſt qui la ſépare de l'Irak Perſan ; un autre deſert au ſud, qui diviſe ſes territoires d'avec ceux de Fars ; à l'orient une partie du Segeſtan & de l'Inde ; au nord Mavarrannahr & une partie du Turkeſtan.

KHOTEN, voïez d'Herbelot. Le muſe de Khoten eſt fameux, & eſt ſouvent mentionné comme tel par les poëtes orientaux.

KHOUI, ville de l'Azarbigian, à vingt & un milles de Selmas.

KHOUZISTAN, l'ancienne Sufiane. Cette province s'étend du côté du fud depuis Abadan jufqu'aux confins de Fars ; elle a à l'oueft la region de Waffit ; à l'eft une partie de Fars ; & l'Irak Agemi au nord. Tout ce païs eft en plaines, à peine y voit-on une montagne.

KIURDISTAN, ou Curdiftan, l'Affyrie des anciens. Voïez d'Herbelot. (Curdes.)

KOM, voïez d'Herbelot. (Com.)

KONDER, nom de deux villes, dont l'une eft dans le canton de Nichapour, l'autre près de Kazvin.

L.

LAHIGIAN, diftrict de Dilem, fameux, felon Spahizadé, pour fon commerce en foïe.

LARIGIAN, diftrict entre Reï & Tabariftan, à environ quinze lieuës de diftance de chacun des deux.

LAHOR, ou Louhor, ou Lahaor, nom d'une province des Indes & de fa capitale.

LEKZIE, & non Lezkie comme nos voïageurs le prononcent, nom des habitans d'un païs nommé Dagheftan, fitué dans des montagnes ; ils ont toûjours paffé pour une nation courageufe & guerriére, & s'appellent ainfi de Lekz leur ville principale.

LORISTAN,

LORISTAN, contrée montagneuse, entre la Perse & le Khouziftan.

M.

MACRAN, ou Mocren, voïez d'Herbelot.

MAZENDERAN, communément joint avec Thabariftan, l'ancienne Margiane, aïant à l'oueft le Ghilan, au fud une partie du Khoraffan, à l'eft le Turkeftan ; au nord la mer Cafpienne.

MECQUE, voïez d'Herbelot.

MEDINE, voïez d'Herbelot.

MERGHAB, ville près d'Hérat.

MEROU, voïez d'Herbelot.

MEMIVEND, voïez d'Herbelot.

MOGAN, plaines d'une grande étendûë fur les bords de l'Aras.

MOLTAN, ou Moultan, voïez d'Herbelot.

N.

NEGEF, en Coufah, que le tombeau d'Ali rend célébre.

NESSA, ou Niffa, en Khoraffan, à deux journées de Serkhes.

NIRIZ, ville en Fars.

NICHAPOUR, voïez d'Herbelot.

NOHAVEND, ou Nehavend, voïez d'Herbelot.

O.
OMMAN, voïez d'Herbelot.

OUBE, ville des dependances d'Hérat.

OUZBEGS, voïez Ufbeg dans d'Herbelot.

P.
PENGEAB, voïez d'Herbelot.

PENGEKHAN, voïez d'Herbelot.

PICHAVR, ou Pichaver.

R.
RADKAN, ville près de Tous.

RAMHORMOZ, fur les frontieres du Khouziftan, à dix-neuf lieuës d'Ahvaz.

S.
SAMARCANDE, voïez d'Herbelot.

SAOUH, ou Saveh, ville entre Reï & Hamadan.

SEGESTAN, ou Seiftan, province bornée à l'oueft par le Khoraffan; au fud par le defert de Fars; à l'eft par le defert de Mocran; & au nord par l'Inde.

SELMAS,

SELMAS, ville de l'Azarbigian, à sept lieuës de Khouï.

SEMNAN, ville entre Reï & Damgan.

SERKHES, cité du Khoraffan au fud de Niffa, dont elle eft à foixante-huit lieuës; on n'y trouve point de riviére, & fort peu d'eau.

SERMENRAI, ville batie par Almotapem entre Bagdad & Tecrit.

SIND, cette province de l'Inde a à l'oueft une partie du Kerman & du Segeftan; au fud un defert entre Mocran & la mer; à l'eft & au nord un partie de l'Hind.

SILVAS, ville en Roum, ou Natolie.

SOULAK, ville du Khouziftan.

SULTANIE, cité de l'Azarbigian, à huit ftations de Tauris.

T.

TABARISTAN, voïez Mazenderan & d'Herbelot.

TAHTA,
TATARS, } voïez d'Herbelot.
TAURIS, ou Tebris,

TEFLIS, ou Taflis, quoique cette ville foit communément régardée comme la capitale de Georgie, quelques géographes

Arabes

Arabes la placent en Armenie, & Spahizadé la met en Arran. Ebn Haukal dit, qu'elle est fameuse pour ses bains chauds naturels. Cette ville fût enlevée aux Georgiens par les Mahometans sous le regne du sultan Gelaleddin Ben Kharezme Chah, en l'année de l'Hégire 623 : bien-tôt après elle leur fût renduë ; mais les Georgiens craignant qu'elle ne fût reprise, & n'étant pas en état de la défendre en brûlerent une partie, & l'année d'après l'abandonnerent entiérement.

A. D. 1226.

TIBET, ou plutôt Tobbet, voïez d'Herbelot ; ses habitans trafiquent en argent & en fer, en peaux de pantheres & en musc. Ebn Al Ouaroli en donne la suivante description dans son livre nommé La Perle des Merveilles. "La principale " ville nommé Tibet est bien fortifiée, & située sur un mon-
" tagne qui produit le sumbul, sorte d'herbe aromatique.
" Le chevreuïl musqué paît dans le champs de Tibet ; ces
" animaux sont semblables aux chevreuïl du desert, mais ils
" ont deux dents aïgues & prédominantes analogues à celles des
" éléphants : ces chevreuïls portent ce précieux parfum dans
" une sorte de sac dans leurs nombrils, lequels ils frottent contre
" les rochers & les arbustes, où le musc s'attache & s'endurcit ;
" alors les marchands viennent le ramasser, & le mettent dans
" des sacs que les Persans nomment nafehaï miahk, les nom-
" brils de musc."

TIZ, ville sur le rivage de la mer des Indes, ou la mer de Mocran.

TOKHARESTAN, voïez d'Herbelot. (Thok.)

TOWN, ville près de Kaïn.

TOUS,

TOUS,
TOURAN,   } voïez d'Herbelot.
TURCMAN, ou Turcoman,

V.

VAM, petite ville avec une forteresse, entre Khélat & Teflis.

VARAMIN, ville & district dans les quartiers de Reï, sur la route d'Isfahan.

Y.

YEZD, ville de Fars entre Chiraz & Isfahan, voïez d'Herbelot.

Z.

ZABLESTAN, province dans laquelle regna Rustem le fameux héros Persan, voïez d'Herbelot.

ZEMINDAOUR, large contrée entre Segestan & Algour, nommée aussi Daoür.

ZEZ, district proche d'Hamadan.

ZENGIAN, ville de l'Irak Persan, patrie de plusieurs hommes illustres par leur savoir.

ZOURABAD, district de Serkhes, contenant plusieurs villages. Il y a un autre district de ce nom dans le quartier de Nichapour.

VALEUR

VALEUR DE LA MONNOIE EN PERSE.

TOMAN, le toman fait cinquante abaſſis, ou piéces de dix-huit ſols.

MEN, le men revient à cinq livres quatorze onces poids de Paris.

20 CRORES de roupies font vingt-cinq millions ſterlings.

70 CRORES 87,500,000.

FIN DES NOTES.

TRAITÉ
SUR
LA POËSIE ORIENTALE.

PAR MR. WILLIAM JONES.

SECTION I.

LA poësie Orientale est fertile en expréssions fortes, en métaphores hardies, en sentimens pleins de feu, & en descriptions animées des plus vives couleurs. Malgré ces verités si généralement reconnûës, cette poësie douce & sublime a trouvé des critiques aussi injustes que séveres. Ceux d'entre eûx qui ont voulû nommer fautes insoutenables de beautés singuliéres les ont attribuées à l'ignorance, à l'inattention, aux saillies d'une imagination déreglée, à la négligence dans la distinction, & dans l'arrangement des idées. Mais, puisque les connoisseurs conviennent que les ouvrages des auteurs Asiatiques sont souvent admirables,

mirables, le soin de rechercher d'où leur viennent ces beautés réélles, ou ces fautes imaginaires, est peu nécéssaire dans ce traité. Quand un poëte joint à l'élocution & à l'élégance les ornémens & les graces, on ne peut lui refuser le titre d'excellent poëte. D'ailleurs, ne sait-on pas que les auteurs de quelque nation, que ce soit qui se sont fait distinguer par leur génie vif & inventeur, ont négligé cette exactitude scrupuleuse dont les poëtes médiocres sont si jaloux. Les prémiers se sont contentés d'une générale ressemblance, & ils ont présenté à l'ésprit tout ce qu'il y a de plus grand & de plus frappant dans la nature ; la régularité affectée des autres rend leurs peintures ternies & inanimées, fait disparoître la beauté de l'esquisse sous le détail minutieux des moindres traits.

Sans donc entrer ici dans un examen suivi de toutes les causes qui donnent cette vivacité surprenante aux images orientales, nous nous contenterons de parler de quelques avantages que les auteurs Asiatiques ont sur nous en plusieurs points.

Ils ont des idiomes riches & abondans ; ils réspirent sous un climat chaud & fertile ; ils sont entourés d'objets aussi beaux que riants ; ils jouïssent d'une agréable tranquillité ; & ils consacrent leur loisir à une passion qui contribûe à leur inspirer de bonne heure le goût poëtique.

La langue Arabe est expressive, forte, & sonore ; on peut dire qu'elle est la plus copieuse de toutes les langues, car chaque tribu de cette nation a des mots qui lui sont propres. Leurs poëtes se servent de tous ces mots, qui deviennent d'un usage général à proportion que l'ouvrage qui les rassemble est plus célèbre, ainsi que plusieurs petits ruisseaux se reûnissant forment une large & abondante riviére.

La

La langue Perſanne eſt remplie de douceur & d'harmonie ; joignant à la richeſſe de ſon propre fond celle de pluſieurs mots qu'elle a reçû de la langue Arabe, elle ſurpaſſe celle-ci en une beauté fort eſſentielle à la poëſie, qui eſt l'uſage des mots compoſés, auxquels les Arabes ſont ſi contraires, que pour les éviter ils emploïent de longues circonlocutions. En général, aucun idiome ne peut entrer en comparaiſon avec le Perſan pour la délicateſſe & la variété de leurs mots compoſés, dont nous citerons quelques uns, malgré la difficulté qu'il y a de les traduire en toute autre langue : comme, Gulfechán, *parſemant des roſes* ; Zumrudfám, *couleur d'éméraude* ; Gulrokh, *joües de roſe* ; Semenbui, *avec l'odeur de jaſmin* ; Guntcheleb, *avec des levres de roſes*.

On trouve dans la langue Perſanne pluſieurs autres mots ſemblables, mais auxquels on ne ſauroit donner nulle grace dans nos idiomes Européens, même en les décompoſant comme on vient de faire de ceux-ci, quoiqu'ils aïent beaucoup d'élégance en Perſan.

On peut dire au ſujet des langues Arabe & Perſanne ce que le chancelier Bacon diſoit du Latin & du Grec : la premiére de ces deux langues ſemble formée pour les actions militaires & civiles ; la ſeconde pour la cultivation des arts ; les détails & exactes diſtinctions des ſciences & des arts réquerrant des mots compoſés, peu néceſſaires dans ce qui ne regarde que la guérre & les régles de la ſocieté. Le ſecond avantage que les auteurs Aſiatiques ont ſur nous pour devenir bons poëtes, eſt la facilité & la variété des meſures dont il ſe ſervent dans leurs vers. Ils ont toutes les quantités & diverſités de nombres que mentionne Epheſtion, & dont Pindare donne des exemples ; avec cette différence, que comme ils ont plus de syllables longues que de bréves, ils sub-stituent ordinairement le grave & le solemnel au vif & à l'animé. Les Persans dans leurs poëmes heroïques se servent presque toûjours du vers trosaïque d'onze syllables : comme,

Bé zebánchud kér che dáred sád nuvá.

Leurs vers lyriques sont souvent de la mesure d'une bréve suivie de trois longues : comme,

Bedéh sáki meï báhi ke dér génnét
Mekháï yáft.

La rhyme est très ancienne chez les Arabes, desquels les poëtes Provençaux & Castillans l'ont reçûë, mais dans les vers Asiatiques elle n'enchaine point le sens comme dans les vers Européens, les idiomes de ces peuples étant très abondans en mots d'une même terminaison. On trouve dans quelques uns des plus longs poëmes Arabes la même rhyme continuée alternativement pendant tout l'ouvrage. Dans plusieurs odes Persannes chaque distique finit par le même mot, & alors la rhyme tombe sur la penultiéme syllable : comme,

Saki beár badé ke amed zemáni gúl
Chan bulbulan nazul kunéin icháni gul.

" Garçon apportés du vin, car la saison des roses est venûë,
" Ainsi que les rossignols reposons-nous sur des couches
" de roses."

C'est peut-être autant par cette facilité de la versification Orientale que par la chaleur du climat que l'Asie a produit de plus jeunes poëtes que nulle autre partie du monde. On raconte du célébre Abderrahman fils d'Hissan, qu'aïant été piqué par une guépe lorsqu'il n'étoit encore qu'un enfant, & cet insecte lui étant inconnû,

connû, il courût à fon pére en s'écriant, " Qu'il avoit été piqué
" par un infecte tâcheté de jaune & de blanc comme le bord de
" fa vefte;" on ajoute, qu'à ces mots prononcés dans la mefure
d'un vers Arabe auffi élégant que naturel, Hiffan connût le talent
de fon fils pour la poëfie.

Tarafa, fils d'Alalbd, un des fept poëtes dont les élégies étoient
fufpendûës aux murailles de la mofquée de la Mecque, donna dès
l'age tendre de fept ans des marques finguliéres de fon brillant
génie. On dit de lui que voïageant avec fon oncle Motalammes,
& leur caravane s'étant arrêtée pour fe rafraichir fur le bord d'un
clair ruiffeau, il fe mit à tendre des lacs aux aloüettes; mais que
n'en aïant encore pris aucune, lorfqu'on fe remit en marche, il
compofa dans cette occafion les vers fuivans :

" Tu te joües, O aloüette ! dans l'étendûë de la plaine;
" Tu joüis d'un air libre, chante donc & multiplie en fûreté;
" Vole, & béquete alentour tout ce que tu peux defirer;
" L'oifeleur fe retire, réjoüis toi de fon départ,
" Le piége eft ôté, & tu n'as plus rien à craindre;
" Mais, plutôt crains, crains toûjours, car à la fin tu feras
" prife."

C'eft fans doute auffi aux caufes fufdites qu'on doit attribuer
la facilité & la vivacité des Arabes dans leurs vers impromptûs :
l'hiftoire fuivante prife du livre nommé Succardán en eft une
preuve. Un poëte qui fuivoit la cour d'Haroun Alrachid étant
un jour entré dans l'appartement de ce prince le trouva avec une de
fes favorites, & une corbeille de rofes placé devant eûx. Après une
gracieufe reception, Haroun commanda au poëte de compofer un
couplet, & d'y faire entrer quelque vive comparaifon à la couleur
de ces fleurs; fur quoi celui-ci répondit :

Cainho

Cainho louna khaddi mâchúki yakbelho
Fomoél habibi wakad abda behi khogelan.

" Elles reſſemblent aux joües d'une belle fille, qui à l'ap-
" proche d'une amant prèt à lui ravir un baiſer ſe
" couvrent d'une aimable rougeur."

La dame repliqua ſur le champ :

Cainho louna khaddi hein yadfáni
Caffò raſhid leamri yougeb algoſtan.

" Elles reſſemblent plutôt à mes joües, quand la main
" d'Alrachid préffe la mienne comme un ſignal pour
" me retirer."

Ces quatre vers ſont très élégans en Arabe, mais on n'en a pas traduit les derniers mots, parceque'il ſont alluſion à une coûtume particuliére des Mahometans, peu conforme à nos idées.

Dans le nombre des avantages que les poëtes Aſiatiques ont ſur nous, on doit mettre au rang des plus conſidérables la vénération que les peuples Orientaux ont pour la poëſie, & les délices qu'ils y trouvent. Par là, le moindre talent eſt cultivé, & ceux qui poſſedent quelque étincelle de génie, loin de la laiſſer éteindre, travaillent à ſe faire un nom dans un art ſi reſpecté.

Les Arabes ſont ſi amateurs de la poëſie, & ſi perſuadés de ſon pouvoir & de ſes effets, qu'ils y donnent le nom de Magie légitime. Le célébre Abu Temam dit dans une de ſes odes, " Les beaux
" ſentimens exprimés en proſe ſont comme des perles & des piér-
" réries parſemées au hazard, mais quand ils ſont liés enſemble
" dans

" dans les vers, ils deviennent des bracelets & des ornemens pour
" les diadémes des rois."

Cette élégante allusion est conservée chez les Persans, & parmi eûx, enfiler des perles, est une expréssion commune pour dire composer des vers. Les Turcs ne sont pas moins épris de cet art divin, comme on en peut juger par la traduction suivante d'un de leurs fameux poëtes.

" Les rochers mêmes font connoître par leurs tendres échos
" Qu'il sont charmés par la voix de la poësie,
" Les tulipes & les roses s'épanouissent
" Au chant mélodieux du rossignol.
" Les chameaux bondissent légérement dans la plaine
" Au son de la flute de leurs conducteurs :
" Il faudroit qu'un homme fût plus inanimé qu'une pierre
" S'il n'étoit pas touché des charmes de la poësie."

Nous avons observé ci-dessus que la fécondité de l'imagination, & le feu du génie des poëtes Orientaux doivent être en partie attribués à la beauté & à la fertilité des regions qu'ils habitent. Cette opinion est confirmée par un poëte Grec dans le livre prémier de l'anthologie, où il dit, les facultés poëtiques sont rafraichies & renouvellées par le printems comme la verdure des plantes, l'émail des fleurs, & le chant du rossignol. Milton s'exprime ainsi, en parlant de lui-même :

" Fallor ? an & nobis redeunt in carmina vires
" Ingeniumque mihi munere veris adest."

On peut appliquer aux nations Asiatiques ce que Waller dit des isles d'été, " le doux printems qui à peine nous salüe ici habite
" dans

" dans fes lieux, & leur fait la cour toute l'année." Et comment ces peuples avec le spectacle perpétuel de fi beaux objets, un air toûjours pur & ferein, pourroient-ils n'être pas riches en inventions ingénieufes & frappantes ? en expreffions vives & agréables ? en images belles & riantes ? en défcriptions animées des plus brillantes couleurs ? comment ne conferveroient-ils pas le feu de leur génie dans le même degré de chaleur & dans le même éclat ?

Les images prifes dans la nature font un des principaux ornemens de la poëfie : on peut fe convaincre de cette vérité dans les livres facrés, où la verdure du Mont Carmel, la hauteur de celui du Liban, les vins d'Engaddi, & la rofée d'Hermon, fourniffent les metaphores les plus vives & les comparaifons les plus agréables. Ainfi les epices de l'Yémen, les parfums de Khoten, embélliffent les poëmes Arabes, & en varient les images. On a de plus en Orient une quantité de plantes & d'animaux qu'on ne voit dans nos climats que dans les jardins des curieux & dans les collections roïales ; comme les arbuftes, d'où découlent le beaume & les gommes précieufes ; les chats, de qui l'on tient le mufc & la civette ; les antélopes, dont les yeux larges & brillans entrent fi fouvent dans les comparaifons & les allufions des poëtes Afiatiques. Il eft inutile de parler du palmier, quoiqu'il foit, lorfqu'il fleurit l'objet le plus beau du monde végétable ; ni de plufieurs autres rares préfens de la nature, qui ont attiré à l'Arabie le nom d'heureufe.

Si donc l'obfervation d'Hermogene eft jufte, quand il dit, que, tout ce qui plait aux fens produit le beau dans la defcription, on ne fauroit trouver nulle part une auffi grande profufion de belles images que dans les poëmes orientaux. Il ne fera peut-être

HISTOIRE DE NADER CHAH.

être pas hors de propos de donner à ce sujet trois exemples, qui en même tems feront connoître les diverses nuances du goût dans l'Arabe, le Persan, & le Turc.

Roudhata radhaha ennedi segadat.
Leha min ezzohor angem zehero.
Yancher fihá eidi errabii lena
Thouban min elwachi halaha elketero.
Caima shakka min shakaikha - - -
—Alei rebaha motaref kheddero.
Thom tabadda cainha hedekon
Agefanha min demaiha homero.

" Un jardin éteincellant de rosée, dont les fleurs ressemblent
  " aux brillantes étoiles,
" Sur lequel le printems avoit étendû un manteau de soie
  " bordé de luisantes gouttes de pluye,
" Ses tertres étoient ornés d'anémones, qui leur compo-
  " soient des robes d'un riche tissû,
" Les boutons de ces fleurs paroissoient comme les yeux
  " d'une belle fille rougis à force de pleurer."

Ce dernier vers est sans doute défectueux, comme donnant une idée déplaisante au lieu d'une image agréable que le poëte auroit pû présenter.

Gulistáni tchu gulzári giuvani
Guli sirábi abi zendegáni
Nuvaï endelibi ashretanghize
Huvaï atar bizé rahetamize.

" Le jardin étoit comme les bosquets de la jeunesse;
" Les roses étoient raffraichies par l'eau de la fontaine de
  " vie;

" Les gazouillemens du rossignol inspiroient le plaisir ;
" Et l'odoriférant zéphire répandoit alentour les plus doux
   " parfums.

Ravan hertchesme se chun abi heiván
Cheraghi laleh hergianib foruzán,
Nezimi sobhi gul giabéne iduptchác
Seba, nerkes guzin kilmishdi nemnác
Agáge ler rukse ghermishler sebuc khize
Shokufé ostiné olmich direm rize.

" Chaque fontaine élévoit ses jets comme ceux des sources
   " de vie ;
" Le brillant des tulipes rendoit chaque bordure éclatante.
" L'aure découvroit le front des roses :
" L'haleine des zéphirs secoüoit des gouttes de rosée sur les
   " yeux des narcisses.
" Les arbustes agités formoient une danse vive & légére,
" Et parsemoient la terre de leurs boutons dorés."

On voit aisément que ces beautés d'expréssion tiennent naturellement à celles des objets qu'on décrit, & qu'il ne seroit pas facile à un poëte de traiter un sujet fait pour plaire dans un style déplaisant ; qu'il n'a qu'à peindre ce qui est agréable, & que les mots agréables se placeront d'eûx mêmes sous sa plume.

Démetrius Phalére dans son élégant traité sur l'éloquence, dit, que ce qui rend les vers de Sapho si remplis de douceur & de délicatesse est le choix des images qu'ils presentent, qui toutes sont prises dans ce qu'il y a de plus aimable dans la nature. En effet on ne trouvoit dans ses poëmes que descriptions de jardins, banquets, amours, graces, rossignols, & colombes, fontaines, & prairies, fleurs, & fruits. Son langage prend donc les charmes des objets

dont

dont elle parle, il en fuit même les mouvemens, ainfi lorfqu'elle repréfente une fource tranquille murmurant entre des branches d'arbres, dont les zéphirs agitent les feuïlles, & invitent aux charmes d'un doux fommeil, fes vers coulent plus lentement comme l'onde qu'elle décrit.

Ceux qui feront d'accord de la juftesse de cette remarque ne s'étonneront point de ce que les poëtes Orientaux furpaffent en beauté de diction, & en force d'images, tous les auteurs de l'Europe, excepté les poëtes lyriques parmi les Grecs, Horace parmi les Latins, & Marino parmi les Italiens.

Quant aux images de terreur, ainfi que de tout autre objet qui produit le fublime, on n'en fauroit trouver des plus frappantes que celles des poëtes qui habitent les deferts & les montagnes de l'Arabie, parcequ'ils font fans ceffe entourés de noires forêts, d'horribles précipices, de rocs efcarpés, & d'effraïantes folitudes. Cette affertion fera fuffifamment prouvée par les vers fuivans d'Omaïa fils d'Abou Agez, dans lefquels le poëte a raffemblé tout ce qu'il y a de plus terrible & de plus effraïant dans la nature.

" Je paffe fur le fommet des rocs efcarpés, où les autruches
" errent & les génies de concert avec les efprits des montagnes
" font entendre leurs cris perçants.
" Et quand l'hideufe nuit couvre le defert d'une obfcurité fem-
" blable à celle des nuages de Sigian ;
" Je continuë ma courfe, tandis que mes compagnons dorment
" avec leurs corps recourbés comme la plante khirah.
" Je vais en avant, quoique les ténébres foient comme un vafte
" océan, je marche à travers d'un heurlante & aride foli-
" tude,

PART II.   H h   " Dans

" Dans laquelle le guide perd son sentier, l'enroüé hibou fait
" entendre son triste cri, & le voïageur annuité est saisi de
" crainte.
" Je monte un chameau, qui ressemble à une jeune autruche
" volant vers l'humide plaine.
" Je le pousse en avant, & il se jette de côté comme l'oiseau ka-
" tha, & ses derniers pas surpassent en rapidité sa prémiére
" course ;
" Il s'élance sur les rochers pointus, dont les bords paroissent au-
" tant de javelines acérées, & fixées dans une montagne dure
" & sterile.

Après avoir fait ce peu de remarques sur les images Orientales, il convient de dire quelque chose des figures qu'elles produisent. On ne s'étendra pas sur les simples méthaphores, comme la rosée de la libéralité, la bonne odeur de la renommée, puisque non seulement les écrits des Orientaux en sont remplis, mais qu'elles sont communes aussi chez les autres nations. Les similitudes Asiatiques sont en général très-belles & très frappantes, comme celle d'une violette étincelante de rosée avec les yeux bleus d'une belle fille en pleurs ; d'un guérrier s'avançant à la tête de ses troupes à une aigle fendant les airs, & perçant les nuées avec ses aîles impetueuses ; mais on ne sauroit omettre une noble suite de comparaisons que fait une poëte Arabe dans la description d'un cheval, la plûpart desquelles sont grandes & sublimes au plus haut point. Il compare les boucles de crins qui tombent sur le front de son coursier à une fille déchevelée par le vent ; son dos à un roc qu'un torrent sourdant sans cesse a poli ; sa queuë au train tombant négligemment d'une nouvelle épousée ; ses côtés à ceux d'un léopard rampant ; son col au haut palmier sous lequel le voïageur allume du feu dans l'espoir de secours ; son front à l'em-

bossure

bossure d'un bouclier que l'artiste a rendû rond & uni ; ses narines à l'antre de l'hyéne ; le crin de ses jambes aux plumes ébouriflées d'un aigle noire. Son pas à la vitesse d'un chevreüil qui trompe l'adresse du chasseur ; son galop à un nuage qui passe légérément sur une vallée pour aller répandre sa pluie sur une autre ; sa forme à celle d'une sauterelle verte s'élevant d'un marais.

L'allégorie, ou chaine de méthaphores est très commune chez les auteurs Persans & Turcs, comme par exemple, " Lorsque le " tourbillon de la peur eût dechiré la voile de leur entendement, " & que le déluge du desespoir eût submergé le vaisseau de leur " espérance, afin de pouvoir sortir du gouffre du danger, & ar-" river au port de la sureté, ils tournérent le gouvernail de la " fuite, & déploïérent les voiles d'une retraite précipitée.

Quant aux allegories mistiques & le sens caché que quelques écrivains prétendent avoir trouvé dans les poëmes amoureux des Persans, ce qu'ils en disent est si incroïable & si absurde qu'il est inutile d'appuïer sur ce sujet. Que le lecteur juge si l'ode suivante peut avoir un autre sens que celui qu'elle présente.

" C'est ici la saison des roses, mes compagnons livrons nos cœurs
   " à la joie.
" C'est là l'avis des sages & des vieillards ; ne différons plus.
" A présent tout est gai, mais l'aimable saison s'enfuit prompte-
   " ment.
" Vendons les tapis sacrés sur lesquels nous nous agenoüillons
   " pour faire nos priéres, & achetons encore du vin.
" L'air est doux, & invite au plaisir ; O ciel ! envoi nous quel-
   " ques belles vives & folâtres, avec lesquelles nous puissions
   " sabler ce vin couleur de rose.

                      " Monte

" Monte la lyre. La fortune outrage les hommes de mérite;
" Mais, puifque nous la méprifons, pourquoi ne nous réjoüirions
   " nous pas ?
" Les rofes fleuriffent autour de nous, verfons, verfons cette
   " liqueur agréable,
" Afin d'éteindre les flâmes de l'amour, & des defirs qui nous
   " confument.
" O Hafiz ! il feroit étrange que quelqu'un pût dire, que nous
   " qui fommes des roffignols nous reftons en filence pendant
   " la faifon des rofes."

La derniére ftrophe fait allufion à la coûtume que les poëtes Perfans ont de fe comparer toûjours au roffignol, & à la fable fi connûë en Orient des amours du roffignol & de la rofe.

Le ton léger & badin qui regne dans cette ode ne s'accorde certainement pas avec les idées de piété & de devotion que plufieurs commentateurs veulent puifer dans les allegories fur les plaifirs fenfuels.

Les poëtes Afiatiques aiment extrémément à perfonifier des termes abftraits, & à doüer les êtres inanimés de la voix de la raifon. Ils fe plaifent particuliérement à s'adréffer aux objets infenfibles, à les appeller pour fimpathifer à leurs peines, ou pour partager leur joïe en leur ordonnant de porter leurs méffages à ceux qu'ils aiment, en comparant leurs beautés & leurs perfections aux charmes dont ils font épris, ainfi que fait Háfiz dans cette ode élégante.

" O doux zéphire ! tu portes avec toi l'odeur embaumée de l'objet
   " de mon amour, duquel tu tiens ce préfent mufqué;

" Mais,

" Mais, prens garde, ne derobe point; qu'as-tu à demêler avec
" ſes belles treſſes ?
" O roſe ! qu'es-tu pour être comparée avec ſa brillante face ? elle
" eſt le muſc même, & tu es hériſſée d'épines.
" O boutons fleuris ! qu'êtes-vous pour être comparés à ſes joües ?
" elles ſont toûjours fraiches, & vous paſſez promptement.
" O Narciſſe ! qu'es-tu pour être comparée à ſes yeux languiſſans
" qui dardent les doux raiz de l'amour ? tu es pâle & éteinte.
" O pin ! qui ondoïe dans nos jardins, qu'elle comparaiſon y-a-t-
" il entre toi & ſa ſtature ?
" O mon âme ! que choiſirois-tu (ſi tu pouvois choiſir ſur toutes
" choſes) en préférence à ſa tendreſſe ?
" Viens, cher objet de mon amour, viens rejoüir par ton aimable
" préſence l'affligé Hafiz, ne fût ce que pour un ſeul jour.

Après cette courte revûë de la poëſie Orientale en général, nous la conſidérerons dans les divers ſujets qu'elle traite, & que produiſent ces ſix ſources, vertus militaires, amour, douleur, inſtruction, cenſure, & loüange. L'auteur ſe flatte qu'il ne lui ſera pas impoſſible d'accommoder les ſentimens des orientaux & leurs expréſſions au cœur & à l'oreille des Européens, ſurtout lorſqu'il reflechit que les endroits poëtiques des ſacrées ecritures ſont regardés comme renfermant les plus grandes beautés ; que ce qu'on admire le plus dans Shakeſpear & dans Spencer ſont leurs images élevées, & quelques fois même giganteſques ; qu'enfin les écrits de Pindare, & les précieux fragmens qui nous reſtent des poëtes lyriques, font l'admiration de tous les ages, & ont la plus forte reſſemblance avec la poëſie Arabe & Perſanne. Il eſt pourtant vrai qu'il y a des beautés dans les compoſitions Orientales qu'on ne ſauroit diſcerner dans une traduction literale, non plus que les graces des poëmes Grécs dans les verſions Latins, les uns

& les

& les autres ressemblent plutôt alors aux idées bizarres & sans suite des lunatiques.

Néanmoins, nous ne prétendons pas par ces éloges sur les ouvrages Asiatiques déroger au mérite des poëtes Grecs ; au contraire nous croïons que ce qu'il y a d'excéllent dans ces prémiers consiste principalement en leur ressemblance avec les autres. Mais il est si naturel d'écrire avec chaleur & vivacité sur la branche de litérature dans laquelle on a eû le bonheur de faire les prémiéres découvertes considérables !

Il est à la verité surprénant que la poësie Européene ait subsisté si long-tems avec la perpétuelle répétition des même images, & les continuélles allusions aux mêmes fables, desquelles nous sommes obligés de remplir nos compositions, parceque dès l'enfance on en remplit nôtre mémoire en ne nous faisant lire que les mêmes auteurs & des ouvrages de trois mille ans.

Si les précieux volumes des Orientaux qui se trouvent dans les inestimables bibliothéques de Paris, de Leyde, d'Oxford, de Vienne, & de Madrid, étoient publiés avec l'avantage ordinaire des notes & explications : si les langues Orientales étoient enseignées dans nos universités, au lieu de cet art que Locke & le Chancelier Bacon regardoient comme si inutile, un nouveau champ seroit ouvert à nos contemplations ; nous pénétrerions plus avant dans l'histoire du cœur humain ; notre ésprit seroit pourvû d'un nouvel assortiment d'images & de comparaisons ; en conséquence on verroit paroitre plusieurs excéllentes compositions sur lesquélles les critiques futurs auroient à s'exércer, & que les poëtes à venir pourroient imiter.

S E C-

SECTION II.

Sur la poësie heroïque des nations Orientales.

LES Arabes n'ont point de poëmes qu'on puisse proprement nommer héroïques. A la verité, ils ont des histoires élégantes qui sont ornées de toutes les graces de la poësie. Dans ces histoires on trouve des images dont les traits sont marqués & hardis, des expréssions vives, des très-belles déscriptions, & des sentimens terminés avec des mots du même son. En voici un exemple tiré de l'histoire de Tamerlan, écrit par Abou Arabchah, où cet auteur dans une description fleurie compare l'armée de ce prince au printems.

" Quand la nature comme une servante adroite pâroit la terre
" des ornemens d'une nouvelle épouse ; que les boccages repre-
" noient leur verdure éclatante, les troupes victorieuses couvrirent
" le païs, & passèrent comme des dragons sur les plaines. Leur
" musique guérriére ressembloit au tonnerre, que renferment les
" nuées du printems, & leurs cottes de maille brilloient comme
" l'éblouïssant éclat des éclairs. Leurs boucliers massifs les cou-
" vroient comme l'arc-en-ciel suspendû sur les montagnes. Leurs
" lances & leurs javelines s'agitoient comme les branches des jeunes
" arbres & arbustes. Leurs cymeterres étincelloient comme
" des météores, & les clameurs de l'armée étoient semblables au
" bruit d'un nuage qui s'éclate. Les banniéres resplendissantes
" dans les airs étoient comme des anémones, & les tentes res-
" sembloient aux arbres chargés de boutons dorés. L'armée se

" répandit

" répandit comme un torrent, & ondoïoit comme les b ranches
" d'une forêt fecouée par la tempête. Tamerlan à la tête de fes
" troupes avança vers Samarcande à travers des bocages verdoïans
" & parfemés de fleurs odoriférantes & de mirthe. La joïe étoit
" fa compagne, la gaïeté fa conductrice, le contentement l'ami
" de fon cœur, & le fuccès fon inféparable fuivant :"

De telles hiftoires n'étant donc point confidérées comme des poëmes, même parmi les Arabes, nous n'en parlerons pas d'avantage, & nous en viendrons aux ouvrages des Perfans & des Turcs.

Ces deux nations ont un nombre infini de poëmes fur les exploits & les avantures de leurs fameux guérriers, mais comme ces poëmes font remplis de fables extravagantes, ils font plutôt confidérés comme des romans & des contes que comme des poëmes heroïques. Les feuls ouvrages de Ferdufi peuvent juftement reclamer ce titre; ils contiennent l'hiftoire de Perfe, depuis Caïoumaras jufqu'à Anouchirvan dans une fuite de très beaux poëmes. Cette collection porte le nom de Chahnamé, & prefque la moitié de chaque volume contient un poëme entier fur une grande & intérreffante action de la guerre entre Afrafiab roi de Touran, où païs du nord de l'Oxus, & les Sultans de l'Iran ou Perfe, de la race des Caïanides.

Afrafiab avoit envahi l'empire de Perfe, où il prétendoit avoir droit de regner comme defcendant de Feridoun. Il étoit affifté par l'Empéreur des Indes, & par celui de la Chine, ainfi que par tous les démons, les géants, & les enchanteurs de l'Afie. Il avoit pouffé très loin fes conquêtes, & s'étoit rendû formidable aux Perfans, quand Ruftem prince du Zableftan, l'Achille, ou plutôt l'Hercule de l'Orient, marcha à la tête de fes troupes contre l'ufurpateur,

pateur, & par ses grandes actions rendit vaines toutes les embuches des magiciens, défit les dragons & les monstres, vainquit les empéreurs conféderés, & mît fin à cette guérre par la mort d'Afrasiab.

Ce poëme est aussi long que l'Iliade : il peut être divisé en douze chants, dont chacun pourroit être distingué par les principaux évenémens qu'il renfermeroit ; comme, les avantures de Rustem, la mort de Sohareb, l'histoire & la mort de Siaveche, les actions de divers héros, celles de Tus Nudar, les exploits de Rustem, les amours de Pajan & de Maniza, l'histoire de Barzeus, les stratagemes de Sevizan l'enchanteresse, les exploits de Gudarz, & la mort d'Afrasiab.

Le prémier chant commenceroit par la déscription de Rustem, suivie de quelques avantures intéréssantes, dans lesquelles on n'a pas oublié le cheval du héros nommé Bakhche, où éclair, qui protegeant le sommeil de son maître tua un lion, qui s'étoit élancé de la forêt pour le dévorer.

Dans le second chant se trouveroit une episode tendre & touchante, dont voici le sujet. Rustem voïageant sous un nom emprunté avoit trouvé le moïen de séduire une jeune princesse, à qui la honte fit ensuite exposer le fruit de cet amour infortuné. Sohareb, c'est le nom de cet enfant abandonné, ne connoissant point ses parens, entre au service d'Afrasiab, est avancé par ce roi aux prémiéres charges de l'armée, & enfin envoïé pour combattre Rustem, qui ne le reconnoit pour son fils qu'après l'avoir mortellement blessé.

Les dix autres chants feroient également excéllents, & diverfifiés par des évenemens agréables.

Une grande profufion de favoir a été prodiguée par quelques critiques, en comparant Homére aux poëtes épiques qui l'ont fuivi, mais il ne faut pas beaucoup de difcernement pour décider qu'on ne l'a jamais égalé. Ce grand homme, pére des fciences & de la poëfie Grecque, eût un génie trop fertile & trop étendû pour avoir laiffé échaper à fes obfervations aucune des beautés frappantes de la nature, & les poëtes qui font venûs après lui n'ont guéres fait que copier fes images, & les réhabiller dans leurs défcriptions. Ainfi quelque élégance & rafinement que l'on puiffe trouver dans les ouvrages modernes, l'efprit inventeur d'Homére a toûjours continué à être fans rival. On ne pretend donc point avancer que le poëte Perfan foit égal à celui de la Grece, mais certainement il y a une très grande reffemblance entre les ouvrages de ces deux hommes extraordinaires. Tous deux ont puifé leurs images dans la nature elle-même, & ne les ont pas faifies, par reflexion, ne peignant point comme les poëtes modernes, la reffemblance de la reffemblance; & tous deux poffédérent dans le plus haut degré cette invention féconde, ce génie créateur qui eft l'âme de la poëfie.

Il ne fera pas hors de propos de faire connoître ici quelques une des beautés de Ferdufi fur ces divers chefs, fables, caractéres, défcriptions, & expréflions. On ne dira rien des fables probables, puifqu'on en a affés parlé en expliquant le fujet de l'ouvrage. Quant aux fables allegoriques, elles ont peu de part aux ornemens du Chahnámé, à moins que les avantures de Ruftem avec la magicienne dans le prémier livre, & les amorces du pavillon bleu dans le dixiéme ne foient regardées comme des allégories de la même nature que celle de la coupe de Circé dans l'Odyffée. Dans

le

le nombre des fables merveilleuses de ce poëme on doit compter la faculté furnaturelle de la parole donnée au cheval de Ruftem, & à un dragon, & la machinerie de Simorg ou Griffon Fée, qui eft repréfenté comme un être bien-faifant & le grand protecteur du héros Perfan.

C'eft de ce Griffon, fi fouvent mentionné dans les romans Orientaux, que l'Ariofte a probablement emprunté fon Hypogriffe; nos Fées & nos Génies nous viennent, fans doute, des Péris, & des Dives des Perfans, & notre païs des Fées eft la copie de leur Périftan & Chadukam. Il eft probable que ces fictions fûrent apportées en Europe par les Maures, & de ceux-ci réçûes dans les romans Efpagnols.

Les caractéres de Ferdufi ne font pas fi variés que ceux d'Homére, mais ils ne font pas moins bien frappés & foutenûs. Ruftem eft reprefenté comme un prodige de force, de valeur, & de fageffe; Tus Nudar, comme un général avifé & prudent; Gudarz, comme une commandant vieux & experimenté; Pajan, comme un héros jeune & amoureux, rempli de valeur & d'intrépidité; les trois rois de Perfe, comme des monarques fages & vertueux, & Afrafiab comme un hardi & criminel ufurpateur. Il y a plufieurs autres caractéres dans ce poëme pour divers perfonnages des deux fexes, dans lefquel on trouve toûjours les hommes particuliérement remarquables par leur bravoure; & les femmes par leur beauté & leur tendreffe, excepté Temeina & Sudába; la prémiere n'étant pas moins célèbre par fon courage & fon amour infortuné, que l'autre par fes mœurs diffolûës, & par fa haine pour un jeune prince fon beau fils. Les difcours de chaque perfonnage font parfaitement adaptés à leurs divers caractéres, & variés felon leurs différentes maniéres & inclinations. Pour en donner un exemple,

nous

nous rapporterons ici ce que le poëte fait dire à Sâm Neriman, fameux guérrier & pere de Ruftem, dans la rélation qu'il fait de fes exploits au roi de Perfe.

" Le roi fe leva de fon trône d'yvoire, qui éteincelloit de rubis
" & d'éméraudes, & fur fa tête brilloit le diadéme roïal. Il fit
" l'accueil le plus favorable au héros, & le flattant avec de
" douces paroles il le fît s'affeoir à fes côtés. Il lui parla des
" loups de la bataille, des lions du combat, des intrépides géants
" du Mazanderan. Il lui fît plufieurs queftions empréffées,
" auxquels le guérrier répondit ainfi ; Puiffe le roi vivre à jamais
" dans la joïe & la profpérité ; puiffent être vains les deffeins des
" méchans contre lui. J'arrivai à la ville des géants, qui font
" plus rapaces que les lions, & plus légers que les courfiers d'A-
" rabie. Ils appellent leurs troupes Sakfar, & ils avancent comme
" des tygres de guérre. A la nouvelle de mon approche un mur-
" mure confus s'éleva parmi eûx. Comme nous traverfions la
" cité nos ennemis trembloient, & leurs jours étoient obfcurcis. Ce-
" pendant leurs troupes fortirent, & fe répandirent fur les collines
" & dans les vallées. Le petit fils du grand Salm s'élança comme
" un loup ; fon nom étoit Kerkin, & fa taille étoit auffi haute
" qu'un cyprès. Il defcendoit par fa mére de Zohak, & les plus
" furieux chefs de fon armée n'étoient que des atomes comparés
" à lui. Ses troupes étoient plus nombreufes que les fourmis, ou
" les mouches d'été, que les éclats d'un roc, ou le fable du ri-
" vage. Quand des nuées de pouffiére s'élevérent fous les pieds
" de l'armée ennemie, les joües de nos héros fe couvrirent de
" pâleur. D'un feul coup de ma hache d'armes je me fis un
" paffage à travers les hoftiles rangs. Mon courfier foula aux pieds
" l'ennemi avec la furie d'un éléphant ; & la terre fût agitée comme
" les vagues du Nil. Alors le cœur revint à mes foldats, & ils

" fûrent

" fûrent remplis d'ardeur pour combattre. Quand Kerkin en-
" tendit ma voix, & le son de ma massüë assomante, il se précipita
" sur moi comme un éléphant hideux. Il jetta son nœud cou-
" lant & entortillé à mon cheval, & je commençai à apprehender
" quelque danger. Je m'armai de mon arc roïal, & d'une flêche
" de peuplier blanc garnie d'acier. Je décochai mes traits aîlés
" comme des aigles, & je fis voler mes dards comme des flâmes
" d'un feu consumant. Mon arc fût si puissant, que je clouai
" presque son casque à son cerveau sur l'enclume de sa tête. Je
" le vis s'avancer comme un lion rugissant, tenant en sa main un
" cymeterre Indien. Je le vis s'avancer, O roi ! avec une telle
" furie, que les montagnes mêmes lui crierérent, Oh! ne nous op-
" pressez pas! Il s'élança en avant, tandis que je demeurois ferme
" & l'attendois de près. Quand il fût à ma portée, je retirai
" mon bras, je saisis cet hardi guérrier par sa ceinture, & l'ar-
" rachai de sa selle avec la force d'un lion ; je le jettai par terre,
" & lui tranchai la tête avec mon sabre acéré. Quand le chef de
" l'armée fût mort, les troupes ennemies tournérent le dos au
" champ de bataille, vallées, & collines, rocs, & deserts fûrent
" couverts de leurs légions fuïantes & épouvantées."

Les déscriptions dans le Chahnamé sont toûjours variées & parfaitement bien travaillées, specialement celles des batailles, qui
sont aussi nombreuses que dans l'Iliade. Celles d'une plus agréable nature, comme de jardins, de banquets, de trônes, & de palais, d'amour, & de belles, n'y sont pas moins admirables, & sont
peintes par Ferdusi avec toute la richesse & l'enflure de l'imagination Orientale. Il décrit souvent :

   Ke deri bustánech hemicheh gulest
   Zeminech por ez laléh u sumbul est.

              Huva

> Huva khoſhcuvar u zemin por negár
> Ne kerm u ne ſerd u hemichéh behár
> Nevazende bulbul bebág enderune
> Kezarende ahu berág enderune.

" Un jardin dans lequel la roſe perpétuellement fleurit, dont les
" bordures ſont remplies de tulipes & d'hyacinthes; où l'air eſt
" doux; les allées ſuperbement ornées; où l'on n'éprouve ni
" chaleur immoderée, ni froid exceſſif; mais où regne un éter-
" nel printems, où les roſſignols gazouillent ſans ceſſe parmi les
" branches d'arbres toûjours verds; où les Antelopes joüent ſur les
" coteaux."

Les déſcriptions du matin ſont très animées dans ce poëme, &
décorées des nuances les plus variées.

> " Quand le jour brillant paroit dans toute ſa ſplendeur,
> " Et parſeme de perles & de rubis la terre ombragée."

Et,

> " Quand le ſoleil déploïe ſes raïons dorés,
> " Et répand le camphire ſur les plaines muſquées:"

C'eſt à dire, répand la lumiére ſur l'obſcurité des plaines, car les
poëtes Orientaux font ſouvent alluſion aux deux couleurs oppoſées
du camphire, & du muſc.

On ajoutera ici une deſcription d'un genre plus majeſteux, tirée
auſſi du Chahnamé, & qui donnera une idée des ſimilitudes Perſannes.

> Nekei kerd Barzev ber an deh ſuvár
> Tchu acheſte chiri ez beher checár

Bezerd

Bezed deſt uepuchid deraï bezér
Meianra be beſtech bezirin kemér
Yeki khodi rumi beſer ber nehád
Seri terkechi tiri ra ber keſhád
Bebaré ber afkhendii ber keſtuván
Yeki baré manendi kuhi reván
Ze keihali nize ze almáſi tigue
Bebaré ber amed chu berende migue
Tu kuſti ſepher eſt ya ruzi u táb
U ya der beháran yeki rudi áb
Derakhtieſt kufti ez âhen bebár
Keſhade du bazu chu ſhakhi tchenár.

" Barzev regardoit les dix guérriers qui s'avançoient; il étoit
" comme un lion errant en cherche de ſa proïe. Il ſe revêtit
" auſſi-tôt de ſa côte de maille, & ceignit ſes reins d'une *zone*
" d'or. Il plaça ſur ſa tête un caſque Turc, & remplit ſon car-
" quois de flèches. Tantôt il demeuroit ſuſpendû aux harnois
" de ſon courſier, & tantôt il ſe tenoit ferme & droit ſur ſa ſelle
" comme une montagne mouvante. Quand avec ſa longue
" javeline, & ſon ſabre éclatant comme le diamant, il s'avançoit
" ainſi qu'une nuée qui s'éléve, on auroit pû dire, c'eſt le
" firmament qui brille, ou c'eſt le jour qui luit, ou c'eſt une
" riviére qui coule dans le printems. Quand il étendoit ſes deux
" bras comme les branches du plane, on ſe feroit écrié, c'eſt un
" arbre chargé d'acier."

On trouve auſſi dans Ferduſi des déſcriptions fort tendres, & auſſi
belles que touchantes comme celle de Frankis fille d'Afraſiab,
quand elle s'apperçût du complot qu'on avoit fait contre ſon bien-
aimé Siaveche.

" Elle

" Elle arracha les hyacinthes de fes cheveux avec une douleur
" inexprimable, & meurtrit dans fon défefpoir fon tendre fein.
" Elle éfparfa le mufc de fes treffes fur le tertre d'yvoire de fon
" beau front, & baigna les tulipes de fes joües des fources qui
" couloient de fes yeux. Ses larmes ruiffeloient comme une fon-
" taine quand elle méditoit fur le cruel deffein d'Afrafiab."

A l'égard des expréffions, & des nombres de ce poëme, il eft évident que leurs beautés ne peuvent être fenties que par ceux qui entendent l'original. On dira donc feulement, que, dans tout l'ouvrage elle font hardies & animées, & dans quelques endroits élévées & fublimes au dernier point.

Le poëte Perfan reffemble Homére dans quelques particularités de plus, comme dans la frequente répétition des mêmes lignes & des mêmes epithétes. Achille au pied léger, & Agamemnon roi des hommes, ne fe trouvent pas plus fouvent dans l'Iliade que Ruftem au cœur de lion, & Caicofrev roi du monde dans le Chah-namé.

On a plufieurs autres poëmes de Ferdufi, comme les amours de Khofrev & de Chirine ; la mort de Ruftem ; la vie de Bé-haran ; le regne d'Anouchirvan ; les conquêtes d'Ifcander ; lefquels ouvrages font écrits avec tout le feu d'une imagination Orientale & toute l'harmonie des nombres Perfans.

SECTION

SECTION III.

De leurs poësies amoureuses, & de leurs odes.

NOUS voici à préfent à la forte de poëfie dans laquelle les Afiatiques excéllent principalement. L'amour a tant de part aux poëmes Arabes, que fur quelque fujet qu'ils foïent ils font toûjours entremeflés de complaintes d'amans, & de défcriptions de beautés chéries.

La nation Arabe partage fon tems entre les expéditions guérrieres & les douces occupations de la vie paftorale. Ils tranfportent leurs tentes de place en place; & quand leurs chameaux & leurs autres beftiaux ont confumé les pâturages d'un endroit, ils le quittent, pour y revenir quand l'herbe repouffe de nouveau. Dans ces efpéces de campemens, les tribus qui fe trouvent proches les unes des autres fe fréquentent familiérement, & les jeunes gens des deux fexes forment des inclinations qui font pour la plûpart infortunées, le changement de demeure, & la différence de pofition caufant des féparations perpétuelles.

De là vient que les poëmes Arabes commencent prefque toûjours par les regrets d'un amant fur le départ de fa maîtreffe; fes amis y font repréfentés comme éfläïant de le comforter, mais il refufe toute confolation; il décrit la beauté de fa chére Maïa, ou Solima, ou Zeineb, ou Azza; il annonce le deffein qu'il a d'aller la vifiter dans la nouvelle demeure de fa tribu, dût il en trouver les paffages défendûs par des lions, ou gardés par des archers furveïllans. Alors il améne ordinairement la déscription de son chameau, ou de son cheval, & en vient par degré à son principal sujet. On trouvera peu de poëmes Arabes sans cette espéce d'exorde, soit qu'ils aïent pour objét les vertus militaires, ou la douleur, ou la loüange, ou la censure, ou enfin uniquement l'amour. Les sept poëmes qui fûrent écrits en lettres d'or, & conservés dans la Mosquée de la Mecque, sont dans ce goût. L'auteur du prémier des sept étoit un jeune prince Arabe nommé Amralkeis, qui ne fût pas moins célébre par le feu & la fertilité de son imagination que par le malheur dont sa vie fût tissûë. Il débute ainsi :

Kiffa nebki mi'dhirai habibi wamenzili
Besikti'llawi beiná ddahuli fahoumeli.

" Demeurons ; donnons quelques larmes au souvenir de la de-
" meure de nôtre bien aimée dans les vallées sabloneuses qui sont
" entre Dahul & Houmel."

Il regrette ensuite les tentes qu'il a laissées, & s'afflige de l'absence de son amante. Ses compagnons essaïent d'appaiser sa douleur, en lui rappellent un contretems qui l'avoit autrefois séparé d'objets cheris. Il replique :

" Ma douleur alors ne fût pas moindre qu'à présent ; car,
" quand celles que j'aimois fûrent au point de leur départ, quand
" leur souffle embaumoit l'air d'une douce haleine de musc, sem-
" blables aux zéphirs du soir qui apportent l'odeur des œillets,
" agité de la plus ardente passion, mes yeux ruisseloient de
" larmes ; elles couloient le long de mon col, & trempoient ma
" ceinture dans leur cours."

Ses

Ses amis voïant qu'ils n'ont pas pris la vraïe méthode pour dissiper sa tristesse en emploïent une autre. Ils l'exhortent à se ressouvenir des jours heureux qu'il a passé avec sa bien-aimée, & lui remontrent qu'il doit s'attendre à quelque portion de peine après tant de félicité. Ce discours lui donne occasion de leur raconter les avantures de sa jeunesse, parmi lesquelles il fait le récit suivant avec toute la richesse & l'harmonie de la langue Arabe.

" J'ai aimé une belle fille que l'on tenoit secrettement renfermée
" dans une profonde retraite ; cependant j'ai joüi de ses
" charmes sans crainte.

" Je volai à elle à travers d'une foule de gardes ardens à me ravir
" la vie.

" Quand les Pleïades brilloient dans le firmament, comme les
" bords d'une veste bleuë enrichie d'or, je vins dans son appartement ; je la trouvai sur sa couche, où elle reposoit dépouillée de ses robes, & n'aïant que le manteau dans lequel elle dormoit.

" Elle me dit, Ah ! ne me deçois point ! ne m'entraine pas dans
" le sentier de l'erreur !

" Je me levai ; je l'emmenai avec moi, & elle éffaçoit les traces
" de nos pas avec le pan de sa superbe veste.

" Et quand nous eûmes passé au delà de l'habitation des tribus,
" elle s'arrêta à l'abri d'une colline tournoïante.

" Je l'attirai doucement à moi par ses aimables tréffes, & elle se
" renversa sur mon sein ; rien n'égaloit la beauté de sa taille
" déliée ; sa gorge étoit unie comme un miroir poli.

" Elle tourna vers moi son charmant visage, & me decouvrit ses
" belles joües ; elle regardoit autour d'elle avec la douce
" fraïeur d'une biche allarmée pour ses jeunes faons.

" Son col étoit comme celui d'une Antelope blanche, droit, & em-
" belli d'ornemens précieux.
" Ses cheveux, qui flottoient fur fes épaules, étoient noirs comme
" jet, & entrelaffés comme les branches du palmier. Les
" boucles de ces admirables cheveux avoient mille formes
" variées, quelques unes étoient adroitement ratachées, d'au-
" tres agréablement éparfes.
" Sa taille étoit comme une corde fine, & fa jambe comme la tige
" du palmier humecté par la pluïe.
" La fenteur du mufc étoit repandûë fur le lit qu'elle compofa, &
" elle dormit jufqu'au matin envellopée dans fon manteau
" d'une etoffe moëlleufe.
" Elle départoit fes dons avec fes doigts raviffans & déliés comme
" les vers cramoifi de la colline fabloneufe, ou comme la
" tige de l'arbre Echel.
" Sa beauté diffipoit les ombres de la nuit, comme la clarté de la
" lampe du Derviche retiré dans fa cellule.
" Le plus chafte des hommes auroit certainement été emflâmé
" d'amour à la vûë d'une fi rare beauté, dans l'age des plai-
" firs, & avec une vefte d'une moïenne grandeur.
" Et dont la face reffembloit à l'œuf d'une auftriche confervé dans
" un clair ruiffeau, que le voïageur n'a point troublé par
" l'empreinte de fes pas.
" Les feuls infenfés défendent leurs cœurs contre l'amour, le
" mien ne s'éloignera jamais des charmes de ma bien ai-
" mée."

Parmi les autres défcriptions de ce poëme, celles du paffage de l'auteur à travers d'un défert, de fon cheval, de fa chaffe, & d'un orage, font admirables. Cet ouvrage d'Amralkeis fournit un parfait

fait modéle de l'eclogue Arabe, comme en effet c'eſt là le nom qu'on peut proprement donner à ces ſortes de poëmes.

Dans le rangs des odes amoureuſes des Arabes on doit compter les déſcriptions de feſtins & de plaiſirs, ſujets ſur leſquels leurs poëtes s'excercent ſouvent. Comme il ſuit :

" Dans la riante ſaiſon, quand le jeune chevreuïl bondit ſur les
" collines, & que la douce hâleine d'un vent frais annonce le
" régne de la roſe, les ruiſſeaux murmurent agréablement, & les
" branches ſe courbent pour adorer celui qui les a revêtues de
" leurs robes vertes. Alors nous raſſemblons dans un jardin des
" beautés capables d'enflâmer l'univers d'amour. Les nuées li-
" bérales couvrent les plaines de leurs perles liquides & de leur
" chriſtal tranſparent, & repandent leurs précieuſes gouttes ſur
" les près parés de végétables rubis. Les dents éclatantes de ces
" belles filles brillent comme le jaſpe. Leurs yeux ſont clairs
" comme l'argent épuré, & ne ſont jamais obſcurcis par le ſom-
" meil. Les rameaux odoriférans nous enrichiſſent de leurs tré-
" ſors. Les oiſeaux perchés ſur les berceaux de fleurs nous ra-
" viſſent par leurs chants, & l'air eſt embaumé de muſc. O pa-
" radis charmant ! dans lequel ma bien aimée brille comme la
" pleine lune ! O quelles délices ! quel enchantement ! c'eſt ici
" où l'Eternité elle-même réſide, comblée de felicité. Le doux
" bruit des baiſers, les voluptueux gémiſſemens, les tendres ſou-
" pirs des amans, frappent ſeuls en ce lieu nos oreilles ravies :
" tous les charmes reûnis de la nature ſont les ſeuls objets qui ſe
" préſentent à nos yeux, & la coupe vivifiante ranime nos ſens
" oppréſſés de plaiſir. Tout enchante, tout plait autour de nous.
" Si le Derviche ſolitaire voïoit ce jardin, il quitteroit auſſi-tôt
" ſa retraite, il romproit ſans remords ſes anciens vœux. Leve-
" toi,

" toi, mon compagnon, verſe du vin, la triſteſſe ne doit point ici
" s'emparer de nos cœurs, une raſade de cette liqueur divine doit
" les nettoïer de toutes peines. O que le vin, la verdure de ces
" près, ces belles filles ont de la douceur ! n'obéïs point au cen-
" ſeur, il eſt rempli de déceptions & porte l'ennemi public dans
" ſon ſein. Que toutes tromperies ſoient bannies de ces lieux."

Les Arabes ont auſſi une ſorte de courtes odes, leſquelles reſſemblent beaucoup aux odes Perſannes : elles conſiſtent ſouvent en
quatorze lignes comme les ſonnets Européens, & il eſt probable
que ce genre de verſification fût apporté de l'Orient en Eſpagne,
& delà paſſa en Provence & en Italie. Celle qu'on va donner eſt
mentionnée dans l'original des contes Arabes de mille & une nuits,
& ſe trouve remplie de ces comparaiſons & de ces images qui ornent
de tant de beautés les cantiques de Salomon.

" Par les arcs voutés qui gardent ſes yeux, & par ſes yeux qui
  " dardent les traits enchanteurs de ſes œillades ;
" Par ſa forme délicate, & par le tranchant cymeterre de ſes
  " regards ; par l'éclatante majeſté de ſon maintien, & l'ob-
  " ſcure nuance de ſes cheveux ;
" Par ſes yeux languiſſans qui raviſſent le ſommeil, & qui donnent
  " des loix dans l'empire de l'amour ;
" Par les boucles de ſes cheveux noires comme des ſcorpions, qui
  " lancent dans les cœurs les traits du deſeſpoir ;
" Par les roſes & les lys qui fleuriſſent ſur ſa joüe, par la vive car-
  " nation de ſes ſouriantes levres, & ſes dents de perles eblouïſ-
  " ſantes ;
" Par la ſenteur de ſes cheveux muſqués, & par les fleuves de vin
  " & de miel qui coulent de ſes levres quand elle parle ;

" Par

" Par fon col femblable à celui du chevreuïl, par fa ftature pareille
" au cyprès, par fon fein enflé & arrondi comme une pomme
" grénade ;
" Par les graces qui accompagnent fes pas, & par la legéreté de
" fa taille ;
" Par la foïe moëlleufe de fon fein, la douceur de fes levres, &
" toutes les beautés dont elle eft ornée ;
" Par l'affabilité de fes maniéres, la verité de fes paroles, la no-
" bleffe de fa naiffance, & la grandeur de fa fortune ;
" Par tous ces rares dons, je jure, que l'odeur du mufc eft moins
" agréable que celle de fes tréffes, & que l'hâleine des zéphirs
" derobe fon parfum à fes cheveux ;
" Que le foleil dans fon midi eft moins refplendiffant que la joüe,
" que la nouvelle lune eft moins belle que fon front.

Dans quelques anciennes collections faites par Abu Teman Ta-
lebi, & par d'autres auteurs, il y a plufieurs piéces de vers d'a-
mour, écrites occafionnellement, qui font très polies & très élégantes, comme ces quatre ftances de Dhúl Remma fur une Antelope :

" Tu es rappellée à mon fouvenir, O Maïa ! quand la bondiffante
" Antelope devance mon courfier, & fixe fur moi fes grands
" yeux brillans.
" Une Antelope, qui habite les collines fabloneufes, dont la peau
" eft rougeâtre, & qui a une face comme le foleil en fon
" midi.
" Elle reffemble à Maïa par fa forme délicate, par le beau con-
" tour de fon col, par le luftre de fes yeux noirs ; mais Maïa
" brille de plus d'éclat & de charmes ;

" Quand

" Quand elle porte ſes ornemens d'yvoire, ils ſemblent ondoïer
" comme les branches de l'arbre Ochar qu'agite un torrent
" roulant dans la vallée."

Il faut en venir à préſent aux Perſans & aux Turcs, mais il y a peu à dire de ces derniers, parceque la pluſpart de leurs odes ſont une imitation des odes Perſannes, quoiqu'il faille avouer que les Turcs ont des vers d'un tour original & très élégans, dont voici un exemple :

Kamer hemchére ſi di gabgabinúng
Cheker hemchihre ſi di lablerenúng,
Gulini ſumbuling kilmiſh perichân
Aſilmich ber kiline bing del u giân,
Lebingden lalung olmichdi yeri ſenk
Dehaningden cheker kalmichde diltenk.

" La lumiére de la lune étoit egaſée par l'éclat de ſon viſage, &
" ſes levres étoient douces comme le miel. Les hyacinthes de
" ſes tréffes étoient éparſes ſur les roſes de ſes joües, & mille
" cœurs étoient ſuſpendûs à une ſeule boucle de ſes beaux che-
" veux. Le rubi comparé à ſes levres ne paroiſſoit plus qu'une
" piérre commune, & ſa bouche ôtoit au ſucre le prix de la
" douceur."

Les Perſans excéllent ſur toutes choſes dans leurs odes amoureuſes, deſquelles on a dejà donné un eſſai dans la prémiére ſection. Il eſt ſurprenant combien les odes d'Hafiz reſſemblent aux fragmens que nous avons des poëtes lyriques de la Gréce. On peut avancer avec verité, que ce poëte a tout l'agrément & la vivacité
d'Anacreon,

d'Anacreon, avec la douceur & les charmes de Sappho. En général ces fortes de poëfies célébrent l'amour & les plaifirs, & font entremêlées de reflexions fur l'inftabilité de la fortune, & fur la vanité des fouhaits humains; elles font nommées GAZELS, & contiennent rarement moins de cinq ftrophes chacune, & plus de feize.

Quoique ces GAZELS ou odes foient dignes de la curiofité des gens de goût, il faut avoüer que les penfées en font fouvent monotones. La fertilité de la langue, & la richeffe des expréffions font difparoître ce défaut dans l'original, auquel par conféquent il eft comme impoffible de rendre juftice. Sur ces confidérations & fur l'affertion de ceux qui prétendent que la poëfie ne peut jamais être bien rendûë par la profe, l'auteur de ce traité avoit d'abord donné l'ornement de la rhime à ces GAZELS, mais aïant alors été forcé à s'éloigner quelques fois de la traduction abfolument litérale, il a enfin jugé qu'il obvieroit aux inconveniens qui fe trouvoient dans quelque parti qu'il prit à cet égard en ajoutant en vers à la fin du traité ces mêmes odes qu'on va donner ici en profe. Si cette répétition paroit étrange, on ne doit nullement l'attribuer à une prétention d'amour propre, mais au défir de donner une idée du parti qu'on peut tirer de la poëfie Orientale, & d'ouvrir ainfi une carriére que d'autres pourront beaucoup mieux remplir. Comme il étoit difficile de faire un choix dans l'excéllent recuëil des odes d'Hafiz, on en a pris celles-ci au hazard, à l'imitation des Orientaux, qui pour fe décider dans les moindres comme dans les plus confidérables occafions, ouvrent fortuitement un livre, & s'en remettant au fort, s'en tiennent à ce qui d'abord a frappé leur vûe. On a pû remarquer la confiance que ces peuples ont dans cette éfpece de dévination, lorfque dans l'hiftoire de Nader Chah on a vû ce prince fe réfoudre à deux fiéges fameux, fur deux vers de ce même Hafiz, dont on joindra l'ode entiére à celles qu'on vient d'anoncer.

PART II.   L l   O D E

ODE I.

" MON sein est rempli de roses, j'ai du vin dans la tête,
" ma bien-aimée se rend à mes désirs. Le monarque du
" monde est aujourd'hui mon esclave.

" Ecoute, n'apporte point de flambeaux dans notre assemblée,
" car la lune des joües de ma favorite est en son plein dans ce
" banquet.

" Ne brûle point de parfûms dans nôtre salle de festin, car
" mon âme ne trouve de délices que dans l'odeur embaumée de
" tes cheveux.

" Ne parle point de la saveur du sucre & du miel, car je désire
" seulement de goûter la douceur de tes levres.

" Dans nos appartemens le vin est permis, mais, O Cyprès,
" paré des plus belles nuances ! sans toi il est défendû.

" Lorsque tu es absente, & que le poid de l'affliction opprésse
" mon cœur, je me retire toûjours dans le coin de ma cellule.

" Pourquoi me parles-tu de reputation ? je n'en fais aucun
" cas : pourquoi fais-tu mention de mon nom ? que m'importe-
" t-il ?

" Mon oreille est sans cesse attentive à la mélodie de la flute &
" aux notes de la harpe : mes yeux sont constamment fixés sur tes
" levres de rubis, & sur la coupe circulaire.

" Nous aimons le bon vin avec obstination, nous sommes
" amoureux, nos yeux sont lascifs, mais où est dans toute la ville
" celui qui n'est pas sujet aux mêmes fautes ?

" Ne va point pour ces offences nous accuser au magistrat, il
" aime aussi bien que nous une rasade de ce vin vivifiant.

" Ne

" Ne t'aſſis point, Hafiz, ſans ta bien-aimée à tes côtés, & du
" vin dans ta coupe, car c'eſt la ſaiſon de la roſe & du jaſmin,
" c'eſt la fête du printems.

ODE II.

" JE te ſalüe, Chiraz, ville ſi délicieuſement ſituée! le ciel te
" préſerve de ruine!

" O Rocnabad! puiſſe ce même ciel défendre ta ſource, dont les
" claires eaux nous donnent la longue vie de Kedher!

" Dans les allées de Giaferabad & de Moſella, le zéphire em-
" baumé reſpire les parfums.

" Hate-toi, vole à Chiraz, implore la faveur de ſes habitans,
" qui ſont doués de la perfection des anges.

" Qui a jamais vanté le ſucre d'Egypte, à qui les douces filles
" de Chiraz n'aïent pas fait ſentir ſa folie?

" Aure légére, quelle nouvelle m'apporte-tu de cette tendre,
" aimable, & douce beauté? au nom du ciel, ne trouble pas mon
" ſommeil, car j'étois heureux dans la joüiſſance de ſon image.

" Si ma bien-aimée déſire de répandre ton ſang, O mon cœur!
" donne le lui auſſi librement que le lait de ſa mére.

" Puiſque tu craignois ſi fort, O Hafiz! l'heure de la ſépara-
" tion, pourquoi ne rendois-tu pas graces au ciel pour les jours
" de ſa préſence?

ODE III.

" GARÇON, apporte les coupes & remplis les de vin,
" remplis toutes ces coupes d'un vin pétillant.

" Apporte du vin, le remede contre l'amour. Le vin guérit
" les maladies des jeunes & des vieux.

" Le vin & la coupe sont le soleil & la lune; apporte la lune
" pour servir de cercle au soleil.

" Verse les liquides flâmes, verse ce vin étincellant comme le
" feu.

" Si la rose se fane, dis gaïement, apporte du vin de couleur de
" rose.

" Si la mélodie du rossignol ne se fait plus entendre, écoutons
" la mélodie des coupes passant à la ronde.

" Ne t'afflige pas des changemens de la fortune, mais sois at-
" tentif à l'harmonie du luth.

" Je verrai le charmant visage de ma bien-aimée dans mon
" sommeil, pour avancer ce moment donne-moi une autre rasade
" de ce vin.

" Quoique je sois presque furieux, il n'y a aucune remede,
" à ma frénesie, verse moi encore de ce vin, que je perde entiére-
" ment l'usage de mes sens.

" Apporte de nouveau des coupes pleines à Hafiz, il est resolû
" de boire, soit qu'il lui soit permis ou défendû.

ODE

ODE IV.

" C'EST aujourd'hui un jour de joïe & de plaisir, c'est la
" fête du printems ; nous obtiendrons ce que nos cœurs
" désirent ; la fortune est soumise à nos commandemens.

" Ecoute, O lune ! nouvelle épouse des cieux ! ne montre pas
" ta brillante joüe en l'Orient, car en ce jour nous voïons la pleine
" lune de la face de ma bien-aimée.

" Pourquoi entend-t-on gémir le rossignol à cette heure du
" matin ? il prépare sa mélodie à l'approche du printems.

" Dis au censeur, ne donne plus d'avis à la folâtre jeunesse ;
" qui s'assit aujourd'hui sans sa bien-aimée & du vin ?

" Voi le derviche qui se place en ce jour au coin d'un cabaret,
" lui qui auparavant n'avoit de demeure que la Mosquée.

" Que l'on proclame hautement, qu'aujourd'hui les yeux
" d'Hafiz sont fixés sur les charmes de sa bien-aimée, & ses levres
" sur sa délicieuse coupe.

ODE V.

" DIS moi, aure matinale, où est la demeure de ma bien-
" aimée ? où est le séjour de cette lune qui détruit ses ad-
" mirateurs ?

" La nuit est obscure, & la vallée d'Aiman est devant moi : où
" est la lumiére des collines ? qui voudra me conduire devant
" la présence de ma bien-aimée ?

" Chacun de ceux qui paroissent au monde perdent bien-tôt
" leur raison, ils vont demandant dans la salle des banquets ; où
" trouve-t-on un homme sage ?

" Que celui qui entend le sens caché de mes expréssions se re-
" joüisse ! nous avons plusieurs sentences obscures, mais où est
" l'homme auquel nous puissions confier nos secretes ?

" J'ai mille affaires à arranger avec chaque pointe de tes che-
" veux, Ah ! où sommes nous ? & où est le vain censeur !

" J'ai perdu le jugement : cette chaine de musc a captivé mon
" cœur ; Oh ! où est elle ?

" Le vin, les danses, les roses, tout est préparé, mais la vie est
" imparfaite sans ma bien-aimée ; où est ma bien-aimée ?

" Hafiz passe son tems dans le jardin à l'abri des vents de
" l'automne ; mais y-a-t-il une rose sans épines ?

O D E VI.

" AH ! que ta forme est parfaite ! que ton entretien est ai-
" mable, tes attraits, & ta douceur enchantent mon
" âme !

" Ton ésprit est aussi doux que le bouton de rose est fraïs ; ta
" beauté est égale à celle du cyprès du jardin éternel.

" Ta vivacité & ton badinage sont remplis d'appas ; tes joües
" sont unies & ravissantes ; tes yeux & tes sourcils sont tout ce
" qu'il y a de plus beaux au monde ; les graces animent ta forme
" & ta taille majestueuse.

" De tes charmes chaque fleurs du jardin de rose reçoit de
" nouveau ornemens ; chaque zéphir prend la douceur de son
" haleine dans tes cheveux aussi odoriférans que le jasmin.

" Dans le sentier de l'amour on ne sauroit eviter le torrent
" des angoisses, cependant, ton amitié a rendû mon mal agré-
" able.

" Devant

" Devant tes yeux tantôt je me meurs, & tantôt en contem-
" plant la splendeur de ton noble maintien mes maux deviennent
" délicieux.

" Quoique dans le desert de l'absence il y ait du danger de tous
" côtés, le timide & languissant Hafiz y voïage agréablement
" lorsqu'il s'occupe à former des vœux pour ton retour."

ODE VII.

" VIENS, j'apperçoi un doux zéphire se joüer sur ce visage;
" tous les cœurs sont blessé par cette joüe.

" Des déscriptions qu'on nous donne des vierges du paradis
" demande une explication à cette joüe.

" Le musc de la Chine reçoit son odeur de ces boucles de che-
" veux; ces tréffes ont dérobé la douceur de leur parfûm à cette
" joüe.

" Le pin est abaissé jusqu'à l'herbe comparé à cette stature; la
" rose panche sa tête auprès de cette joüe.

" Les boutons de jasmin envient ce sein; les fleurs de l'ama-
" rante sont jalouses de cette joüe.

" Les flâmes du soleil sont accrûes par les raïons de cette face;
" la lune est arrêtée dans le firmament par cette joüe.

" Les fleuves de vie découlant des ravissans accens d'Hafiz,
" comme son sang découle de son cœur à l'aspect de cette joüe.

ODE

ODE VIII.

" AH! ta face éclatante comme la lune eſt le nouveau prin-
" tems de la beauté; la mole de ta joüe & ſon aimable
" foſſete font le centre du cercle de la beauté.

" Dans tes yeux languiſſans ſont cachés les enchantemens de la
" magie; dans tes boucles flottantes eſt fixée la demeure de la
" beauté.

" Il n'eſt point de lune qui brille ainſi que toi dans le firmament
" d'amour; il ne croît point de pin ſemblable à toi dans le terrain
" de la beauté.

" Les heures de l'amour ſont rendûes douces par tes charmes;
" tes agrémens raniment la ſaiſon de la beauté.

" Du piége de tes cheveux & de l'amorce de la mole de ta joüe
" nul cœur ne ſe peut ſauver, ils y deviennent tous (ainſi que
" l'oiſeau déçû) la proïe de la beauté.

" Nature te choiſit entre toutes les âmes, & comme une nour-
" rice attentive elle t'entretient & te careſſe dans le giron de la
" beauté.

" Les boutons de la tulipe ſont agréables & frais, parce qu'ils
" ſont arroſés par les ſources de vie ſur les rives de la beauté.

" Hafiz eſt épris de tes charmes, & déclare que ta joüe eſt le
" ſeul lieu où ſe trouve le palais de la beauté.

ODE

ODE IX.

" J'AIME une beauté, qui comme la rose est sous l'ombrage
" d'un couvert d'hyacinthes ; ses joües sont aussi claires
" qu'un ruisseau ; ses levres de rubis respirent la plus douce ha-
" leine.

" Quand elle étend sur ces joües le piége de ses beaux cheveux,
" elle dit au zéphire, garde nôtre secret.

" Ses joües sont unies & agréables. O ciel ! donne lui une
" vie éternelle, car ses charmes sont éternels !

" Quand je commençai à devenir amant, je dis, avant que je
" puisse trouver cette perle de mes désirs, peût-être trouverai-
" je une mer sans fond, où je ferai sans fin battû des vagues.

" Répand une goutte de vin par terre ; tel est à présent le
" sort des plus grands héros ; le pouvoir de Gemchid & de Caïs-
" khosrev n'est plus qu'une vaine fable.

" Ne me défens pas de contempler ta stature, si semblable au
" cyprès ; je veux m'asseoir à la source de ta fontaine, car ses
" eaux coulent tranquillement.

" Si tu veux me lier de tes chaines, lie moi promptement ; car
" les délais engendrent l'infortune, & celui qui aime souffre
" trop.

" Délivre moi des soucis de l'absence, si tu veux que le ciel te
" préserve des regards de la malignité.

" Quand la rose te sourit, O rossignol ! ne sois pas deçû ; car
" on ne doit pas compter sur la rose, bien qu'elle renferme la
" beauté de tout l'univers.

" Au nom du ciel prens ma vengeance, ordonnateur du ban-
" quet, car ma belle boit du vin avec les autres, & n'est reservée
" qu'avec moi.

" Quel cœur échape à fes œillades! elle s'affit en embufcade
" dans un coin, & accommode fes traits à fon arc.

" Qu'eſt il arrivé à la cour de ma bien-aimée, que les plus grands
" rois en touchent le feüil avec leur fronts? comment excufer ma
" fortune? cette aimable nimphe, dont la beauté excite un tu-
" multe dans la ville remplit le cœur d'Hafiz d'amertume quoique
" fa bouche ait tant de douceur.

ODE X.

" O DOUX zéphire! s'il t'arrive de paſſer par le féjour de
" l'objet que mon cœur aime, que ton haleine me rapporte
" l'odeur de fes cheveux ambrés;

" Car avec cette haleine mon âme feroit remplie de volupté,
" comme recevant un méffage de cet objet cheri.

" Mais fi tu es trop foible pour foutenir un tel poid, au moins
" épands fur mes yeux de la pouſſiére que tu recüeille fur le feüil
" de fa porte.

" Je fuis confterné & demeure affis immobile en attendant fon
" retour; Ah! quand mes yeux feront-ils charmés par la vûë de
" cet aimable vifage!

" Mon cœur, autrefois haut comme le pin, tremble à prefent
" comme le faule par l'ardent amour qu'allument les graces de la
" forme & de la taille de mon bien-aimé.

" Quoique mon bien-aimé ait peu d'égards pour moi, je don-
" nerois le monde entier pour un feul regard de fes beaux
" yeux.

" Quel bien ne feroit ce pas pour mon cœur, s'il étoit dé-
" livré des entraves des foins de la vie, puifqu'il eſt deſtiné à être
" le vaſſal & l'efclave de fon bien-aimé."

Le poëte Hafiz a donné plufieurs autres ouvrages, dans lefquels on trouve la même beauté d'images & le même charme d'expreffions que dans fes odes, qui font au nombre d'environ fix cent. Le Baron Revizki envoïa à l'auteur les deux premiéres odes des dix qu'on vient de donner : il les avoient traduites en Latin avec une élégance digne d'un homme de goût auquel les connoiffances les plus étendûës tant dans la litérature Orientale que dans l'Européene donnent un rang diftingué parmi les favans du fiécle.

Comme les auteurs Orientaux ne peuvent que perdre dans la traduction, il fe peut qu'on trouvera outrés les éloges qui leur font donnés dans ce traité ; mais que ceux qui penfent ainfi prénnent la peine de traduire litéralement les ouvrages d'Horace, d'Anacreon, & de Sapho, & ils ne feront plus choqué de ce qui leur aura parû froid & fec dans quelques ftrophes de ces odes ou chanfons Perfannes : on peut dire à ce propos avec Michel de Cervantes, celui qui prétendroit juger de quelque poëme que ce fût dans une traduction litérale pourroient auffi raifonnablement éfperer de trouver fur le revers d'une tapifferie les figures qu'elle reprefente dans toute leur delicateffe & toute leur fplendeur.

SECTION IV.
DE LEURS ÉLÉGIES.

ON ne trouve point d'élégies dans les recueïls des Perfans, & très peu dans ceux des Turcs. Le fecond livre du Hamaffa, ou collection de poëmes Arabes, confifte en courtes élégies, écrites avec toute la majefté de la poëfie, comme on en jugera par celle-ci, faite fur la mort d'un guérrier non moins célébre par fa liberalité que par fa valeur.

" Venez, mes compagnons, venez à la tombe de Maan, & dites,
" puiffent les nuées du matin te baigner de leurs frequentes on-
" dées.

" Mais, O toi tombe de Maan ! qui étois feulement une des ca-
" vités de la terre, comment-es-tu devenûë la demeure de la
" liberalité ?

" Et comment, O tombe de Maan ! renfermes-tu cette liberalité
" qui rempliffoit la terre & les mers ?

" Ouï, tu as reçû dans ton fein la libéralité elle-même ; mais,
" elle eft morte ; car fi elle vivoit, tu ne pourroit la contenir
" fans t'éclater.

" La mémoire du jeune Maan vit après lui, comme les près re-
" çoivent une nouvelle verdure après avoir été arrofés par un
" clair ruiffeau.

" Mais, hélas ! Maan eft mort, la libéralité a difparû de la terre ;
" la belle fleur de la générofité eft inpitoïablement fauchée."

On

HISTOIRE DE NADER CHAH.

On trouve dans un excéllent poëme d'Abou Arabchah un endroit qui féparé du refte compofe une très-belle élégie fur la mort des fils de Tamerlan. Le voici :

" Où êtes-vous, jeunes héros, dont les faces refplendiffoient
" comme les feuillets du livre facré ? où font-ils, ceux que leurs
" richeffes, leur favoir, leurs vertus rendoient fi célébres ? qui
" éteignoient la lune dans les cieux ? & rendoient les vagues de
" l'ocean hônteufes ? les funefte bouffées de la déftruction les ont
" chaffés comme le vent du couchant difperfe le fable. Où font-
" ils ces aimables princes la lumiére & la joïe de tous les cœurs ?
" qui, après que le voile qui les couvroient eft levé, brillent comme
" le foleil fortant du nuage ? où font ces Antelopes aux larges
" yeux ? ces chevreüils femblables aux nimphes du paradis ?
" que la beauté avoit entourés de la robe fleurie du contentement ?
" qui étoient les yeux du monde & la lumiére de fes yeux ? qui
" étoient les bordures des jardins, & les fleurs de ces bordures ?
" Quand ils étoient ennyvrés de plaifirs, & dardoient des œil-
" lades amoureufes ; quand leurs années étoient verdoïantes &
" parées de la fraicheur des boutons dorés ; voila, que la mort,
" echanfon fatal, verfe le vin de la déftruction dans leurs coupes,
" & de fes fleuves débordés inonde le jardin de leurs vies. Ils
" quittent leurs fomptueux palais pour s'abimer dans d'étroites
" tombes, préfentant le breuvage amer de la féparation à leurs
" compagnons, qui éperdus de douleur déchirent leur fein, &
" frappent leur poitrine. Ah ! fi les vœux des tribus affligées
" pouvoient avoir quelque influence fur la mort, elle leur auroit
" rendûs ces objets de leur trifles regrets ! Mais à préfent ils ha-
" bitent les creux de la terre, & leur beauté n'eft plus ; les vers
" les dévorent ; la dent du déperiffement les ronge. Ils fe dé-
" compofent par dégrés dans les entrailles de la terre ; ils y de-
" meureront

" meureront jusqu'au moment où ils reprendrons une nouvelle
" vie. Ceux que l'amour ou l'amitié avoit attaché à eûx vont
" chaque jour visiter leurs tombeaux, ils pleurent, ils se la-
" mentent; ils gémissent sur les piérres entassées de leurs se-
" pulchres; ils souillent leurs joües de la poussiére que les ondées
" ont humectée; ils appellent en vain ces princes chéris; ils ne
" reçoivent de réponse que de l'echo du vuïde rocher; aujourd'hui
" ils visitent les tombeaux de leurs compagnons, demain on vi-
" sitera les leurs : tels sont les décrets & les arrangemens de la
" Providence."

SECTION V.

DE LEURS POËSIES MORALES.

LES nations Orientales ont toûjours été renommées pour l'ex-
célente méthode qu'ils suivent dans leurs piéces de morale,
en mêlant ingénieusement l'agréable à l'instructif. Leurs poëmes
sont remplis de nobles sentimens, tel que ceux-ci.

" Dis, à celui qui me reproche mon changement de fortune,
" le sort peut-il abbaisser celui qui n'avoit pas été élevé ? ne vois-
" tu pas les roseaux flotter sur la surface de la mer, tandis que les
" perles restent au fond ? vois, comme le vent qui soufle de tous
" côtés ne détruit pourtant que les hauts arbres. De toutes les
" branches

" branches des boccages, le paſſager ne caſſe que celles qui ſont
" chargées de fruits. Il y a des étoiles ſans nombre dans le fir-
" mament, mais le ſoleil & la lune ſeuls y ſouffrent des éclipſes."

On ajoutera à cet exemple les vers ſur l'utilité de voïager, dont il
eſt fait mention dans les contes Arabes.

" Voïage, & tu trouveras de nouveaux plaiſirs qui remplaceront
" ceux que tu perds. Change de ſéjour, car il y a des délices
" dans le changement, je ne ſache rien de plus agréable, ni de
" plus déſirable que de voïager : quitte ton habitation & pars.
" Ne vois-tu pas que l'eau qui eſt ſans mouvement croupit, &
" qu'elle n'eſt douce & claire que lorſqu'elle coule & ſuit ſon
" cours. Si le ſoleil demeuroit toûjours fixé dans la même partie
" des cieux, le genre humain ſe laſſeroit de ſes bien-faiſans raï-
" ons. Si la lune ne ſe cachoit pas ſous les nuages, elle ne frap-
" peroit pas agréablement la vûë par ſon éclat imprevû. Le lion
" ne ſauroit déchirer ſa proïe s'il ne ſort pas de ſon antre. La
" flêche n'atteindroit pas le but ſi elle ne départoit de l'arc. L'or
" dans ſes mines n'eſt pas plus éſtimé que la paille, & le bois d'a-
" loes dans le terrain où il croît n'eſt qu'un bois commun."

Il y a pluſieurs ouvrages dans toutes les langues Aſiatiques ſur
des ſujets moraux, dont les plus éſtimés ſont le Pendnameh d'At-
tar & les excéllentes œuvres de Sadi.

SECTION.

SECTION VI.
DE LEURS SATIRES.

LES poëmes de Gerir, & le cinquiéme livre du Hamaſſa, font les ſeules remarquables ſatires en Arabe; elles reſſemblent beaucoup aux iambiques d'Archiloque & aux fragmens que nous avons d'Hipponax; elles reſpirent le feu de la haine la plus inveterée, & du reſſentiment le plus violent, comme on peut le voir dans cette invective contre un lâche commandant.

" Sois à jamais confondû, chef foible & craintif; puiſſe la roſée
" du matin ne jamais tomber ſur ta demeure: puiſſe la pluïe ne-
" jamais arroſer les habitations de ta tribu: puiſſent leurs collines
" ne reverdir jamais! Tu t'es couvert de honte ainſi que d'un
" manteau, O fils de Bader! & les mauvais effets qui s'en en
" ſuivront ſeront attachés à tes pas. Les traits de l'infamie te
" perceront de tous côtés, tu ſeras un ſujet de dériſion dans toutes
" les aſſemblées."

La ſatire ſuivante eſt miſe dans la bouche d'une princeſſe Arabe, irritée contre Amarah, chef d'une tribu voiſine de la ſienne & rival de ſon favori Antarah célébre héros & poëte.

" Ceſſe, O Amarah! ceſſe de troubler nos jeunes nimphes par
" tes vains ſoupirs, ceſſe de pourſuivre les filles de la beauté;
" Car tu n'as jamais éprouvé les armes de l'ennemi; tu es ſans
" valeur au jour du combat.

" Ne défire point de voir Abelah, crains d'y rencontrer fon
" amant femblable au lion des vallées.
" Ton brillant cimeterre ne te fervira de rien pour l'acquérir,
" non plus que ton obfcure & tremblante lance.
" Abelah eft une jeune biche qui a captivé le cœur d'un lion par fes
" yeux doux & languiffans.
" Tu perfiftes encore dans ton vain amour pour elle ; tu remplis
" tous les lieux d'alentour de tes complaintes.
" Mais n'approche pas de fa tente, tremble qu'Antarah ne t'y pré-
" fente le vin pur de la mort ;
" Et ne ceffe de te frapper qu'il n'ait effacé les gaïes nuances de ton
" manteau ;
" Tandis que les jeunes filles de notre tribu feroient retentir de
" leurs ris les échos des vallées & des collines ;
" Et te rendroient la fable de toutes les compagnies, le jeu public
" des affemblées du matin & du foir.
" Tu viens à nous dans un manteau de foïe tiffû de diverfes cou-
" leurs, enrichi d'ornemens variés ;
" Mais prens garde que nous ne lâchions contre toi un lion, la
" terreur des lions de la vallée.
" Avec quel opprobre ne feras-tu pas reçû quand tu te retireras
" comme un loup qui a manqué fa proïe ?
" Abelah & fes belles nimphes auront la joïe de te voir bleffé &
" chaffé honteufement.
" Elle demeureront nonchalamment panchées, & continueront à
" fe moquer de toi en ces mots :
" Antarah eft le prémier des héros ; le lion de la forêt en valeur ;
" une mer copieufe en liberalité.
" Mais toi, tu es le plus méprifable des chefs, & le plus fordide
" des hommes.

" Nous sommes semblables à des fleurs fraichement écloses ; notre
" senteur odoriférante est celle de la violette.
" Abelah est assise au milieu de nous, & par sa stature ressemble
" à l'arbre qui porte le baume précieux ; sa beauté est comme
" la pleine lune, ou le soleil étincellant.
" Tu voudrois emploïer la violence pour parvenir à elle, mais tu es
" aussi vil qu'un chien qui abboïe.
" Meurs donc deshonnoré, ou vis insulté, nous serons également
" satisfaites, & tu n'echaperas pas aux traits perçants de nos
" reproches."

On trouve peu de satires générales en Arabe qui puissent être aussi justement comparées à celle de Juvenal & d'Horace, que celle du fameux poëme de Tograi, dans lequel il déclame dans les plus beaux accords poëtiques contre la perfidie du genre humain, & le peu de solidité des amis. Les satires de Rahi Bagdadien Turc sont admirables.

Dans le nombre des poëmes satiriques qu'on trouve en Persan, un des plus frappant est celui du grand Ferdusi, contre un roi qui s'attira sa haine de la manière qui va être racontée.

Mahmud, dont le pére nommé Sebectighin avoit été esclave, s'étoit élevé au trône par sa valeur & ses brillantes qualités. Il apprit que Ferdusi avoit formé le dessein d'écrire un poëme sur les anciens rois de Perse. Aussi-tôt le sultan mande le poëte, le cajole approuve le plan de son ouvrage, & lui promet une magnifique récompense lorsqu'il l'aura fini. On pretend que Ferdusi travailla pendant trente ans à son Chahnamé, ainsi rempli de confiance, il en présenta à son roi une copie élégante. Mais Mahmud avoit dans cet intervalle prêté l'oreille aux malicieuses insinuations

nuations de son visir, l'ennemi de Ferdusi, & ne daigna pas faire attention à lui.

Cet illustre malheureux, qui pendant la composition de son ouvrage avoit totalement négligé le soin de sa fortune, & qui s'attendoit à être pour le moins créé Emir, tacha de rappeller à Mahmud ses promesses par quelques petites epigrammes qu'il eût soin de faire trouver sous ses yeux, parmi lesquelles est celle-ci :

" On dit que notre roi est une mer sans bornes de libéralité ;
" heureux ceux qui le trouvent ainsi ! quant à moi, j'ai plongé
" dans cette mer, & n'y ai pas rencontré une seule perle."

Enfin le poëte, voïant que tous ses efforts étoient vains, & qu'il n'avoit rien à espérer d'une cour ingrate, resolut de la quitter, après avoir médité une vangeance aussi plaisante qu'amère : la nuit d'avant son départ il remit entre les mains de ce favori du roi qui l'avoit desservi, un papier cacheté, en lui disant que c'étoit une fable destinée à l'amusement de Mahmud, & le priant de ne la presenter que lorsque par l'embarras de quelques affaires d'état il seroit plus triste & plus pensif qu'à l'ordinaire. En effet, deux ou trois jours après le Visir, aïant trouvé son maître dans cette situation d'esprit, lui remît l'écrit, qui devoit (selon Ferdusi) lui rendre sa gaïeté naturelle ; le roi le décacheta, & y trouva les plus mordantes invectives contre lui-même. Le poëte débute froidement ; il raconte les promesses de Mahmud ; il se plaint de ce qu'il les a violées : enfin il éclate ainsi :

" Mais quelles vertus peut-on attendre de Mahmud ? lui dont le
" cœur est fermé à la libéralité.
" Que doit-on espérer d'un tel roi, qui n'a ni jugement, ni mo-
" rale, ni religion.

" Le fils d'un esclave, quoique paré d'un diadéme, montre à la fin
" la baffeffe de fon origine;

" Plantez dans le jardin du paradis un arbre, dont le fruit foit
" amer;

" Faites y rejaillir l'eau des fources de l'Eternité; arrofez fes ra-
" cines de miel & de raïons de miel;

" Ses qualités naturelles reviendront toûjours, & après tant de
" foins il ne portera que des fruits amers.

" Placez fous le célefte paon l'œuf d'une corbeau formé dans les
" ténébres;

" Quand il fera éclos, donnez au petit des grains de figues pro-
" duites par le figuier d'Eden;

" Faite lui boire de l'eau de Salfebil, & que l'ange Gabriel fouffle
" fur lui;

" Vous n'en perdrez pas moins vos peines, & de l'œuf d'un cor-
" beau vos n'aurez qu'un corbeau.

" Mettez une jeune vipére fur une couche de rofes; nourriffez la
" des gouttes qui découlent de la fontaine de vie;

" Elle ne s'adoucira pourtant jamais, & vous infectera de fon ve-
" nin.

" Prenez un hibou dans la forêt, placez le dans les réduits char-
" mans de votre jardin, laiffez le pendant la nuit perché fur
" les rofiers, & fe récréer parmi les hyacinthes;

" Quand le jour deploïera fes raïonnantes aîles, il étendra les
" fiennes pour retourner à fa native forêt.

" Confiderez ces paroles de notre prophéte; chaque chofe retourne
" à fa fource.

" Paffez par la boutique d'un parfumeur, vôtre vefte prendra
" l'odeur de l'ambre-gris.

" Traverfez la forge d'un forgeron, & la vapeur du charbon
" fouillera votre manteau.

" Ne

" Ne vous étonnez donc point des mauvaises actions qu'un mé-
" chant homme commet ; la nuit peut-elle changer sa cou-
" leur ?
" N'attendez aucune libéralité d'une âme basse : le visage d'un
" Ethiopien peut-il devenir blanc ?
" Il vaudroit mieux jetter de la poussiére dans ses propres yeux que
" de loüer un roi avare.
" O roi ! si tu avois été noble & généreux, si tu avois marché
" dans le sentier de la vertu ;
" Tu n'aurois point ainsi renversé ma fortune, tu m'aurois re-
" gardé d'un œil différent.
" O roi Mahmud ! destructeur des armées, si tu ne me crains pas,
" crains du moins l'ire du ciel.
" Pourquoi as-tu enflamé ma colére ? le sabre dégoutant de sang
" de ma plume ne te fais t'il pas trembler."

Ferdusi après avoir ainsi soulagé son cœur se refugia à Bagdad, où le Calife regnant lui accorda sa protection, & il mourût quelques années après dans sa patrie.

SECTION

SECTION VII.

DE LEURS PANÉGYRIQUES.

CE fera encore Ferdufi qui fournira ici l'exemple des poëfies en ce genre. Quoiqu'il ne foit pas le prémier ni le dernier poëte qui ait emploïé fon talent pour loüer & pour defhonnorer la même perfonne, on trouvera peut-être affés curieux de voir après une telle fatyre un panégyrique du même auteur fur le même Mahmud roi de Perfe.

" Sous fon regne la juftice eft fi univerfelle, que l'agneau & le
" loup boivent au même ruiffeau.
" Depuis Cachemir jufqu'à la mer de la Chine toutes les nations
" confeffent fa gloire.
" Dès que l'enfant a mouillé fes levres du lait de fa mére, il leve
" la tête & prononce le nom de Mahmud.
" Dans les banquets Mahmud eft un ciel de liberalité, & un
" lion ou un dragon en un jour de bataille.
" Quand il parcourt le jardin de rofes, partout où il paffe les lys
" naiffent fous fes pieds.
" Son éclat rend le monde femblable à un bofquet du printems ; il
" adoucit l'air, il embéllit la terre.
" La rofée de fa générofité, en tombant fur la terre, la rend en
" toute fon étendûë femblable aux berceaux fleuris d'Irem.

On voit par cét effai de quelle maniére fervile les Afiatiques loüent & prefque deïfient leurs monarques. Il eft inutile de s'étendre

tendre d'avantage sur ce sujet, dont on trouve assés d'exemples dans tous les livres Orientaux.

En général leurs ouvrages commencent par les loüanges de la divinité, ensuite celles de leur prophéte & puis de leurs protecteurs, comme on peut le voir dans le Bustan de Sadi, dont le commencement est traduit par Chardin.

Les poëmes d'Abulola sont ce qu'il y a de plus beau & de plus animé en ce genre dans la langue Arabe. Ils ressemblent aux odes de Pindare, & le génie du poëte Arabe paroit le même que celui du poëte Grec. La prémiére ode d'Abulola débute par quelques reflexions sur les apparences decévantes des objets exterieurs; ensuite le poëte raconte ses voïages, & par une digréssion naturelle en vient à l'eloge du prince Saïd (mot qui signifie heureux.)

" Les jeunes filles nous demandérent ce que nous cherchions;
" nous leur repondimes, Saïd, & le nom de ce prince fût d'un
" heureux présage.
" Ce héros poursuit ses ennemis sur son courfier leger, & il
" forme des forêts épaisses de ses longues lances.
" Ses arcs tirés par l'archer s'empressent de fixer leurs traits dans
" le cœur de ses ennemis, & ses sabres s'élancent hors de leurs
" foureaux contre les cols de ses adversaires.
" Ses courfiers se jettent d'eûx-mêmes dans la mêlée, & rien ne
" peut égaler leur légéreté."

Après environ une vingtaine de très beaux vers, Abulola passe au récit de ses avantures & de ses amours. Il poursuit en censurant

la

la tribu Bedia, & oppofe à fa baffeffe la libéralité & la grandeur de fon prince.

"Mais, dans la tribu d'Adi, il eft un prince qui n'attend pas
"qu'on lui demande des faveurs, il les confére fans en être
"réquis.
"Les Pleïades craignent fa lance; & le foleil, après avoir com-
"mencé fa courfe, voudroit retourner à l'Orient pour ne pas
"s'expofer à paffer fur fa tête.
"Son courfier accomplit le travail qui lui eft prefcrit avec une
"incomparable viteffe, & lorfqu'il eft pouffé à travers le champ
"de bataille, le fang qu'il foule rend la corne de fes pieds fem-
"blable à une cornaline rouge.
"Ce cheval a une plus haute origine que le courfier Alwagih, il
"defcend d'une noble race.
"Chaque boucle de cheveux de nos jeunes beautés languit d'être
"la chaine de fes pieds, & l'or éteincellant défire d'en orner les
"cornes.
"O Saïd! quand la nature a befoin des rafraichiffantes ondées,
"ce n'eft point des nuages, c'eft de tes mains qu'elle en attend
"les precieufes gouttes.
"Quand les zéphirs foufflent au couchant, dis leur, Allez, & ils
"voleront au nord.
"J'en jure par le ciel, fi tu étois en colére contre la montagne
"Tabir, elle changeroit de place.
"Si ton cimeterre étoit amoureux des cols de tes ennemis, il
"joüiroit bien-tôt de l'objet de fes défirs.
"Quand ton fabre eft revêtû de fon reluifant foureau, il femble
"qu'il eft couvert des étoiles de la nuit, & que la lune lui fert
"de fandale.

" Sur

" Sur fa lame on voit deux élémens contraires; l'eau, quand les
" clairs raïons du jour s'y joüent; & le feu, quand il étincelle
" de fureur.
" Ses deux tranchans font deux langues éloquentes, qui prononcent
" la harangue préméditée de la mort.
" Quand le prince tire ce fabre il brille comme une vapeur cé-
" leste dans le defert, & la mort empourprée fe coule fur fa
" lame.
" Ce fabre fond toute cuirasse, & diffout les autres cimeterres de
" quelque trempe qu'ils foient.
" Il prend chaque côte de maille pour un étang, & languit d'é-
" tancher fa foif avec les anneaux entrelassés de l'armure."

Ce fera peut-être un fujet de curieuses spéculations pour quelques uns d'apprendre, que ce poëte hardi & fublime étoit aveugle depuis fon enfance.

Il auroit été facile de donner plusieurs autres exemples fur les divers genres de poëfie Orientale dont on a traité; mais on aura assés rempli le but qu'on s'étoit proposé, fi, par ce qui en a été dit, le lecteur est excité à l'étude des langues Orientales, étude plus facile, plus instructive, & plus amufante que le préjugé commun ne le laisse imaginer.

ODES.

ODE D'HAFIZ,

Citée dans l'Histoire de Nader Chah, Livre II. Chapitre XII.

QUOIQUE le vin ici répande l'allégresse,
Et quoiqu'autour de vous les caréssans Zéphirs,
En agitant les Fleurs, invitent aux plaisirs,
Prenez discretement la Coupe enchanteresse ;
N'accordez point vos Luths, modérez vos désirs,
Car le Censeur punit sévérement l'Yvresse.

Si la vive couleur de ce Jus délectable
Brille dans le Christal, de son éclat jaloux,
Et si vous joüissez du bonheur le plus doux
Dans les bras d'un Objet aussi tendre qu'aimable ;
Laissez à la Prudence un juste droit sur vous,
Car le tems est critique, & le péril palpable.

Loin avec ce flacon de vous laisser surprendre,
Dérobez avec soin sa vûe à l'œil malin ;
Car en ces tristes jours un barbare destin,
Exerce sa fureur, rien ne peut vous défendre,
Autant que vous versez de gouttes de ce vin,
Autant de sang humain, il se plait d'en répandre.

N'espérez

ODES.

N'efpérez pas joüir d'une tranquille vie,
Et craignez la Fortune au Sein de fes faveurs,
Elle n'offre à vos yeux que trompeufes douceurs ;
Cette Coupe en fes mains, qui vous pâroit remplie
Des plus excéllens Vins, des plus riches Liqueurs,
Ne vous préfente au fond qu'une infipide Lie.

Je pleure, & mes habits font mouillés de mes larmes,
Qui reffemblant au Vin épais & rougiffant
Expriment la douleur que mon âme reffent ;
Contre foi c'eft le tems qu'on doit prendre les armes,
C'eft le tems d'immoler un plaifir innocent,
Et de ne s'occuper que de Saintes allarmes.

O HAFIZ ! toi que FARS, toi qu'IRAK admirérent,
Quand de tes vers touchans les fons mélodieux
T'armérent d'un pouvoir divin, victorieux,
Et ces fameux païs à la fois fubjuguérent ;
Hâte-toi, viens cuëillir les lauriers glorieux,
Qu'à BAGDAD, qu'à TAURIS, les cieux te refervérent.

ODE D'HAFIZ.

AMIS, c'est la saison des Roses,
Livrons nous à tous nos désirs;
Ne craignons point sur nos plaisirs
Du sage & du Vieillard les gloses;
Ne disent-ils pas; tout périt;
Profitez jeunesse légére,
De cette Saison passagére
Où la nature vous sourit.

Encor du Vin, mettons en vente
Ces Tapis où sur nos genoux
Nous demandions ces biens si doux,
Dont le Ciel comble notre attente.
Ah! que l'air est voluptueux!
Destin, dans ces charmans aziles
Fais que quelques beautés dociles
De ce vin partage les feux.

A nous réjoüir tout invite;
Ici nous bravons les rigueurs
Que la Fortune en ses erreurs
Exerce contre le mérite.

La Rose nâit autour de nous ;
Accordons la Harpe & la Lyre,
Et dans l'yvresse & le délire
De l'Amour repoussons les Coups.

Hafiz, d'une étrange silence
Ne te laisse point accuser,
Dans le tems où de tout oser
Chacune se donne la Licence,
Toi Rossignol mélodieux,
Pourroit-tu passer bouche close
L'aimable Saison de la Rose,
Et perdre ce tems précieux ?

ODE D'HAFIZ. Page 244.

O DOUCE haleine du Zéphire !
C'est de l'Objet de mon ardeur
Que vient ton parfum enchanteur,
Avec transport je le respire.
Mais ce don si cher à mes vœux
Est un larcin que je t'envie,
Ah ! redoute ma jalousie !
Pourquoi toucher ses beaux cheveux ?

O Rose !

O Rofe ! auprès de fon vifage
Ofe-tu montrer ta beauté ?
Tout en lui n'eft que volupté,
Mille épines font ton partage.
Boutons fleuris ! par quelle erreur
A fes joües on vous compare ?
Un éternel Printems les pâre,
Un jour flétrit votre couleur.

Narciffe, as-tu rien qui l'égale ?
Ses yeux dans leurs feux languiffans
Lancent d'Amour les traits puiffans,
Ta couleur eft ternie & pâle.
O Pins ! qui nos jardins parez,
De votre ondoïante verdure,
A fon élégante Stature
Pouvez-vous être comparés ?

O quel bien voudroit-tu mon âme,
Si fur tous, tu pouvois choifir ?
Tu préférerois le plaifir
D'un retour parfait à ta flâme.
Viens, cher Objet de mon amour,
Viens par ton aimable préfence
Finir ma cruelle fouffrance,
Donne moi du moins un beau jour.

ODES.

LES DIX ODES D'HAFIZ. Page 266.

ODE I.

COURONNÉ de Rose & de Liérre :
L'Objet de mes vœux dans mes bras ;
Je commande dans ce repas.
Au Maître de la Terre entiére.
Point de Flambeaux dans ce réduit;
C'est de cette Face charmante,
En sa pleine Lune éclatante ;
Que vient la clarté qui nous luit.

Quoi ! des Parfums dans cette Salle !
Eteins ces inutiles feux ;
Que l'Ambre de tes beaux cheveux
Soit la seule odeur qui s'exhale.
Pour affaisonner nos plaisirs.
Miel & Sucre sont inutiles ;
Tes levres en douceurs fertiles
Seules excitent mes désirs.

Bien qu'ici le Vin on tolére,
Sans toi, Cyprès, dont les couleurs
Ont l'éclat des plus belles fleurs,
Toute liqueur me semble amére :

Quand tu n'éclaire point ces lieux
Des doux raïons de ton visage,
Les plaisirs n'ont rien qui m'engage,
Et je me cache à tous les yeux.

Pourquoi parler de renommée?
Je méprise l'ambition.
Que sert de me citer mon nom?
La Gloire n'est qu'une fumée.
Entendre ou la Harpe, ou le Luth,
Regarder ta bouche vermeille,
Jetter les yeux sur ma bouteille,
Voila de mes désirs le but.

Ah! si nous sommes tout ensemble
Buveurs obstinés, amoureux;
Si notre œil exprime nos feux,
Qui dans ces points ne nous ressemble?
Nous accuser aux Magistrats
Ce seroient plaintes importunes;
Toutes ces fautes sont communes,
A tout age, & dans tous états.

C'est ici la Saison nouvelle,
L'aimable Fête du Printems;
Le Jasmin offre son encens;
De roses la terre étincelle.

HAFIZ

ODES.

HAFIZ veut paſſer ces beaux jours,
Ces jours de joïe & d'allégreſſe,
Avec du vin & ſa maîtreſſe,
Les Jeux, les Ris, & les Amours.

ODE II. Page 267.

HONNEUR à toi, belle contrée
CHIRAZ! ſéjour délicieux!
Qu'a jamais la faveur des cieux,
Préſerve ta terre ſacrée!
O ROCNABAD! puiſſent tes eaux,
Où l'on puiſe la longue vie,
Qui rend KHEDHER digne d'envie,
Se conſerver en clairs Ruiſſeaux.

GIAFERABAD! de tes Allées,
De tes verds Sentiers, MOSELLA!
Nul Parfum jamais n'égala
Les douces odeurs exhalées!
Hâtez-vous, venez à CHIRAZ,
Vous tous qui cherchez les délices
Rendez ſes Habitans propices;
Ils ont des Anges les appas.

ODES.

Du Sucre dont l'Egypte abonde,
O vous qui vantez la douceur !
Venez connoître votre erreur,
Dans cette Ville sans seconde :
De ses Prés parcourez l'émail ;
Volez à ses Nimphes charmantes,
Et de leurs levres séduisantes
Préssez le tendre & doux Corail.

Et toi, rivale du Zéphire,
Aure du matin des Plaisirs,
Que fait l'Objet de mes désirs,
Quand pour ses charmes je soupire ?
Mais pourquoi d'un heureux sommeil
As tu dissipé le nuage ?
J'y joüissois de son image,
Qui vient de fuir à mon réveil.

Chére Aure, sois ma Méssagére,
Dis à l'Objet de mon Ardeur,
Que s'il veut le sang de mon cœur,
Ma main aussi-tôt pour lui plaire
Le répandant à son souhait,
Il l'auroit en même abondance,
Que sa Mére, en sa tendre enfance,
Lui laissoit prendre de son lait.

HAFIZ.

ODES.

Hafiz, quand le poid de l'abfence
Ton trifte cœur tient oppreffé,
Quand par le Deftin menacé
Il craint une longue fouffrance;
Songe à ces tems délicieux,
Où l'aimable Objet de ta flâme
De plaifir ennyvroit ton âme,
Et de ces tems rends grace aux Cieux.

ODE III.

Porte ces Coupes à la ronde,
   Garçon, verfe, verfe du vin;
Contre l'amour eft-il au monde
Un remede plus Souverain?
La Coupe, & le Jus de la Treille,
Semblent la Lune & le Soleil;
Cet Aftre à la couleur vermeille
Mérite un Cercle fans pareil.

Viens, répands les liquides flâmes
De ce Vin pur, étincellant;
Sans laiffer attrifter nos âmes,
Jouïffons de ce doux inftant.

Si la Rose perd sa nuance,
Apporte ce vin coloré;
Qu'au bruit des coupes le Silence
Du Rossignol soit réparé.

Ah! que la Fortune ennemie
Ne trouble pas nôtre repos!
Ce doux Luth par son harmonie
Doit nous faire oublier nos maux.
Bien-tôt dans un Songe agréable
Je verrai l'Objet de mes vœux,
Qu'à grands flots, ce Jus délectable
Avance ces momens heureux.

Contre ma frenétique yvresse
Quels secours pourroit-t-on trouver ?
Verser, verser du vin sans cesse
Est le moïen de me sauver.
Dans cette liqueur salutaire
HAFIZ veut perdre sa Raison,
Et laisser au Censeur sévére
Le soin de l'approuver ou non.

ODE IV.

CE Jour est le Jour des plaisirs,
    Du Printems c'est la Fête;
Le Sort soumis à nos désirs,
    A les combler s'apprête.
O toi, Lune, épouse des Cieux!
    Que tes clartés nouvelles
Se cachent à l'éclat des yeux
    De la Belle des Belles!

Quand le Rossignol par son chant,
    Si rempli de tendresse,
Pour salüer le doux Printems
    Au point du jour s'empresse;
Dis au Censeur, peux-tu blamer
    La folâtre jeunesse?
Qui passe ce jour sans aimer?
    Sans Vin, & sans Maitresse?

Vois où le Derviche prudent
    Va passer sa journée;
Seroit-ce comme auparavant
    Au fond d'une Mosquée?

Non, c'eſt au coin d'un cabaret
    Que le plaiſir l'enchaine,
Aſſis auprès d'un tendre Objet,
    Sa Coupe toûjours pleine.

Qu'on anonce à tout l'Univers,
    Qu'en ce jour délectable
Hafiz joint les charmes divers
    D'Amour & de la Table :
Ses yeux fixés avec tranſport
    Sur ſa divine Amante ;
Et ſes levres ſur le doux bord
    De ſa Coupe brillante.

Page 269.

ODE V.

C'EST à toi, Matineux Zéphire,
    A m'apprendre dans quels climats
On voit les raviſſans appas
De l'Objet pour qui je ſoupire ;
Dans quels lieux bravant les rigueurs
De mon implacable Fortune,
Trouverai-je la belle Lune
Qui détruit ſes admirateurs ?

ODES.

La Nuit étend ſes Voiles Sombres;
Sur la Terre eſt ſemé l'effroi;
AIMAN préſente devant moi
Sa Vallée & ſes triſtes Ombres:
Où ſe cachent les brillans feux
Dont on vit ces plaines reluire?
Hélas! qui voudra me conduire
Vers l'Objet de mes tendres vœux?

D'inſenſés l'Univers abonde,
L'Homme bien-tôt perd ſa Raiſon;
On en voit dans cette Saiſon,
Qui cherchent un ſage à la ronde.
Heureux qui pénétre l'objet
Du ſens caché de mes paroles,
Celui qui les trouve frivoles
Sauroit-t-il garder le Secret?

J'ai mille amoureuſes affaires
A régler avec tes cheveux,
Où ſommes nous? Cenſeur facheux
Où ſont tes reproches ſévéres?
Ah! j'ai perdû le jugement!
De tes treſſes l'aimable chaine
A toute heure vers toi m'entraine:
Où revoir ce lien charmant!

En vain aux plaisirs tout convie,
Les Danses, le Vin coloré,
Les Roses, tout est préparé,
Sans toi qu'imparfaite est la vie !
Où te chercher, Objet cheri !
En vain HAFIZ dans ces Boccages
Se trouve à l'abri des Orages,
L'Epine est au Rosier fleuri.

Page 270.

ODE VI.

AH ! que ta forme est séduisante !
Que ton esprit est enchanteur !
Il possède autant de douceur,
Qu'a d'attraits la Rose naissante.
On peut comparer ta beauté
Aux Cyprès du Jardin Céleste ;
La grace de ton moindre geste
Remplit mon cœur de Volupté.

Que de ton tendre badinage
Les charmes sont délicieux !
Qu'ils sont beaux tes sourcils ! tes yeux !
Et que parfait est ton visage !

Par toi d'un nouvel agrément
S'embéllit l'émaillé Parterre ;
Le Zéphir embaume la Terre
Du Musc qu'en tes tréffes il prend.

Dans le sentier d'amour se trouve
D'angoisses le Torrent fatal,
Ton amitié charme le mal
Qu'à surmonter ses flots j'éprouve ;
Et lorsqu'à tes yeux je me meurs,
De ton pouvoir merveille étrange !
Un seul de tes doux regards change
En plaisirs toutes mes douleurs.

Bien qu'au noir Desert de l'absence
De toutes parts soit le danger,
Ton HAFIZ ose y voïager,
Et quoique timide il avance.
Sous ses pas que guide l'amour,
La route devient praticable,
Il se la rend même agréable
En espérant ton prompt retour.

ODE VII.

VIENS, j'apperçois dans l'inſtant
 Sur cet aimable viſage,
Le Zéphire careſſant
Fixer ſon humeur volage;
 Dans ſes ſoins empreſſés
 Il s'y plait, il s'y joüe;
 Tous les cœurs ſont bleſſés
 Par cette belle Joüe.

Les raviſſantes beautés
De ces Viérges nonpareilles,
Et leurs appas ſi vantés
Du paradis les merveilles,
 Sont étranges récits
 Que raiſon deſavoüe,
 Mais ils ſont éclaircis
 Par cette belle Joüe.

Sais-tu que le Muſc fameux,
Dont s'enorgueillit la CHINE,
Du parfum de ſes cheveux
Reçoit ſon odeur divine?

La douceur dont l'Amour
Ce rare parfum doüe,
Ces tréffes à leur tour
L'ont prise à cette Joüe.

Qui le Pin comparera
A cette Taille élégante,
Auſſi-tôt le trouvera
Semblable à l'Herbe rampante.
La Roſe de dépit,
Quoique chacun la loüe,
Se panche & ſe flétrit
Auprès de cette Joüe.

Vois-tu jaunir le Jaſmin,
Sécher, ſe mourir d'envie ?
C'eſt la blancheur de ce Sein
Qui cauſe ſa jalouſie.
L'Amarante en courroux,
En ſe fanant avoüe,
Que l'éclat le plus doux
Le cede à cette Joüe.

Les flames dont le Soleil
A nos yeux brûle, étincelle,
De ce Viſage vermeil
Tirent une ardeur nouvelle :

ODES.

La Lune au Firmament,
Son Char radieux cloüe,
A l'aspect éclatant
De cette belle Joüe.

Les Ruisseaux qui sont sortis
Des pures Sources de vie,
Coulent dans les vers d'HAFIZ
Qu'ils rendent dignes d'envie :
Tel le sang de son cœur
En bouillonnant avoüe,
Le pouvoir enchanteur,
Qu'a sur lui cette Joüe.

ODE VIII.

TON Visage a l'éclat dont la Lune étincelle,
Et du Printems la volupté .
Ta Joüe & ton Souris, dans leur grace nouvelle,
Sont le centre de la Beauté.

De tes yeux languissans la magie charmante
Tient mon cœur sans cesse enchanté ;
De tes brillans cheveux chaque boucle ondoïante
Est le séjour de la Beauté.

Sur l'Horifon d'Amour, quel Aftre à toi femblable
 A jamais au Ciel éclaté ?
A ta taille, quel Pin fût jamais comparable
 Sur le terrain de la Beauté ?

Ces jours, ces heureux jours, dont l'Amour eft le maître,
 Tiennent leur prix de ta bonté :
Tes attraits, ta douceur donnent un nouvel être
 A la Saifon de la Beauté.

Dans ce Piége doré, tes tréffes qu'on admire,
 Ah ! quel cœur n'eft pas arrêté !
Et qui comme l'Oifeau que le Miroir attire,
 N'eft le captif de la Beauté.

Nature te chérit, elle choifit ton âme
 Dans le Sein de l'Eternité,
Sans ceffe elle entretient fa pure & douce flâme
 Dans le Giron de la Beauté.

Ainfi de la Tulipe, en tous lieux fi prifée,
 Se conferve l'éclat vanté,
Par les Ondes de vie à toute heure arrofée
 Aux bords fleuris de la Beauté.

Si l'amoureux HAFIZ, fans fe laffer te loüe,
 C'eft l'encens de la verité ;
Il foutiendra toûjours que ta vermeille joüe
 Eft le palais de la Beauté.

ODE IX.

LA Beauté que mon cœur adore,
Qui de la Rose a les attraits,
Comme elle est sous l'ombrage frais
D'Hyacinthes qu'Amour colore.
Ses joües ont plus de clarté
Que les Ruisseaux où l'on se mire ;
Et sa belle bouche respire
Le souffle de la volupté.

Lorsqu'elle tend sur son visage
Le piége de ses beaux cheveux,
Elle dit au Zéphire heureux
Garde le secret & sois sage.
Ne peut-on dresser des Autels
A cette incomparable belle ?
O Ciel ! rends sa vie éternelle,
Car ses appas sont immortels.

Quand je m'enflâmai pour ses charmes,
Je me disois avec soupirs,
Cette perle de mes désirs
Va me couter bien des allarmes !

Si cette mer étoit fans fond,
Battû de fes vagues fans ceffe,
Trouverois-je cette richeffe
Dans un abîme fi profond ?

Jette, jette du vin à terre ;
Tel fût le fort de ces Héros,
Qui n'eûrent jamais de repos,
Redoutables foudres de guerre :
De GEMCHID & de CAIKHOSRU
Le pouvoir n'eft plus qu'une fable,
Quoique jadis fi formidable
A l'Univers il ait parû.

Quand je contemple ta Stature
Si femblable à l'altier Cyprès ;
Quand j'ofe l'admirer de près,
Ne le prens pas pour une injure.
A ta Source je veux m'affeoir ;
C'eft dans fon eau paifible & claire
Qu'eft le remede falutaire
Au mal qui fait mon défefpoir.

Veux-tu m'arrêter dans ta chaine ?
Hâte-toi d'en ferrer les nœuds ;
Les délais trainent après eux
Trop de malheur & trop de peine.

Epargne moi la cruauté
Des flêches que l'abfence darde,
Si tu veux que le Ciel te garde
De l'œil de la malignité.

Quand la Rofe qui vient d'éclore,
Tendre Roffignol te fourit,
Quand à tes yeux elle fleurit,
Et des plus doux feux fe colore,
Ah! crains mille piéges divers!
On doit peu compter fur la Rofe,
Quoiqu'en elle fe trouve enclofe
La beauté de tous l'Univers.

Ma Maîtreffe boit à la ronde,
Et n'a pour moi que du dédain,
Viens, Ordonnateur du feftin,
Viens, & ma vangeance féconde:
Nul cœur n'échape aux doux attraits
De la moindre de fes œillades,
Elle dreffe fes embufcades,
Et fans ceffe ajufte fes traits.

A la Cour de ta bien-aimée
HAFIZ, qu'eft t'il donc arrivé?
Les Rois en baifent le pavé,
Toute la ville eft allarmée.

ODES.

De ton fort quelle est la rigueur ?
L'objet que ces beaux feux allume
Remplit ton ame d'amertume
Quand sa bouche a tant de douceur.

ODE X.

O TOI léger & doux Zéphire,
Quand tu passes par le séjour
Où l'objet de mon tendre amour
Entouré des graces respire,
Fais qu'au retour, selon mes vœux,
Ton haleine soit parfumée
De cette senteur embaumée
Qu'épand l'ambre de ses cheveux.

Que de ton souffle favorable
Mon être seroit ranimé,
Si par toi de mon bien aimé
J'avois un message agréable !
Si trop foible tu ne peux pas
Porter ce poids, à ma priére,
Jette sur moi de la poussiére
Que tu recüeilles sous ses pas.

Mon ame languit dans l'attente
De fon retour fi defiré,
Ah! quand ce vifage adoré
Viendra-t-il la rendre contente!
Le pin fût moins haut que mon cœur,
A préfent au faule femblable,
Pour cet objet incomparable
Il tremble d'amoureufe ardeur.

Quoique celui que mon cœur aime,
Pour ma tendreffe ait peu d'égards,
Hélas! pour un de fes regards
Je donnerois l'univers même;
Que ce feroit un bien pour moi
Puifqu'à fes pieds le fort m'enchaine
De n'avoir d'autre foin ni peine,
De ne vivre que pour mon Roi.

F I N.

DE L'IMPRIMERIE DE W. et J. RICHARDSON.

Il étoit impossible que dans un ouvrage du genre de celui-ci il ne se glissât diverses fautes d'impression ; s'il en reste quelqu'-unes qui ne soient pas dans cet errata, ce ne pourra être que de celles qui n'apportent nul changement dans le sens.

ERRATA.

Page 11. Ligne 23. Ammunitions, lisez, munitions.
P. 39. L. 8. Défiant, lisez, défilant.
P. 41. L. 10. Dequittant, lisez, quittant.
P. 60. L. 2. Parparente, lisez, apparente.
P. 99. L. 19. Se rendit, lisez, se rendoit.
P. 158. L. 16. L'armée, aïant joint sa Hautesse, fit bâtir, &c. lisez, L'armée aïant joint, sa Hautesse fit bâtir, &c.
P. 177. L. 18. S'il fût dans, lisez, s'il fût trompé dans.
P. 190, à la marge, 1146, lisez, 1733.

ERRATA pour la SECONDE PARTIE.

P. 3. L. 5. Filés, lisez, files.
P. 11. L. 3. Année du cheval, lisez, année du crocodile.
P. 23. L. 6. Surrendre, lisez, rendre.
P. 25. L. 14. Majestique, lisez, majestueuse.
P. 70. L. 15. Craïons, lisez, croïans.
P. 80. L. 4. En elle, lisez, en telle.
P. 98. à la marge, A. D. 1739, Nad. 52. lisez, jusqu'à la page 119, A. D. 1740. Nad. 53.
P. 100. L. 5. et ornoient Nader, lisez, et ornoient, Nader.
P. 118. à la marge, 1740, lisez, 1741.
P. 121. L. 7. Le voïageur du soleil, lisez, le soleil voïageur.
P. 157. L. 1. Eteint, lisez, étoit.
P. 234. L. 4. Trosaïque, lisez, trochaïque.
P. 240. L. 23. Phalere, lisez, de Phalere.

www.ingramcontent.com/pod-product-compliance
Lightning Source LLC
Chambersburg PA
CBHW071830170426
43191CB00046B/719